城市轨道交通建设工程设计技术要求与编制管理指南

主　编　韩佳彤
副主编　刘占英　张振义　任星润

北京理工大学出版社
BEIJING INSTITUTE OF TECHNOLOGY PRESS

内 容 提 要

本指南主要包括3个部分。第1部分是城市轨道交通工程设计技术要求，由总则、行车组织及运营管理、车辆选型等22章组成，根据各专业的性质，考虑各专业章节的完整性，并兼顾与设计文件组成和内容相对应的关系进行编写。第2部分是城市轨道交通工程初步设计文件编制，由总说明书、线路、行车组织与运营管理、限界等33章组成。第3部分是城市轨道交通工程施工图设计文件编制，由线路、路基、限界等28章组成。

本指南适合作为建设行业相关管理人员及从业人员的指导性参考文件，也可作为相关企业及培训机构的业务培训资料。

图书在版编目（CIP）数据

城市轨道交通建设工程设计技术要求与编制管理指南 / 韩佳彤主编. —北京：北京理工大学出版社，2020. 7

ISBN 978-7-5682-8660-2

Ⅰ. ①城…　Ⅱ. ①韩…　Ⅲ. ①城市铁路—铁路工程—工程设计—文件—编制—指南　Ⅳ. ①U239. 5-62

中国版本图书馆CIP数据核字（2020）第122165号

出版发行 / 北京理工大学出版社有限责任公司
社　　址 / 北京市海淀区中关村南大街5号
邮　　编 / 100081
电　　话 / （010）68914775（总编室）
（010）82562903（教材售后服务热线）
（010）68948351（其他图书服务热线）
网　　址 / http://www.bitpress.com.cn
经　　销 / 全国各地新华书店
印　　刷 / 天津久佳雅创印刷有限公司
开　　本 / 710毫米×1000毫米　1/16
印　　张 / 17　　　　责任编辑 / 孟祥雪
字　　数 / 362千字　　　　文案编辑 / 孟祥雪
版　　次 / 2020年7月第1版　2020年7月第1次印刷　　　　责任校对 / 周瑞红
定　　价 / 85.00元　　　　责任印制 / 边心超

图书出现印装质量问题，请拨打售后服务热线，本社负责调换

主编简介

韩佳彤，男，1970 年 3 月生，蒙古族，教授、工学博士，正高级工程师、专业技术二级，知名交通与市政工程专家、桥梁设计大师。现任呼和浩特市市政工程技术服务中心党总支书记、主任兼市住建局科技委主任，同心德市政工程设计公司总工程师兼地铁项目总设计师，二环快速路智能交通与监控集成系统总设计师。兼任内蒙古工业大学土木工程学院兼职教授，内蒙古建筑职业技术学院交通与市政工程学院特聘教授。教育部市政工程技术专业教育教学指导委员会委员，内蒙古自治区建筑工程系列高级专业技术资格评审委员会主任委员，呼和浩特市专业技术资格评审委员会主任委员。系呼市住建系统唯一享受国务院特殊津贴的首席专家，入选“新世纪百千万人才工程”国家级人选、“内蒙古少数民族专业技术人才特殊培养对象”和“内蒙古高层次人才培养对象”。2017 年，当选党的十九大代表，作为自治区科技界唯一代表出席大会。

长期致力于城市智能交通监测、工程安全风险管理体系建设与信息系统设计与研究工作，主持工程设计施工 230 余项，主编自治区级工程建设规范标准 10 余项，取得自治区级科学技术成果 10 余项，获得国家发明专利 50 余项、软件著作权 10 余项，在国内外核心期刊发表论文 10 余篇。由自治区总工会授予的“韩佳彤劳模创新工作室”已为国家培养专业技术人员 300 多人、农牧民工 1 000 多人。曾获“内蒙古五一劳动奖章”“内蒙古突出贡献专家”“内蒙古杰出人才奖”“北疆工匠”“草原英才”“北疆楷模”“内蒙古最有成就的优秀科技工作者”“内蒙古最美科技工作者”“第七届感动内蒙古人物”“全国民族团结进步模范个人”“国家有突出贡献的中青年专家”“全国住建系统先进工作者”等荣誉称号。

编审委员会主任简介

石东升，男，1971年12月生，工学博士，内蒙古工业大学教授，国家一级注册结构工程师，2015年入选内蒙古自治区“草原英才”。主要研究领域：工程结构安全监测与评估，新型混凝土结构及预应力结构，低环境负荷建筑材料。主持包括国家自然科学基金在内的多项科研项目，在国内外重要期刊发表文章60多篇，出版专著2部，参编国家标准1部，主编地方标准1部，获得专利及软件著作权12项。

系列丛书编审委员会

序

PREFACE

随着国家西部大开发和东北振兴战略持续推进，新型城镇化和区域协调发展不断加快，区域经济一体化、城乡一体化进程对城市发展提出了更高要求。市政基础设施建设是城市可持续发展的基础，而城市轨道交通作为一种城市绿色出行的基础设施，是拓展城市发展空间和新型生态城市建设的重要组成部分。

内蒙古自治区地处祖国北部边疆，与西部、东北省份相邻，与京、津、冀经济圈相接，发展动能大。为了解决内蒙古自治区城市轨道交通建设工程领域技术不足、人才短缺等实际问题，呼和浩特市市政工程技术服务中心在自治区、住建厅、交通厅、呼和浩特市市政府、呼和浩特市住建局、呼和浩特市交通局等相关部门关心、指导和支持下，联合内蒙古工业大学、呼和浩特市城市轨道交通建设管理有限责任公司等单位一起编制了本套丛书，作为该领域人才培养、工程技术人员学习提升的参考资料，也可作为大专院校相关专业学生课外辅助用书。

城市轨道交通建设工程技术涵盖面广，涵盖工程勘察、设计、施工、验收全过程，本次编写的系列丛书主要包括“工程勘察”“设计技术要求与编制管理”“盾构法施工技术”“明挖法施工技术”“矿山法施工技术”“盖挖法关键技术及工程应用”“环境风险管理”“质量验收”8 个方面内容。

“工程勘察”主要包含轨道交通工程勘察基本规定，岩土分类、描述与围岩分级，规划勘察与可行性研究勘察，初步勘察，详细勘察，施工勘察，专项勘察与周边环境专项调查，不良地质作用与地质灾害，地下水，勘探取样与原位测试，岩土工程分析评价与勘察报告，勘察风险控制，勘察安全基本规定，特殊作业条件勘察安全等内容。

“设计技术要求与编制管理”主要包含设计技术要求、初步设计文件编制、施工图设计文件编制等内容。

“盾构法施工技术”主要包含盾构法施工准备、盾构施工测量、盾构选型的原则、盾构隧道竖井施工、盾构掘进施工、管片拼装、壁后注浆、隧道防水、施工安全与环境保护、施工资料整理和验收等内容。

“明挖法施工技术”主要包含明挖法施工准备、支护结构施工、土方开挖及支撑体系施工、结构防水施工、主体结构施工、监控量测、质量保证措施、安全管理及保证措施、文明施工措施、环境保护措施、雨期施工措施、突发事件处理及应急预案等内容。

“矿山法施工技术”主要包含矿山法施工准备，施工方法，辅助施工措施，隧道开挖，初期支护，二次衬砌，结构防水，施工竖井及横通道，特殊岩土和不良地质地段隧道施工，监控量测，施工机械与设备，通风防尘、风水电供应与通信系统，施工安全、文明施工与环境保护，建筑物保护等内容。

“盖挖法关键技术及工程应用”主要包含盖挖法支护体系，盖板体系，地上地下结构同步施工，土石方开挖与运输，基坑降水，结构施工，基坑开挖，防水施工，隧道注浆，施工监测，施工测量控制与质量要求，监控量测，防尘、通风、水电供应与通信系统等内容。

“环境风险管理”主要包含环境风险管理组织机构及各方职责、工程环境调查的安全风险技术管理、方案设计阶段的环境风险管理、初步设计阶段的环境风险管理、施工图设计阶段的环境风险管理、施工阶段的环境风险管理、工后阶段的环境风险管理等内容。

“质量验收”主要包含工程质量验收的划分、工程质量验收的条件、工程质量验收的程序及组织、工程项目交接及附则等内容。

本套丛书编写组人员都在城市轨道交通建设工程一线从事相关专业技术和管理工作。本套丛书在国家相关法律法规和技术规范框架下，在总结相关技术和实践经验的基础上，充分考虑到内蒙古地区现有的施工技术水平和今后的发展方向，并经过广泛调研和研究，吸取和借鉴了部分国内外标准，部分内容引入了一些现场照片和实际工程图表示例，力求能把技术问题讲清楚，也期待广大技术人员能对丛书内容进一步完善并提供相关素材。

本套丛书编写过程中得到了业务主管部门、行业协会、大专院校、相关企事业单位和相关领域专家学者的大力支持，在此表示衷心的感谢。由于时间紧迫，加之水平有限，本套丛书中还存在不足之处，恳请广大读者朋友批评指正。

前言

FOREWORD

交通运输是城市发展的基础和重要组成部分，交通运输的发展在一定程度上决定了城市的发展，是城市发展的重要体现。

随着我国经济实力的增强、城镇化速度的加快，促进了大型城市的形成，出现了人口超过 100 万人的城市。城市经济区域格局的变化，大型城市带来的人口聚集和辐射效应强烈，工业和现代化的发展使得人们的工作和生活节奏加快、时间观念越来越强烈。这就从一定程度上增加了对准时、安全、舒适、便捷的交通方式的需求，便捷的交通运输成为保证一个城市活跃的大动脉。

近年来，我国的城市轨道交通取得了长足的发展，截至 2017 年年末，我国内地城市轨道交通投入运营线路共 165 条，运营线路长度达到 5 033 千米。其中，地铁 3 884 千米，占比 77.2%；其他制式城市轨道交通运营线路长度约 1 149 千米，占比 22.8%。地铁仍然是重要的城市轨道交通方式。

内蒙古地区的城市轨道交通，就是要结合当地的环境、人文特点，借鉴北京、上海等城市轨道交通发展较为成熟的经验，以更具前瞻性的规划、更先进的手段建设本地区的城市轨道交通。

本指南共分为 3 个部分：

第 1 部分是城市轨道交通工程设计技术要求。本部分概括了城市轨道交通工程建设中可能出现的地下线、高架线和地面线等各种线路条件，并以我国城市轨道交通车型为例，考虑了接触网供电和接触轨供电的实际需要及车站设屏蔽门和非屏蔽门两种通风空调模式，涉及内容较为全面，可适应各种条件下的城市轨道交通工程。

第 2 部分是城市轨道交通工程初步设计文件编制。工程初步设计文件是工程建设项目启动的主要依据，其内容主要包括：稳定各种边界条件、重大技术方案和各项工程设计原则；经深入论证比选确定各专业的设计方案和技术问题；提出全部工程数量，主要设备、材料数量，用地及拆迁数量，施工组织设计（工程筹划）并编制工程概算；确定环境保护工程技术措施方案并纳入总概算。工程初步设计文件经审查、批准后，作为控制建设总规模和总概算的依据，应满足工程招标、设备采购、征用土地和进行施工准备的需要。

第 3 部分是城市轨道交通工程施工图设计文件编制。工程施工图设计文件是工程建设项目具体实施的依据，其根据初步设计文件审查意见，采用定测资料编制。工程施工图编制宜集中力量和时间完成交付，也可根据工程实际进展需要分期分批完成，但必须注意其完整性和统一性，确保与工程实际相符合，为施工提供需要的图表和必要的设计说明，以及说明施工时应注意的具体事项，并编制投资检算或修正概算。工程施工图设计文件的深度应达到能据以编制施工图预算、安排设备和材料订货、非标准设备的制作、施工和安装及调试、进行工程验收的要求。工程施工图设计根据已批准的初步设计文件进行编制，内容以图纸为主，包括封面、图纸目录、设计说明、图纸等。工程施工图设计文件一般以专业、站、段或系统独立编册。

本指南在编写过程中参照了各大城市的城市轨道交通相关文件的编制，并得到国内专家和同行的指导与支持，在此致以深切的谢意。部分图片来自网络资源，向原作者一并致谢。

编　者

目录

CONTENTS

总说明

1）为进一步规范内蒙古城市轨道交通工程建设设计技术要求，便于编制管理，确保城市轨道交通项目建设技术先进、经济适用、准时快捷、安全舒适，制定本指南。

2）本指南适用于新建、改建城市轨道交通建设工程的总体设计、初步设计、施工图设计和编制管理。

3）编写依据：

（1）《地铁设计规范》（GB 50157—2013）。

（2）《城市轨道交通工程项目建设标准》（建标 104—2008）。

（3）住房城乡建设部《城市轨道交通工程设计文件编制深度规定》（2014 年）。

（4）住房城乡建设部《城市轨道交通工程施工图设计文件技术审查要点》（2015 年）。

（5）内蒙古城市轨道交通建设工程地方有关法规、标准和业主对工程设计的要求。

（6）本指南中有关车辆、机电设备的设计技术参数，根据供货商按业主的技术要求提出的参数确定。

4）工程设计应近远期结合、统一规划、分期实施，车辆的配备以运营后第 3 年（即初期）的运输需要购置，以后逐步配置；机电设备和地面工程的房屋、股道应按近期设计，根据实际需要逐步进行增设和扩建；对难以扩建的土建工程按远期设计。

5）线路走向应满足城市总体规划、线网规划的要求。线路方案的选择应以客流预测资料为依据，并充分发挥城市交通的效能，实现较大的社会、经济效益。线路位置充分考虑与城市规划相协调，尽量降低工程造价。

6）城市轨道交通车站布置应按市区规划要求，设置在客流量大的集散处，并充分利用地下及地面空间，进行综合开发。

7）系统和设备选型应符合相关国际、国家或行业标准，并遵循技术成熟、安全可靠、综合技术先进、经济实用的原则。

8）城市轨道交通建设应与旧城区改造和新城区建设规划相结合，以城市轨道交通建设促进城市发展和市政建设。

9）地面设施——车辆段与综合基地等，应根据城市规划要求进行选址，严格控制规模，少占用土地，减少拆迁工程。总图设计要与周围环境相协调。

10）地铁工程设计应贯彻“节省能源、合理利用能源”的方针，并满足“人防”的要求。

11）城市轨道交通应具有对火灾、水淹和地震等灾害的防范设施。防火灾应贯彻“预防为主、防消结合”的原则。城市轨道交通工程结构和设备的抗震设计，应按国家现行有关抗震规范执行。

12）在使用本指南时，出现与现行国家、行业有关标准和规范不一致时，应以现行国家、行业有关标准和规范为准。

13）本指南中的各篇章划分及内容组成，是按照各专业的性质并考虑各专业篇章的完整性编写的，一般篇章可由一个专业完成，也有由多专业合作完成的，并不涉及专业的设置和分工。

14）各阶段各篇章的说明内容、附件、附图，是根据和借鉴已经历过的实践经验归纳整理、提炼和补充而形成的，结合具体工程实际情况可进行调整。

第 1 部分

城市轨道交通工程设计技术要求

1 总则

1.0.1 城市轨道交通工程设计技术要求（以下简称技术要求）是控制城市轨道交通工程设计标准和规模的重要文件，是工程设计质量计划的重要组成部分，是开展工程设计的基础条件。

1.0.2 本技术要求按照下列工程条件编写：

1）线路条件：地下线、高架线和地面线。

2）适应车辆：

（1）A 型车基本宽度为 3.0 m，受电弓受电。

（2）B 型车基本宽度为 2.8 m，受流器受电或受电弓受电。

3）通风空调条件按车站设屏蔽门和非屏蔽门两种模式考虑。

4）售检票有多种方式，仅按自动售检票系统编入。

1.0.3 技术要求作为设计工作的指导性文件，有一个不断深化、补充、完善的过程。一般应在总体设计工作开展之前编写。在使用过程中，可根据工程条件变化和工作的深化情况进行补充修改。如果补充修改内容过多，或已不适应工作需要，可视具体情况在初步设计、施工图设计阶段颁发新的版本。

1.0.4 技术要求的编写，作为对执行标准、规范的实施性细则，原则上不抄录规范条文，而要根据标准、规范所规定的原则列出具体的执行尺度。根据工程实践对现行规范、标准无明确规定的部分，作为补充细化写入。

1.0.5 科学技术的发展日新月异，而科技成果转化为现实生产力有一个过程。作为应用技术的工程设计，有关技术规定、标准有相对的稳定性。因此，本技术要求仅作为模式、框架或范例提供参考。

1.0.6 本技术要求是按照各专业的性质，并考虑各专业小节的完整性、与工程设计文件组成和内容基本对应的原则编写的。一般一个小节可由一个专业完成，有些小节由多专业共同完成，并由总体设计负责人（或副总体设计负责人）统稿，以利于技术要求本身的统一性、总体性和完整性。

2　行车组织及运营管理

2.1　一般要求

加强各专业协调，提出满足运营要求的设计依据、数据、措施等，同时按初、近、远期相结合的原则进行本专业设计。

2.2　行车组织设计

应根据预测客流资料，按设计初、近、远期列出下列基本数据：

1）年客运量（万人次）。

2）日客运量（万人次）。

3）高峰小时单向最大断面客流量（人次）。

4）各车站超高峰系数。

2.3　设计运输能力

2.3.1　列车编组和载客量：各设计年度的列车编组辆数，每辆车的额定和最大超载的载客量，列车的额定载客量和超载的载客量。

2.3.2　最小行车间隔：各设计年度的最小行车间隔时间（min）。

2.3.3　线路配备的客运能力：各设计年度为满足客运量要求设计的线路客运能力(万人次)。

2.4　运营计划

2.4.1　运营时间：各设计年度的每天运营时间及起讫时间。

2.4.2　全日行车计划及行车间隔：编制各设计年度全日行车计划的依据和要求，以及最大和最小行车间隔，提出各高峰时段意见和开行列车对数。

2.4.3　列车停站时间：根据预测客运量提出各站上、下车人数，预计各设计年度列车最大和最小停站时间要求，并计算出列车在各站的设计停站时间和运行速度。

2.5　列车运行组织

2.5.1　行车方向：规定各线或区段上、下行方向。

2.5.2 列车运行交路：各设计年度的高峰小时列车运行交路如图 2.5.2 所示。

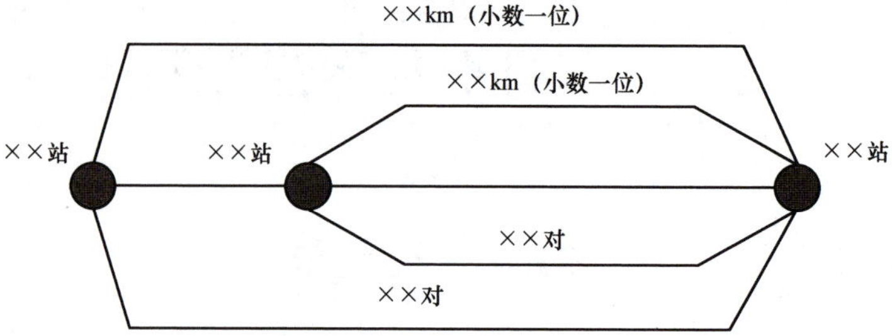

图 2.5.2 列车运行图

2.5.3 乘务方式：设计采用的乘务制式，列车司机配备数量及折返站司机作业方式。

2.5.4 折返方式和折返能力：各设计年度各折返站的折返方式（站前折返或站后折返等）和折返能力要求。

2.5.5 车站配线（含进路）：根据设计列车运行交路、折返方式和折返能力要求，综合考虑各种故障运行模式，设计车站折返线、停车线、联络线及渡线等配线（绘制示意图并作必要说明）。

2.5.6 列车驾驶模式：列出在正线、折返线及其他线上的列车驾驶模式（自动、人工等）。

2.5.7 调度区划分：设计采用的调度指挥方式（正线、车站、车辆段等）与调度区划分。

2.6 列车牵引计算与运行图

2.6.1 列车牵引计算：根据车辆牵引性能，线路平、纵断面和最低旅行速度要求等技术条件，进行列车牵引计算。列车牵引计算范围包括正线、联络线、折返线和车辆段出入段线等，并应根据需要按不同速度要求或不同驾驶模式进行列车牵引计算。列车牵引计算结果，包括列车运行速度、时间、电流曲线等，据此确定区间列车运行时间、折返时间、旅行速度及能耗等。

2.6.2 列车运行图：根据列车运行交路、列车对数、列车区间运行时间、停站时间及折返时间等设计资料，绘制各设计年度全日列车运行图（图 2.6.2）。

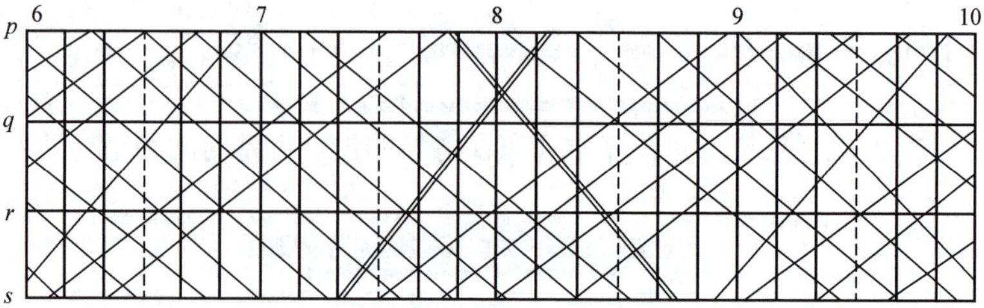

图 2.6.2 列车运行图

2.7　车站管理

2.7.1　站务管理：车站管理方式和各类车站管理人员（站长、副站长、值班员、站务员等）的主要岗位职责。

2.7.2　车站设备管理：车站设备监控等级及控制分工，必要时可列出车站控制的主要设备名称。

2.7.3　服务设施：

1）售检票方式：

（1）车站售票方式：自动、半自动、人工等。

（2）车站检票方式：自动、人工等。

2）售检票设备：售检票设备的名称与配备标准。

3）各类服务设施：旅客信息设施（列车信息显示、广播设施）、问讯处、邮政、电信、零售、旅客向导设施、自动扶梯及残疾人专用设施等服务设施项目和配备条件。

2.8　票务管理

2.8.1　票价制式：各设计年度的票价制式（计程票制或一票制），如为计程票制，应定出票价和等级。

2.8.2　车票种类：各设计年度采用的车票种类（普通票、学生票、员工票、出站票、优惠票等），是否分单程票、储值票。

2.9　组织机构及定员

2.9.1　组织机构设置原则：根据运营管理模式，拟定运营管理机构的设置原则和组织机构（含经济核算制度、运营管理机构分级等）。

2.9.2　定员：有关各类生产定员的法定工作时间，有关生产和管理人员的配备原则和标准。

3　车辆选型

3.1　车辆选型的基本原则

3.1.1　车辆选型应符合《城市轨道交通工程项目建设标准》（建标 104—2008）、《地铁车辆通用技术条件》（GB/T 7928—2003）的有关规定。

3.1.2 车辆选型应以本工程主要技术条件为依据，考虑既有线路、车型因素，其技术指标应满足本工程线路条件和近、远期高峰小时客运量及行车组织（行车速度和行车间隔）的要求。

3.1.3 车辆选型和技术条件，应能适应内蒙古的环境条件和气候条件。以地面和高架为主的线路，应充分考虑车辆降噪措施。

3.1.4 车辆主要功能，应根据工程的需要和城市经济条件分析确定。车辆主要部件和设备，应选用技术先进、成熟、安全、可靠和检修方便的产品，并充分考虑未来技术方向和发展趋势。

3.1.5 车辆选型应充分考虑我国国情，努力提高本地化水平、降低造价，在引进关键技术设备时，应注意逐步实施本地化的可能性。

3.1.6 车辆选型应充分考虑城市轨道交通和既有线路的特点，在规格和色彩等方面力求统一和谐。

3.2 车辆的基本类型和编组

3.2.1 地铁车辆的基本类型，应根据《城市轨道交通工程项目建设标准》（建标104—2008）的规定，优先选用A型车或B型车。车辆的主要技术规格，宜符合规范的规定。

3.2.2 列车的编组形式，宜采用动拖固定单元车组编组形式，经比较有较大优越性时也可采用全动车形式或动拖车混编的固定编组形式。无论何种编组形式，每列车的首车和尾车必须带有司机室。

3.2.3 列车的编组辆数，应根据工程近、远期高峰小时单向最大客流量和最小行车间隔，按下列公式计算确定：

$$N=\frac{Q_{\max}T}{60D} \tag{3.2.3}$$

式中 N——每列车编组辆数（辆）；

$Q_{\max}$——高峰小时单向最大客流量（人/h）；

T——最小行车间隔（min）；

D——每辆车的定员数（人/辆）。

3.2.4 为方便运营管理和车辆检修，近、远期列车的编组辆数宜一致。

3.2.5 采用动拖固定单元车组编组形式时，列车动拖比和动车的电机功率应根据列车重量和线路条件等因素计算确定，并满足下列要求：

1）列车在限制坡道上计算速度下的黏着牵引力和起动牵引力的要求。

2）列车起动加速度和制动减速度的要求。

3）列车具有规范规定的故障运行能力。

3.3　车辆总体设计要求

3.3.1　车辆适应环境条件，应根据当地的气象资料和环境有关资料明确下列要求：

1）海拔高度：除高原地区外宜规定不超过 1 200 m。

2）环境温度：应根据当地气象资料留有适当余地，并考虑车辆生产厂所在地的环境温度。

3）相对湿度：应采用当地气象资料的最湿月份平均最大相对湿度。

4）空气污染程度：根据当地大气环境确定，应明确空气中各种有害杂质的含量或浓度，如硫酸盐、SO_2、酸雨等。

5）风、雨、雪情况：根据气象资料明确最大风速、年降水量及最大月降水量。

6）其他恶劣环境：如台风、风沙、冰雹、雷电等情况。

3.3.2　车辆应能适应线路和车站的主要技术条件。

3.3.3　车辆应满足供电条件。

3.3.4　车辆主要结构参考尺寸在具体设计时，应以供货商提供的数据为准。

3.3.5　车辆主要运行参数应满足要求。

3.3.6　车辆载客量（具体载客量应以供货商提供的数据为准）宜满足规范要求。

3.3.7　列车平均轴重：A 型车小于等于 16 t，B 型车小于等于 14 t。

3.3.8　车体材料的选择，应根据当地的气候条件、经济状况以及车辆制造厂的生产水平，综合分析确定。宜选用耐候钢或铝合金，有条件时也可采用不锈钢。

3.3.9　车辆的主要设备及装置宜满足相应规范要求。具体设备及装置如下：

1）车钩及缓冲装置。

2）转向架。

3）制动系统。

4）车辆牵引传动系统。

5）车辆通风与空调系统。

6）列车行车安全设备。

7）计算机控制列车故障自动诊断系统。

8）列车广播和通信系统。

9）车辆的照明设施和指示灯。

10）车辆的安全设施。

4 线路、轨道

4.1 线路

4.1.1 一般规定：

1）地铁线路为右侧行车的双线铁路，采用 1 435 mm 的标准轨距。本节内容不包括车场线。

2）每条线路长度不宜大于 35 km，也可按每个交路运行不大于 1 h 为目标。

3）车站应布设在主要客流集散点或交通枢纽点上，尤其是快速轨道交通线网规划的换乘点。站间距离在市中心区和居民稠密地区宜为 1 km，在市区外围宜为 2 km。

4）地铁的线路走向应符合城市快速轨道交通线网规则，并充分考虑既有地铁线路的状况。

5）地铁线路之间交叉以及地铁线路与其他线路相交时，必须采用立体交叉方式。两线接轨应避免造成双向敌对进路。

4.1.2 线路设计的总体要求：

1）线路平面应结合地形、地貌、地质、水文、既有和规划地下管网、既有和规划地上地下构筑物、人防工程、既有和规划道路及交通状况进行设计。尽量减少拆迁，减少振动及噪声对沿线环境的影响。

2）线路应尽量沿城市主干道敷设，平行于道路红线设站。

3）市区内沿线每隔 3 ～ 5 个站的站端设渡线或交叉渡线，并根据列车交路在折返站设折返线。根据运营需要结合沿线车站渡线、折返线的布置设停车线或存车线。

4）线路纵断面应根据工程地质及水文地质条件、地下障碍物情况、车辆性能、运营特点和施工方法进行设计。

5）有条件时，线路纵断面宜按“高站位、低区间”的节能坡形进行设计。

6）跨河流的高架线路，其纵断面宜按当地洪水设防要求进行设计。

7）线路的平、纵断面设计，应与沿线的物业开发相协调。

8）线路的平、纵断面位置，必须征得当地政府各有关职能部门的认可。

9）高架线路的平、纵断面设计，应注意环境保护和景观效果。

10）应在线路平面图中示明道路规划红线、河道规划蓝线、河水泛滥线、控制线路位置的构筑物基础平面和地下管网、重要文物保护点等。

11）应在线路纵断面图中，示明控制线路高程的地下管线和构筑物基础立面，并标注其有关的技术参数，沿河地段应示明设计水位。

4.1.3　线路平面的设计要求：

1）线路平面的最小曲线半径，应根据工程的具体情况尽量采用大半径，最小不宜小于《地铁设计规范》（GB 50157—2013）规定的数值。

2）正线曲线半径小于或等于 2 000 m 时，圆曲线与直线间应根据曲线半径及其通过速度和曲线超高按规定设置缓和曲线。

3）正线及辅助线的圆曲线，最小长度不宜小于 20 m。在困难地段不得小于一个车辆的全轴距。

4）在困难地段，经过充分的技术经济比较后，可采用复曲线。新建线路不应采用复曲线，复曲线应设置中间缓和曲线，其长度应根据计算确定，但不应小于 20 m，并满足超高顺坡率不大于 2‰的要求。

5）相邻两曲线间的夹直线，最小长度为 20 m。当曲线超高在夹直线上递减时，夹直线的最小长度还应计入超高递减校度。

6）车站内的站台段线路宜为直线，在困难地段可设在曲线上。当有站台门时，采用 A 型车时其半径不宜小于 1 500 m，采用 B 型车时其半径不宜小于 1 000 m；当无站台门时，A 型 800 m，B 型 600 m。

7）区间正线线间距：

（1）直线区间线间距：区间直线最小线间距不应小于式（4.1.3-1）计算的数值。

$$D = 2B+C \tag{4.1.3-1}$$

式中　D——线间距（m）；

B、C——根据不同类型隧道而定，以 m 计，其数值可按下列条件确定：

①双孔矩形隧道：

B 为列车行车方向左侧的建筑限界与允许最大施工误差之和；

C 为中隔墙宽度。

②圆形隧道：

B 为圆形隧道外轮廓半径；

C 为两平行圆形隧道间的净距，一般不宜小于圆形隧道外轮廓直径。

③马蹄形隧道：

B 为马蹄形隧道的外轮廓最大宽度之半；

C 为两平行马蹄形隧道间的净距，一般不宜小于 4 m。

④双线间无构筑物地段：

B 为列车行车方向左侧的设备限界；

C 为安全距离，取 0.1 m。

⑤高架线：

B 为列车行车方向左侧的设备限界；

C 为安全距离，取 0.1 m。

但按上列 B、C 值计算出的线间距，应与双线桥梁结构所需的最小间距进行比较，取两者中的较大值为最小线间距。

（2）曲线地段区间线间距：

①圆形、马蹄形隧道的最小线间距与直线地段相同。

②其余类型隧道的最小线间距，应在直线地段线间距的基础上进行加宽，加宽量应按车辆在圆曲线上的设备限界及轨道超高量计算确定。

8）车站正线线间距：

（1）直线车站线间距：直线车站最小线间距不应小于式（4.1.3-2）计算的数值。

$$D = 2M+N \quad (4.1.3\text{-}2)$$

式中　D——线间距（m）；

M、N——根据不同类型车站而定，以 m 计，按下列条件选用：

①岛式站台车站：

M 为站台限界；

N 为站台宽度。

②侧式站台车站：

M 为列车行车方向左侧的设备限界；

N 为安全距离，取 0.1 m。

当线间有构筑物时，还应计入其宽度和施工误差。

（2）曲线车站线间距：当需要加宽线间距时，其计算方法与曲线地段区间相同。

9）交叉渡线的线间距，采用铁道部标准设计的线间距。

10）曲线地段的矩形隧道、单孔双线隧道、地面线、高架线，当曲线两端直线的线间距相同时，宜按同心圆设计。内圆半径宜为整数。当圆曲线两端设置缓和曲线时，外圆的缓和曲线长度宜根据曲线的通过速度确定，内圆的缓和曲线长度应根据曲线加宽量确定。

11）隧道与地下构筑物相邻时，应检核两者间的净距。

12）道岔应设在直线上，道岔端部至曲线端部的距离不应小于 5 m。

13）道岔宜靠近车站设置，但道岔基本轨端部至车站站台端部的距离不应小于 5 m，设置屏蔽门的车站宜适当增加。

14）折返线的有效长度，为其道岔基本轨轨缝至车挡的距离（不包括车挡长度及滑动距离），其值应为远期列车长度与保护区段长度之和。

15）折返线、停车线或存车线的两端宜与正线连通，终点站例外。

16）在折返线、停车线、存车线、联络线上宜设置安全线。

4.1.4　线路纵断面的设计要求：

1）正线的最大设计坡度不宜大于 30‰，困难地段不应大于 35‰；辅助线的最大设计坡度不宜大于 35‰，困难地段不应大于 40‰。最大坡度值不含各种坡度折减值。

2）隧道内的区间最小坡度不宜小于 3‰，困难地段在确保排水的条件下可采用小于 3‰的坡度。

3）地下车站站台段线路坡度宜采用 2‰～3‰，在困难条件下可设在小于 2‰或不大于 5‰的坡道上。

4）地下折返线、停车线或存车线应布设在面向车站的上坡道上，其坡度宜为 2‰。

5）高架区间最小坡度不宜小于 3‰。

6）地面和高架车站站台段线路宜设在平坡道上，在困难地段可设在不大于 5‰的坡道上。

7）地面和高架地段的折返线、停车线或存车线，宜布置在平坡道上；困难地段可设在不大于 1.5‰的坡道上。

8）困难地段采用无道床、半轨后端为固定接头的道岔，道岔宜设在不大于 5‰的坡道上，困难地段可设在不大于 10‰的坡道上。

9）车站站台段线路应设在一个坡段上，并宜布置在纵断面的凸形部位上。

10）两相邻坡段的坡度差等于或大于 2‰时，应设竖曲线连接，竖曲线半径应采用表 4.1.4 的数值。

表 4.1.4　竖曲线半径　　单位：mm

线别		一般情况	困难情况
正线	区间	5 000	2 500
	车站端部	3 000	2 000
辅助线		2 000	

11）车站站台和道岔范围内，不得设置竖曲线。竖曲线离开道岔端部的距离不应小于 5 m。

12）有碴道床地段的竖曲线，不得与平曲线的超高顺坡地段重叠；但整体道床地段可不受此限。

13）坡段长度不应小于远期列车计算长度。

14）最大坡度地段的坡段最大长度，应根据车辆技术性能确定。

15）地下区间线路最低点的位置，宜与区间联络通道的位置相一致，并应方便区间废水泵站的排水。

16）纵断面设计时，应注意不同轨道结构高度的差异。

4.2　轨道

4.2.1　一般规定：

1）轨道选型应依据线路远期设计输送能力确定。

2）轨道结构及设备应采用先进的、成熟的技术，并具有足够的强度、稳定性、耐久性、绝缘性和适量弹性，应利于养护维修，确保行车安全。

4.2.2　基本技术要求：

1）轨道设计荷载：轴重 P（kN），轮重 $P/2$（kN），轴距 a（mm），两转向架中心距 l（mm），两相邻车辆轴距 b（mm）。

2）轨道铺设标准：

（1）标准轨距 1 435 mm。

（2）曲线地段当曲线半径小于或等于 250 m 时，应按规范的规定加宽轨距，加宽在缓和曲线或直线段内完成。

（3）轨道底坡度宜采用 1∶40 ～ 1∶30。

（4）直线及曲线半径大于 400 m，且线路纵坡小于 20‰的地段，每千米铺设 1 600 对支点；曲线半径小于或等于 400 m，或线路纵坡大于或等于 20‰的地段，每千米铺设 1 680 对支点。

（5）正线及辅助线均宜铺设 60 kg/m 或 50 kg/m 耐磨普通热轧钢轨；车辆段与综合基地可铺设 50 kg/m 的钢轨。

3）扣件采用标准：

（1）地下线宜采用分开式弹性扣件，一组扣件的扣正力不应小于 13 kN，绝缘零部件的电阻绝缘值不应小于 108 Ω，组合静刚度宜在 25 ～ 40 kN/mm。

（2）地面线采用钢筋混凝土轨枕碎石道床轨道时，宜采用弹条Ⅰ型、弹条Ⅱ型或弹条Ⅲ型扣件。

（3）高架线宜采用分开式小阻力扣件，其防爬阻力不宜大于 4 kN/ 组。其余技术参数与地下线扣件相同。

4）道床采用标准：

（1）地下线宜采用钢筋混凝土短轨枕式整体道床，道床面宜设 3% 的横向排水坡。短轨枕宜在工厂预制，强度等级应为 C50；道床混凝土强度等级应为 C30。

（2）地面线宜采用碎石道床，应选择一级道砟。

（3）高架线宜采用纵向承轨台式整体道床，其混凝土等级应为 C40。

5）应根据采用的钢轨及扣件类型和道床结构，以及不同隧道类型，分别计算确定轨道结构高度。

（1）矩形隧道直线地段轨道结构高度：以枕下混凝土厚不宜小于 170 mm 控制（未含隧道底板高程施工误差）。曲线地段另加半个超高。

（2）马蹄形隧道直线地段轨道结构高度：以枕下混凝土厚不宜小于 170 mm 控制，并应满足水沟底混凝土厚不小于 120 mm 的要求。曲线地段另加半个超高。

（3）圆形隧道直曲线地段线路中心线处的轨面至限界圆底部的高度：60 kg/m 钢轨为 740 mm。

（4）地面线轨面至路肩的高度：应根据采用的钢轨、轨枕、扣件及道砟厚度、路拱高度计算确定。

（5）高架线轨面至桥梁面的高度：应根据采用的钢轨、扣件、道床必需的厚度，以及墩台施工允许误差、制梁高度允许误差计算确定。

6）曲线地段的轨道应设置超高，超高值按式（4.2.2）计算：

$$h = 11.8V^2/R \tag{4.2.2}$$

式中　h——超高值（mm）；

V——列车通过速度（km/h）；

R——线路平曲线半径（m）。

圆曲线最大超高值为 120 mm，当设置的超高不能平衡横向加速度时，允许有不大于 0.4 m/s^2 的未被平衡横向加速度。

（1）地下线的曲线超高，采用外轨抬高超高值的一半、内轨降低超高值的一半的方法设置；高架线宜采用外轨抬高超高值的办法设置，一般按不大于 2‰的顺坡率在缓和曲线内顺接。当无缓和曲线时，在圆曲线两端的直线段过渡，困难地段顺坡率可采用 3‰。

（2）地面线有碴轨道采用抬高曲线外轨的方法设置超高，超高的顺接与地下线相同。

7）地铁应铺设无缝线路：

（1）地下线应铺设超长无缝线路。

（2）地面线铺设无缝线路，应符合现行《铁路线路设计规范》（GB 50090—2006）相关条款的规定。

（3）高架线铺设无缝线路，应根据桥跨的配置进行个别设计，在设计中应考虑钢轨强度、稳定性和桥墩的安全。

（4）无缝线路长钢轨的焊接，宜采用工厂或基地接触焊。

8）高架线应设置护轮轨。

9）道岔选型、道岔扣件及道床：

（1）道岔应根据设计远期线路通过能力和折返线折返能力要求，以及列车的配置情况进行选型。

（2）各类道岔宜采用铁路定型产品。

（3）用于混凝土整体道床轨道的道岔钢轨扣件，宜与正线扣件相同。

（4）道岔整体道床轨道的结构高度，应以枕下混凝土厚不小于 170 mm 控制（未含隧道底板高程的施工误差）。

（5）道岔间插入短轨，应符合现行国家标准《地铁设计规范》（GB 50757—2013）的要求。

（6）道岔及两相邻道岔间距离小于 25 m 的地段，可不设轨底坡。

10）线路设计起终点、折返线、存车线和安全线端部，应设置机械摩擦式可移动挡车器。

11）线路上应敷设线路及信号标志、百米标、坡度标、曲线标、缓和曲线始终点标、停车位置标、警冲标、限速标、制动标、联锁分界标等。其中，百米标、坡度标及信号标志宜采用反光材料制作。

12）应根据环境评价报告关于振动、噪声对环境影响的预测资料，对轨道采取相应的减振降噪措施：

（1）地下线可采用减振扣件、弹性短轨枕整体道床或浮置板道床减振。

（2）地面及高架线可采用隔声墙或隔声隧道等。

（3）采取不同减振措施的轨道间及采取减振措施的轨道与普通轨道间，应设轨道刚度过渡段。

13）杂散电流腐蚀防护应防排结合，以防为主，以排为辅，确保钢轨对道床的泄漏电阻不小于 15 Ω · km。

5 限界

5.1 一般规定

5.1.1 制定本技术要求的主要参数：

轨距：1 435 mm。

最高运行速度：80 km/h。

计算车辆长度：A 型车 22 000 mm，B 型车 23 000 mm。

车体宽度：A 型车 3 000 mm，B 型车 2 800 mm。

车顶高度（距轨面）：3 800 mm。

地板面高度（距轨面）：A 型车 1 130 mm，B 型车 1 100 mm。

转向架中心距：A 型车 15 700 mm，B 型车 12 600 mm。

转向架固定轴距：A 型车 2 500 mm，B 型车 2 200 mm。

受电弓落弓高度（距轨面）：3 810 mm。

接触网导线洞内高度（距轨面）：4 040 mm。

接触网导线洞外最大高度（距轨面）：5 000 mm。

平面曲线最小半径：A 型车 300 m，B 型车 250 m。

竖曲线最小半径：2 000 m。

轨道最大超高值：120 mm。

超高设置方法：整体道床，内轨降低半超高，外轨抬高半超高；碎石道床，外轨抬高全超高。

5.1.2 地下铁道限界包括车辆限界、设备限界、建筑限界。

1）直线地段车辆限界是以线路为基准的基准轮廓线的最外各点。按车辆在线路上运行时产生的最不利位置确定。其值必须根据车辆技术参数、最大行车速度、轨道参数、接触网（接触轨）参数，并计及各种磨耗值计算确定。车辆限界由车辆供货商提供。当车辆各种技术参数还没有正式确定之前，车辆限界可参照有关地铁车辆进行设定。

2）直线地段设备限界是车辆限界外的一个轮廓。该轮廓是在车辆限界外，自车体肩部横向加宽 100 mm、边梁下端横向加宽 30 mm、顶部加高 60 mm、受电弓加高

50 mm、车下悬挂物降低 50 mm 后形成的。

3）曲线地段设备限界应在直线地段设备限界基础上按平面曲线半径和静态倾斜及侧滚角计算确定。

4）建筑限界是设备限界外的一个轮廓，计及施工误差、测量误差及结构变形。任何建筑物均不得侵入此限界。建筑限界和设备限界之间的空间应能安装各种电缆、水管、消火栓（箱）、动力箱、信号机、照明灯、接触网（接触轨）及其固定设备，最小间隙不宜小于 200 mm，困难条件下不宜小于 100 mm。该轮廓还应满足在设备限界与设备之间留出 20 ～ 50 mm 余隙。

5.1.3　整体道床和碎石道床有不同的车辆限界，因此，它们有不同的建筑限界。

5.2　各种断面隧道建筑限界

5.2.1　隧道建筑限界可分为矩形、马蹄形、圆形三种。

1）矩形隧道：

（1）矩形隧道直线地段的建筑限界，按 5.1.2 第 4 条要求进行计算。水平方向自线路中心线至隧道侧壁距离为设备限界加 50 mm 加最大设备宽度；垂直方向自轨面至隧道顶部净空尺寸，A 型车为 4 500 mm，B 型车为 4 200 mm。当两线间无构筑物时，按两设备限界之间应有不小于 100 mm 的安全距离计算线间距。

（2）矩形隧道曲线地段建筑限界应按下列规定进行加宽和加高：

①圆曲线地段矩形隧道建筑限界，应在直线地段建筑限界的基础上进行加宽。加宽值按车辆在圆曲线上的设备限界及轨道超高量计算确定。

②缓和曲线地段矩形隧道建筑限界，应在直线地段建筑限界的基础上进行加宽。

③当计算点位于直线上，但该点到直缓点（*ZH*）或缓直点（*HZ*）的距离小于 18.9 m（A 型车）或 15.8 m（B 型车）时，仍按②计算加宽量。

④当曲线无缓和曲线而有超高过渡段时，计算加宽量。

⑤当曲线无缓和曲线且无超高过渡段时，计算加宽量。

⑥当同一计算点出现道岔区加宽和曲线加宽时，应分别计算两者的加宽量，按较大值加宽。

⑦受流器车辆的建筑限界加高量按规定计算。

2）马蹄形隧道：

（1）马蹄形隧道宜按全线最小曲线半径确定建筑限界；也可按直线设备限界增加一种直线地段马蹄形隧道建筑限界，做成曲线和直线两种不同尺寸的马蹄形隧道建筑限界。

（2）按全线最小曲线半径确定建筑限界时，可按移动隧道中心线的办法解决轨道超高带来的附加加宽量，见式（5.2.2）。

$$d = h_0 \times \frac{h}{s} \tag{5.2.2}$$

式中 d——隧道中心线对线路中心线的水平位移量（mm）；

h_0——隧道圆心至轨面垂直距离（mm）；

h——轨道超高值（mm）；

s——滚动圆间距（mm）。

3）圆形隧道：

（1）圆形隧道应按全线最小曲线半径确定隧道建筑限界。

（2）圆形隧道在曲线地段应按第 2）条第（2）款的办法解决轨道超高带来的附加加宽量。

5.2.2 辅助线的曲线半径小于正线最小曲线半径时，该地段的建筑限界应另行计算确定。

5.2.3 竖曲线地段的建筑限界可不予加高（设备限界计算中已计入竖曲线加高量）。

5.3 地面和高架区间建筑限界

5.3.1 地面线两直线间中心距应符合下列规定：

当两直线间无墙柱及其他设备时，两设备限界之间应有不小于 100 mm 的安全距离。

5.3.2 线路外侧接触网支柱离线路中心线距离，按接触网专业需要确定，但不得侵入设备限界。

5.3.3 地面线曲线地段线间距和构筑物限界加宽，应按照 5.2.1 第 2 条的原则办理。

5.3.4 高架区间两直线间中心距，应按照选定的高架梁型确定。当两直线间无墙柱及其他设备时，两设备限界之间应有不小于 100 mm 的安全距离。

5.3.5 高架桥上的构筑物或设备突出点至线路中心线距离，应满足其与设备限界之间有不小于 50 mm 的余隙。

5.4 车站建筑限界

5.4.1 车站站台建筑限界应满足下列要求：

1）在有效长度范围内的站台限界按车辆限界确定。采用轨道横向支撑装置的碎石道床，其限界可与整体道床同值。

2）在有效长度范围外的站台，其边缘至轨道中心线的距离应满足设备限界加 50 mm 余隙的要求。

3）站台面至钢轨面高度，A 型车为 1 050 mm，B 型车为 1 020 mm。

5.4.2 车站屏蔽门建筑限界，应考虑屏蔽门在弹性变形状态下，其最外凸出点至车辆限界之间保持一定的安全间隙。

5.4.3 车站其他建（构）筑物建筑限界应满足下列要求：

1）外墙上有管线及设备时，采用矩形隧道建筑限界。

2）外墙上不敷设管线且无任何设备时，按 5.4.1 第 2）条办理，但应另加施工余量。

3）当无法确定外墙有无管线及设备时，按 5.4.3 第 1）条执行。

5.5　道岔区建筑限界

5.5.1　道岔区建筑限界加宽量，应按照车辆参数、道岔号数、道岔结构尺寸和允许磨损量等因素计算确定。

电动转辙机安装部位的建筑限界由信号专业提出安装要求。电动转辙机宜安装在两线之间，以减少限界加宽。

5.5.2　道岔区建筑限界高度：由于其轨道没有超高量，故设备限界高度和直线段相当该地段的电缆须从隧道顶部安装通过时，则建筑限界高度须考虑电缆桥架结构高度的需要：

1）道岔区在车站内有效站台范围外时，建筑限界高度不必加高。

2）道岔区在区间矩形隧道内，当采用架空接触网授电时，建筑限界高度不必加高；当采用接触轨授电时，应检查设备限界，令隧道顶部净空，必要时，建筑限界应予加高。

5.6　其他

5.6.1　防淹门建筑限界：自线路中心线至门框边缘水平距离按 5.4.1 第 2）条办理，但应另加施工余量。自轨面至帽沿底板高度与区间隧道高度相同。

5.6.2　车辆段建筑限界：

1）车辆段库外连续建筑物至设备限界净距，当有人行便道时，取 1 000 mm。

2）车辆段库外非连续建筑物（其长度不大于 2 m）至设备限界净距，当有人行便道时，取 600 mm。

3）车辆段车库大门宽度按照地铁设计规范规定办理。

4）车辆段车库大门高度，受电弓车辆，当列车落弓进库时，不小于 4 110 mm；当列车升弓进库时，按受电弓设备限界确定。受流器车辆，按区间矩形隧道建筑限界高度确定。

6　车站建筑

6.1　一般要求

6.1.1　地铁车站设计，应尽量减少房屋拆迁、管线迁移和施工时对地面建筑物、地面交通及市民生活的影响，努力做到方便市民，节约工程投资。

6.1.2 车站总平面设计，应统筹考虑车站所处的环境、地貌、城市规划、公交规划、线网规划以及城市轨道交通等控制条件，因地制宜地布置。

6.1.3 地铁车站设计规模，按远期设计客流量要求进行严格控制，并根据车站所处位置的重要性及该地区远期发展规划等因素综合考虑确定。

6.1.4 地铁车站设计，应保证乘客使用安全、方便，并具有良好的内部和外部环境条件，为乘客提供安全、舒适的乘车环境。

6.1.5 地铁车站设计，应合理组织各种客流，减少相互交叉干扰，保证乘客方便进站、迅速出站。车站的集散厅、站台、出入口、通道、楼梯、自动扶梯和售检票机（口）等设施应布置紧凑、便于管理且各部位的通过能力应当相互匹配。

6.1.6 地铁车站设计，宜考虑与地下过街道、人行天桥、物业开发建筑等结合，以方便乘客。

6.1.7 地铁车站建筑装修设计，应简洁、明快、大方、安全、经济、易于识别，并应体现现代交通建筑的特点，同时还应符合环境保护的要求，与周围的城市景观相呼应。

6.1.8 凡处在城市主干道路下的地铁车站，主体结构顶板上的覆土厚度，应按城市规划部门和市政管线部门的要求进行协调，合理确定。

6.2 车站总平面设计

6.2.1 车站总平面设计，应合理地布置车站及人行通道、出入口、通风道、风亭、冷却塔（无集中供冷车站）等附属设施。车站地面附属建筑原则上应设在道路红线以外，有条件时尽量与地面建筑结合。

6.2.2 充分考虑地铁与其他线路及交通方式的换乘，选择合理的换乘方式。

6.2.3 高架或地面车站站址前后，应有足够的宽度，宜结合道路的规划和改造，设置公交车站，以方便客流的换乘。

6.3 站厅层、站台层设计

6.3.1 车站的规模及通过能力，应满足本条线路远期设计客流量的需要。远期设计客流量，为远期预测高峰小时客流量乘以超高峰系数（1.2～1.4 h）。换乘车站的设计，应预留好换乘接口条件。位于体育场（馆）、城市中心广场等人流密集场所的车站，应考虑突发性客流的因素。

6.3.2 车站主体设计，一般有集散厅、站台和设备管理用房三部分，各部分应合理组合，分区明确，并满足相应的功能要求。集散厅及同层的设备管理用房通称站厅层；站台及同层的设备管理用房通称站台层。

6.3.3 地下车站的布置：

1）地下车站根据客流量与功能要求、线路及站址环境等条件，可设计成单层车站、双层车站或其他形式的车站。单层车站的集散厅宜布置在车站的两端，两集散厅用楼梯和通道连接。双层车站的集散厅宜设于上层，站台宜设于下层。

2）暗挖法施工的车站，站台隧道层可有单洞或双洞两种形式。双洞隧道宜在左右线之间分别设两个站台，并设置连接两站台的人行通道，以方便乘客。

3）在盾构法施工段内的车站，其尺寸还应能满足盾构法施工的技术条件。

4）设屏蔽门的车站，车站内结构柱网的布置应满足屏蔽门开口的要求，使结构柱避开车门和屏蔽门有效开口范围。

6.3.4 地面及高架车站的布置：

1）根据客流量、线路、站址环境、城市规划及其他交通等条件，可设计成单层车站或双层车站。

2）地面单层车站宜为侧式站台车站，集散厅布置在线路的两侧，两集散厅用天桥或地下通道连接。地面双层车站的集散厅，宜设在站台层的上方。

3）高架双层站的集散厅，宜设在站台层的下方。

6.3.5 集散厅（站厅）的布置：

1）集散厅设计，应满足远期设计客流量的需求；应对车站客流进行合理组织，最大限度地避免和减少站内客流流线的交叉和干扰，并综合考虑出入口通道、楼梯、自动扶梯和售检票设备的数量、位置进行布置。

2）根据车站组织客流及运营管理的需要，集散厅应划分为非付费区和付费区。付费区与非付费区之间应有分隔设施，乘客在非付费区办理售检票后方可进入付费区。

3）非付费区内设售票设备、公用电话、银行 ATM 机等。付费区内应设通往站台层的楼梯、自动扶梯。票务处、进出站检票机（口）应设在非付费区与付费区之间的分界线上。

4）当集散厅中间为付费区，两端为非付费区时，在一侧应有净宽不小于 2.4 m 的通道，以便于两个非付费区之间的联络。

6.3.6 站台的布置：

1）站台有效长度应根据远期列车总长度和列车停车误差确定。当采用屏蔽门系统时，还应考虑屏蔽门的长度、列车驾驶员出入站台的方便程度。

2）站台两端布置的设备与管理用房，其伸入站台有效长度部分不宜超过半节车厢的长度，不得侵入侧站台的最小规定宽度。

3）站台有效宽度应以车站远期超高峰小时设计客流量为计算依据。站台总宽度由站台有效计算宽度、柱宽、楼梯宽及自动扶梯宽度等组成。

4）采用暗挖双洞形式的岛式站台时，在有效站台范围内，应设不少于 3 个横向通道连接两侧站台，横向通道应均匀布置，净宽不应小于 3 m。

6.3.7 车站建筑主要设计标准，可参照下列规定：

1）站厅层：

（1）装修后净高（无装修车站最低管线下净高）≥ 2 800 mm。

（2）拱形断面有效宽度内装修后最小净高（两侧起拱处）≥ 2 000 mm。

2）站台层：

（1）装修后净高（无装修车站最低管线下净高）≥ 2 800 mm。

（2）轨面至结构底板（不含曲线和减振因素）为 560 mm。

（3）无柱岛式站台宽度≥ 8 000 mm。

（4）有柱岛式站台宽度≥ 10 000 mm。

（5）侧式站台宽度：

①无柱式≥ 3 500 mm。

②有柱式柱外站台≥ 2 000 mm。

③有柱式柱内站台≥ 3 000 mm。

④暗挖隧道车站侧站台宽度（从净高大于 2 100 mm 起算）≥ 3 000 mm。

（6）站台边缘到线路中心线、线路中心线到侧墙净距、站台装修面至线路轨顶面高的取值，应符合本工程建筑限界的规定。

6.3.8　车站主要设备和设施：

1）自动扶梯：

（1）集散厅到站台和地面到集散厅，应按远期高峰小时设计客流量设置或预留足够的自动扶梯和楼梯。车站站台上各台自动扶梯的汇集客流量应尽可能均衡。自动扶梯的设置应根据客流量和本工程的具体条件确定。

（2）集散厅与站台面的高差在 5 m 以内时，宜设上行自动扶梯；高差超过 5 m 时，宜设上、下行自动扶梯。客流量小的车站可预留或不设自动扶梯。出入口提升高度超过 6 m 时，宜设上行自动扶梯；提升高度超过 12 m 时，宜设上、下行自动扶梯。

（3）自动扶梯穿过楼面（或平台）时，自动扶梯边至开孔边沿的交叉处，为避免人、物被卡住，除应保持一定的安全距离外，还应加设保护装置。

（4）自动扶梯的倾斜角宜采用 30°。自动扶梯踏步面至上部任何障碍物的高度不宜小于 2 300 mm。

（5）车站土建设计，应满足自动扶梯吊装路线、安装空间和维修人员的工作条件的要求；站内应有良好的排水条件；应尽量避开结构诱导缝和变形缝；在自动扶梯下端应有良好的排水条件，必要时加设集水坑，坑内应有良好的排水条件。

（6）主要布置要求（一般情况下的参考值）：

①当分段布置时，两段之间的平台长≥ 8 500 mm。

②两相对方向运行的自动扶梯工作点之间净距≥ 21 000 mm。

③两相反方向运行的自动扶梯工作点之间净距≥ 15 000 mm。

④自动扶梯与步行楼梯相对应时，其工作点与楼梯之间净距≥ 13 000 mm。

⑤自动扶梯工作点至前方任何障碍物的净距≥ 8 500 mm。

2）无障碍电梯：车站宜为残疾人和车站工作人员合设一台无障碍电梯，无障碍电梯宜设于车站客流量较小端的公共区与设备管理区之间或设于付费区内。

3）楼梯：

（1）车站每个付费区内均应设有楼梯，以便在自动扶梯检修时仍能保证站内乘客的疏散。

（2）当车站设备管理区分为上下层时，应有一部净宽不小于 1 200 mm 的楼梯，供工作人员和消防人员使用。

（3）车站内公共区供乘客通行的楼梯提升高度大于 4 m 时，其倾斜角宜按 $\arctan\alpha = 0.5$ 控制。当步行楼梯与自动扶梯并列时，其倾斜角度宜与自动扶梯相同（一般为 30°）。

（4）主要设计标准（一般情况下的参考值）：

①车站内公共区楼梯每个梯段的踏步级数（n）：$3 \leqslant n \leqslant 18$。

②楼梯休息平台宽：1 200 ～ 1 500 mm。

③楼梯宽度：

单向客流楼梯净宽≥ 1 500 mm；

双向客流楼梯净宽≥ 2 100 mm。

④楼梯口部栏杆高为 1 200 mm。

⑤楼梯梯段栏杆高为 900 mm。

⑥竣工后楼梯台阶面至上部障碍物的最小高度≥ 2 300 mm。

4）检票口（机）：

（1）检票口（机）的位置，应避免设在进出站人流交叉的地方，并要有足够的空间来保证检票口（机）前客流集散。

（2）进站检票口（机），应设在售票处至候车站台的人流流线上；出站检票口（机），应设在站台至出站通道的人流流线上。

（3）检票口（机）的数量除应满足远期高峰小时设计客流的需要外，还应与楼梯、自动扶梯的通过能力相匹配。

（4）主要设计标准（一般情况下的参考值）：

①检票口（机）距步行楼梯第一级踏步之间净距≥ 5 000 mm。

②检票口（机）距自动扶梯净距≥ 9 000 mm。

③检票口（机）距售票机净距≥ 5 000 mm。

④检票口（机）前的通道宽度≥ 4 000 mm。

⑤相对应的检票口（机）净距≥ 8 000 mm。

5）售票机（处）：

（1）售票机（处）应设在客流交叉少且干扰小的地方，售票机（处）前应留有足够的空间，满足乘客查询、排队购票及工作人员使用。

（2）售票机（处）的数量应能满足远期超高峰小时客流量的需要，并留有备用量。

（3）售票机（处）宜沿进站客流方向纵向排列，并应结合车站不同的客流方向布置，每个车站不少于两处。

6）公用电话：在车站非付费区应设有公用电话，其数量应根据各站具体情况综合考虑。公用电话的位置，应设在客流交叉少、干扰小的地方。

6.3.9 车站管理用房应相对集中布置，并应满足下列要求：

1）车站控制室：车站控制室宜设在车站站厅层客流量大的一端。如果有两个分开的站厅，车站控制室宜位于客流量相对较大的站厅内。车站控制室地面，宜较站厅地面高约 0.6 m，面对站厅一侧宜设大面积的防火玻璃窗，以提供必要的监视度。

2）站长室：站长室应毗邻车站控制室设置，并设直通车站控制室的门。

3）票务处：票务处邻近进、出站检票口（机）布置，以方便处理补票、故障票分析和票务纠纷等事宜。

4）会议室：每个车站宜设一个会议室，会议室设于有车站控制室的一端。

5）警务（公安）室：每个车站应设一处警务（公安）室，其宜与非付费区相邻。

6）男、女更衣室：在车站设有车站控制室的一端，宜设男、女更衣室各一间。

7）卫生间：

（1）在车站设有车站控制室的一端，设置工作人员卫生间，并应按工作人员定员确定其规模。

（2）根据各工程的建设标准，若需在车站公共区设置公共卫生间并补充无障碍厕位，宜结合站址环境在车站人行通道附近设置，并应有良好的通风条件。

8）通道：设备管理用房的通道宽度，应根据工作人员、设备及管线布置等因素综合考虑，主要通道净宽不宜小于 1.5 m，次要通道净宽不宜小于 1.2 m。通道长度不宜大于 20 m。若设双通道，且相连通，长度不宜大于 30 m。通道内的设备应嵌入墙体内，以确保通道的有效宽度。

9）主要设计标准（一般情况下的参考值）：除了应满足地下铁道设计规范的规定和有关设备与运营管理的技术要求外，公共区装修后净高不小于 2 500 mm，管理用房区内的通道装修后净高不小于 2 300 mm。

6.3.10 车站设备用房的设计：

1）车站设备用房应满足各系统专业的工艺要求，并参照有关规范及地铁车站的特点进行布置。

2）所有电气设备用房必须保持干燥，除采用适当的通风系统外，建筑设计中应采用有效的排水、防潮、防鼠措施。

3）供水管、消防管、排水管不应穿过电气设备室。

4）所有进出车站结构的管线，应集中在一个或几个共用沟（或廊）内，有条件时，充分利用各种设备进出口或风井、风道设置各种管线。

5）暗挖法施工和高架或地面车站部分空间较大的设备用房（包括管理用房），如环控机房、变电所等，宜布置在车站主体结构外，以减小规模。

6）主要设计标准（一般情况下的参考值）：

（1）除了应满足地下铁道设计规范的规定和有关设备与运营管理的技术要求外，一般情况下装修后净高≥ 2 500 mm。

（2）一般情况下地平面装修层厚 100 mm。

（3）设备用房区内的通道净宽为 1 200 ～ 1 800 mm。

6.4　车站出入口

6.4.1　车站出入口宜设于道路红线以外或城市广场的醒目位置，以利于吸引客流、方便乘客识别和进出车站，并应有足够的客流集散空间。出入口宜尽可能地直接连接已建的（或待建的）建筑物地下室、过街道、商场、人行天桥及其他大型公共建筑。

6.4.2　车站出入口规模及数量设计应满足下列要求：

1）车站出入口规模及数量，要与该站远期设计客流、站址环境和自动扶梯或楼梯数量及其宽度相匹配。

2）车站出入口规模，应以远期预测客流量的通过能力为依据，并考虑其他交通工具的换乘和附近大型公共建筑引起的客流量。地下车站出入口应因地制宜设置，一般设计 4 个，分期修建时，初期不得少于 2 个；当车站设计客流量较小时，可根据站址环境的具体情况酌情减少出入口数量，但不得少于 2 个，必要时还要统筹考虑地面人行过街的因素。

3）出入口通道的输送能力，应大于车站内楼梯和自动扶梯输送能力之和。

6.4.3　车站出入口平台标高，应比附近规划地面或车站防洪设防高程高出 150 ～ 450 mm。

6.4.4　车站出入口与地面建筑物合建时，在出入口和地面建筑之间应采取可靠的防火及排水措施。

6.4.5　独立修建的出入口，在统筹考虑其体量、建筑形式的同时，还应注意与城市环境相协调，并按本地区统一的要求执行。

6.4.6　出入口通道主要设计标准（一般情况下的参考值）：

1）净宽度≥ 2 400 mm。

2）净高≥ 2 500 mm。

3）纵向坡度≤ 5%。

4）横向坡度≥ 2%。

6.5　风亭

6.5.1　风亭（道）、进出风口的设计，应满足环控专业所提出的土建和工艺技术要求。

6.5.2　风亭宜位于道路红线以外，外界环境污染不超标、不影响交通、对附近居民不造成直接污染，开阔、空气流通的地方。风亭口部 5 m 范围内不应有阻挡通风气流的障碍物，风亭通风口距邻近建筑物门窗净距宜不小于 6 m。

6.5.3 在风亭底部有机电设备时，应满足噪声标准要求，风口不宜直接向上，并应有良好的排水条件。

6.5.4 风亭与建筑物合建时，应考虑对建筑物重新开发时不致影响其功能；独立修建的地面风亭，应注意与周围景观协调，其建筑形式应符合本区域的统一要求。

6.6 建筑装修

6.6.1 应以安全、适用、经济、美观为总原则，并应充分体现城市交通快捷、秩序、通畅、易识别的特点。力求以简洁、明快、朴实、经济，不追求豪华，并最大限度地体现本地区的风貌为总目标。

6.6.2 各站宜在统一的要求下，体现各站的特点，采用适宜的手法，最大限度地改善地下封闭空间的沉闷和压抑感。有条件时，可采用裸露或半裸露（不设吊顶）的处理手法。

6.6.3 所选择的装修材料，应具有不燃、无毒、放射性指标满足国家环保要求、经济、耐久、便于设备管理和清洗的性能，地面材料应防滑、耐久、耐磨、耐腐蚀。在同一个车站内，所选用的装饰材料种类不宜太多、太杂，并宜因地制宜地选用本地区的产品。

6.6.4 暗挖施工的车站，宜采用不设吊顶的装修形式。

6.6.5 高架车站装修不宜考虑设吊顶，应结合高架站的特点和顶部构造统一考虑，并实现简洁、新颖、结构轻巧、通透、色彩明快、高雅和与站址周围的城市景观相协调的建筑效果。

6.6.6 在站台层轨行区、公共区及有减噪要求的设备与管理用房，应考虑采用具有吸声功能的装饰材料（或喷涂料）。

6.7 路引（导向标识）

6.7.1 站台层、站厅层（或集散厅）、地面出入口，以及与地铁车站相连的物业开发区、地下步行街、商店、火车站及公交站等公共区域，必须设置明显的路引（导向标识），以引导乘客以最便捷的路线流动。

6.7.2 路引（导向标识）具备连续性、一致性、安全性，并要注意与其他公共设施的路引（导向标识）相区别和协调。

6.7.3 路引（导向标识）必须大小适度，高度及宽度应符合乘客的视觉要求。

6.8 广告牌（灯箱）

车站内设置的广告牌（灯箱），应与车站装修设计和照明设计相协调。广告牌（灯箱）

宜规范化、统一化，亮度适中。

6.9　设计容量

6.9.1　车站人行通道（或某个人行通道）的总宽度，应能满足本站（或本人行通道）远期超高峰小时设计客流量乘以 1.25 不均匀系数的需求，必要时还应同时考虑地面过街客流的因素。

6.9.2　进站检票口的能力，应小于进站（到站台）自动扶梯或楼梯的能力；出站检票口的能力，应大于站台通往站厅自动扶梯或楼梯的能力。

6.9.3　最大通过能力符合规范规定。

6.10　无障碍设计

6.10.1　在有无障碍设施的车站中，应结合本站的客流及客流组织、车站运营管理和各种服务设施的布置来充分考虑残疾人进入车站后的安全问题。

6.10.2　每个车站从集散厅到站台和至少一个出入口宜考虑设置一、二类残疾人乘降地铁的电梯。

6.10.3　在自动检票机附近宜设一处能通过残疾人轮椅的专用检票口，其宽度不应小于 900 mm。此专用检票口也可和工作人员通道口合用。

6.10.4　出入口、通道、楼梯、集散厅及站台宜设地面盲人导向线，其具体要求应符合现行无障碍设计的有关规定和规范。

6.11　车站防灾

6.11.1　车站紧急疏散设计应满足下列要求：

1）车站紧急疏散是指将站台上的乘客和工作人员疏散到上一层或安全区域。

2）紧急疏散量为远期高峰小时一列满载到达列车的载客量，加上远期高峰行车密度下，在站台上候车的乘客及工作人员。

3）紧急疏散有效时间为 6 min，其中 0.5 min 为反应时间。

4）在紧急情况下，自动扶梯的运行方向宜考虑有与疏散方向一致的功能。

5）车站通道、出入口处及附近区域，不得设置和堆放任何有碍客流疏散的设施、设备和物品。与车站连通的其他建筑物的客流，均不考虑通过本站（包括本站通道及出入口）进行事故下的紧急疏散，以确保车站的安全。

6.11.2　车站消防设计应满足下列要求：

1）车站内各层公共区和设备与管理用房区，均划分为独立的防火分区，每个防火分区之间采用能耐 4 h 的防火墙或防火卷帘门分隔。除公共区外，每个防火分区最大允许使用面积不得大于 1 500 m^2，防火墙上的门应为甲级防火门。

2）车站主要设备与管理用房区内，宜有两个独立的通道，其长度不宜大于 30 m，否则应在两个通道间设一个联络横通道。

3）车站公共区内，每个防烟分区面积不大于 700 m^2，每个防烟分区之间和扶梯口（包括暗挖站斜通道口部）的上方采用挡烟垂壁分隔，其高度不应小于 500 mm，或利用结构梁（净高不小于 500 mm）和顶部空透式吊顶来实现挡烟的功能。所有装修材料均按一级防火要求控制和处理。

4）有物业开发区的车站，物业开发区为独立的防火分区，其面积不大于 800 m^2，并在每个防火分区内设两个独立的、可直达地面的疏散通道。与车站连通的其他建筑物，应独立自成防火体系，并不得考虑通过本站（包括本站通道及出入口）进行火灾下的人员疏散，以确保车站的安全。

5）暗挖法施工的车站，站台层若采用双洞隧道，在左右线之间设两个站台，连接两洞的横通道应充分考虑防烟设施。

6.11.3　车站防洪（涝）：

1）车站防洪设计的洪水频率，应按本地区规定的标准设防要求执行。

2）邻江（河）两岸的地下车站或附近区间内应设防淹门。

3）车站地面出入口平台面、风亭口下檐（或地面建筑开口标高）以及能通至车站内的其他开口的标高，在高于设防要求的同时，还应根据本区域水涝资料，进行综合考虑、处理。必要时，可加设防水淹设施。

7　高架结构

7.1　高架车站结构

7.1.1　高架车站结构形式应根据建筑功能和布置要求，结合环境和施工方法经技术和经济比较后确定。

7.1.2　对于站桥分离结构（即行车梁与车站结构之间无连接，均将荷载传给共同或不同的下部结构）的桥梁结构要求参见区间桥涵。

7.1.3　站桥合一结构应考虑荷载之间的相互影响，必要时应作整体动力分析。承受列车荷载的构件，应按相关的铁路规范设计；不承受列车荷载但受其影响的构件，按相关的建筑结构规范设计；兼承受列车荷载的构件，将传递至该构件，按建筑结构规范规定的荷载的标准值与铁路规范规定的列车荷载分类组合后进行设计。

7.1.4　车站房盖系统结构设计应考虑新颖、质轻、可维护性和防火性能，并满足站址处城市景观的要求。

7.1.5　车站抗侧力结构设计可结合人行天桥的连接方式、车站两端区间桥按空间分布共同考虑。

7.1.6　车站与建（构）筑物合建时，应考虑其相互不利影响，并按 7.1.3 进行构件设计。

7.1.7　桥下净空应满足城市规划及交通要求。人行天桥及地道的设置应满足有关规范要求，并应考虑车站跨线天桥行人舒适度的要求。

7.1.8　盖梁、墩基础参见区间高架部分。

7.1.9　结构设计应分阶段进行计算和验算，并应考虑设备系统接口设计条件（参见区间高架部分）。

7.1.10　构件设计，应恰当地考虑耐久性和可维护性。建筑材料的选择应根据国内发展条件，在经济可行的前提下，对要求较高的构件尽可能选用高性能混凝土及高性能钢材。

7.1.11　变形缝的设置及间距、构造形式，需根据环境条件、车站结构形式经工程类比和计算确定。

7.2　区间桥涵（高架区间及桥梁）

7.2.1　高架区间，应根据功能、环境、景观、经济等诸多因素进行综合比较，分段或不分段考虑选择结构形式。

7.2.2　区间桥梁跨径的选择、墩位的布置，应满足市区景观、地面交通、经济性、施工运输、吊装等多项要求。

7.2.3　区间梁型选择，应结合车辆、供电方式、线路标高、运营标准要求、地面交通要求、规划条件、车站标高情况、施工方法、是否有利于维修保养等，综合进行技术经济比较。

7.2.4　区间梁施工方法，应根据环境、工期、梁型等情况分段或不分段比较后选择。应尽可能工厂化、机械化施工，以便控制整体质量、缩短工期、减少扰民程度。

7.2.5　桥下净空，应根据不同地段河流通航、洪水位和地面（道路）净空要求分别满足。

7.2.6　轨道交通结构与公路交通结构合建时，或与房屋建筑合建时，轨道交通与公路交通结构或房建结构的相互影响应考虑，并应满足包括两者的不利情况。对于其共同构件，按不同系列规范设计后，经比较取安全值。

7.2.7　墩型选择应根据不同路段地面条件、河流情况，并结合环境景观，支承梁型情况等诸因素综合比较后选择。对于双线合修地段，地面条件允许时，可选用独柱墩或 Y 形墩；对于斜跨道路跨式，在市区设置辅助线的，可局部采用门式钢架。

7.2.8 盖梁形式应根据双线分修或合修环境、梁型、桥下净空、线路标高综合比较确定。

7.2.9 桥梁基础应根据沿线地质情况，并根据桥型条件、环境施工条件，分段分工点进行技术经济比较后选择。

7.2.10 墩台允许沉降量及不均匀沉降量，应按时期、运营条件、跨径、桥梁形式及徐变量、道床条件确定。

7.2.11 高架结构在市区，应最大限度地减少振动和噪声，特殊地段必要时设置声屏。

7.2.12 与各专业技术接口标准（如接触网行车振动限制等），支承设施，杂散电流防护设施，防水、排水措施，市政规划预留强弱电管线等，应根据不同路段、不同工点进行接口设计。

7.2.13 构件设计，应恰当地考虑耐久性和可维护性。建筑材料的选择，应根据国内发展条件，在经济可行的前提下，对要求较高的构件，尽可能选用高性能混凝土及高性能钢材。

7.2.14 变形缝的设置及间距、构造形式，需根据环境条件、桥型，并经工程类比和计算确定。

7.2.15 设计荷载，应根据列车荷载及《铁路桥涵设计规范》（TB 10002—2017）进行分类和组合。

7.2.16 涵洞设计，应根据列车荷载及《铁路桥涵设计规范》（TB 10002—2017）进行设计。

8 地下结构

8.1 适用范围

本章内容适用于下列地下工程：

1）放坡开挖或者护壁施工的明挖结构。

2）用盾构法或者矿山法施工的暗挖结构。

8.2 基本规定

8.2.1 主要设计要求：

1）地下结构设计，必须以地质勘查资料为依据，并考虑不同施工方法对地质勘探的特殊要求，通过施工过程中对地质的直接观察或监控量测反馈进行验证，必要时应根据实际情况修改设计。

2）地下车站，所有外墙、板、梁等钢筋混凝土结构，均应采用防水混凝土。其混凝土抗渗强度等级应符合《地下工程防水技术规范》（GB 50108—2008）的规定。

3）钢筋混凝土结构设计，应采取防止杂散电流腐蚀的措施。钢结构及钢连接件，应按有关规范要求进行防锈蚀处理。

4）对于各种类型的地下结构，可视其使用条件和荷载特性等情况，选用与其特点相近的现行相关结构设计规范进行设计。受力明确且具备条件的，应按极限状态设计。

5）地下结构的所有受力构件，应根据《建筑设计防火规范》（GB 50016—2014）（2018 年版）的相关规定要求进行设计。

6）区间隧道设计应能满足城市规划、运营、施工、环境保护、防排水等要求，其结构应具有足够的强度、刚度和耐久性，以满足长期运营的需要。

7）暗挖法施工的两单线平行区间隧道净距，应根据工程地质条件、隧道断面尺寸、埋置深度、施工方法等因素确定，或参照已有工程实践决定，其净距不宜小于隧道外轮廓直径。如因功能需要或其他原因不能满足上述要求时，应采取相应措施。盾构法施工的隧道，覆土厚度不宜小于隧道外轮廓直径。

8）暗挖法施工引起的地面沉降量控制在 30 mm 以内，穿过主要建筑物或地下管道时应按实际情况确定，在空旷地段可适当放宽。

9）隧道横断面设计，应在建筑限界的基础上再考虑适当的裕量，以满足施工误差、测量误差、地层变形、结构变形的需要。位于曲线上的区间隧道断面（含竖曲线），应按建筑限界的要求考虑是否加宽、加高及其数值。在双（多）线并行地段确定单跨双（多）线或双（多）线隧道断面时，还应保证线间距、轨面高程与线路设计相一致。

10）隧道衬砌结构设计，应根据沿线不同地段的工程地质及水文地质条件、地面建筑物和地下埋设物情况，通过技术、经济、环境影响和使用效果等综合比较，选择合适的结构形式和施工方法。

11）应根据结构或构件类型、使用条件及荷载特性等，选用与其特点相近的结构设计规范及设计方法，以确定荷载组合、材料设计强度及安全系数等。对于按矿山法（浅埋暗挖法）施工的隧道，宜采用信息化设计。

12）区间隧道在结构、地基、基础或荷载发生变化的部位，或因抗震要求必须设置变形缝时，应采取可靠的工程技术措施，确保变形缝两边的结构不产生影响正常行车的差异沉降和轨道的曲率变化。

13）变形缝宽度可根据工程地质及水文地质条件、结构刚度、防水能力以及隧道纵向的伸缩量等确定。

14）结构计算简图的确定应符合结构的实际工作条件，并反映结构与周围地层的相互作用。

15）隧道衬砌应就其施工和正常使用阶段进行结构强度计算，必要时也应进行刚度和稳定性计算，且应满足耐久性的要求。对于混凝土结构、钢筋混凝土结构还应进行抗裂度、裂缝宽度验算；地震等偶然荷载作用时，无须验算结构的裂缝宽度。

16）钢筋混凝土结构的最大裂缝宽度允许值（横断面裂缝计算值），应根据结构类型、使用要求、所处环境条件等因素确定。对于一般环境中的结构，在永久荷载和基本荷载组合作用下的最大裂缝宽度允许值为：明挖法和矿山法隧道 0.2 ～ 0.3 mm；盾构法隧道钢筋混凝土管片 0.15 ～ 0.2 mm。

17）装配式构件的尺寸须考虑加工、运输以及施工安全。接头设计应满足受力、防水和耐久性的要求。

18）区间隧道防、排水，应遵循“以防为主、以排为辅、防排结合、因地制宜、综合治理”的原则进行设计，具体可按《地下工程防水技术规范》（GB 50108—2008）及有关规定进行。

19）车站间两条单线隧道之间应设联络通道，通道内宜设防火门。区间隧道内排水泵站，宜结合通道设计布置。联络通道宜采用矿山法施工的复合式衬砌。若处于软土地层中，则需进行地基预加固，使土体有良好的自立性，能安全可靠地在无渗水情况下进行开挖。

20）区间隧道设计中应充分考虑到建成后周围形态的改变，如地下水水力联系的改变、周围建筑物所处条件的改变等。

8.2.2　荷载：

1）结构设计荷载分类：

（1）永久荷载：永久荷载包括结构自重、覆土重、水土侧压力、上部建筑物质量、设备质量、水反力、混凝土收缩及徐变影响力、侧向地层弹性抗力和地基反力等。

（2）可变荷载：

①基本可变荷载：地面车辆荷载、人群荷载、地铁列车荷载等。

②其他可变荷载：温度影响力、施工荷载等。

（3）偶然荷载：地震荷载、人防荷载。

2）结构设计时，应按结构整体或单个构件可能出现的最不利荷载组合进行计算，并应考虑施工过程中的荷载变化情况分阶段计算。

3）地层压力

（1）垂直荷载：明挖法施工的车站，按计算截面以上全部土柱质量作为垂直荷载。

（2）水平荷载：根据明挖施工阶段结构受力过程中墙体位移与地层间的相互关系，可分别按主动土压力、静止土压力或被动土压力计算。对于围护结构施工期间的水平压力宜按兰金公式的主动土压力计算；使用阶段，在黏性土中可采用水土合算的办法，砂性土中采用水土分算的办法。使用阶段，主体结构宜按静止土压力进行计算。计算中应计及地面活载以及邻近建筑物产生的附加水平侧压力。

4）列车荷载：地铁列车荷载，应根据所采用的车辆轴重、载重计算，可取均布荷载为 20 kPa，并用通过的重型设备车辆进行验算。

5）人群荷载：站台、站厅、楼梯、车站管理人员用房等部位的人群荷载按 4 kPa 计，另需计及在 300 mm×300 mm 范围内 20 kN 的集中荷载，结构计算时，应按全部均布荷载加上集中荷载的最不利荷载组合进行设计。

6）设备荷载：设备房屋部分的荷载，一般按 8 kPa 进行设计，并应依据设备的实际质量、动力影响、安装运输途径等确定其大小与范围。自动扶梯的计算荷载及安装的吊点位置、荷载大小与范围，须根据设备型号及运输途径确定。

7）浮力及静水压力：当明挖车站所处地层有地下水时，计算中应计及地下水产生的浮力的影响；施工阶段在覆土未回填或回填到位时，应根据可能存在的地下水位，计算其浮力的大小；使用阶段应按季节性最不利地下水位时全部浮力进行计算。

8）施工荷载：结构设计中，应考虑下列施工荷载之一或可能发生的几种情况的组合：

（1）设备运输及吊装荷载。

（2）施工机具荷载。

（3）地面堆载和材料堆载。

（4）邻近隧道开挖的影响。

（5）盾构法施工时千斤顶的推力。

（6）注浆引起的附加荷载。

（7）盾构机及其配套设备的重量。

9）地面超载：地面超载可按 20 kPa 计算，并考虑扩散后作用在车站结构上。对于覆土厚度特别小的车站，其地面超载按有关规范的规定确定。

10）混凝土收缩作用：外露的超静定结构及覆土小于 1 m 或截面厚度大的钢筋混凝土结构，应考虑混凝土收缩的影响。根据《铁路隧道设计规范》（TB 10003—2016）及《铁路桥涵设计规范》（TB 10002—2017）的规定，混凝土收缩的影响可假定用降低温度的方法来计算。对于整体浇注的混凝土结构相当于降低温度 20 ℃；对于整体浇筑的钢筋混凝土结构相当于降低温度 15 ℃；对于分段浇筑的混凝土或钢筋混凝土结构相当于降低温度 10 ℃；对于装配式钢筋混凝土结构相当于降低温度 5 ～ 10 ℃。

11）地面车辆荷载及其冲击力：一般可简化为与结构埋深有关的均布荷载，覆土较浅时应按实际情况计算。在道路下方的浅埋暗挖隧道，地面车辆荷载可按 10 kPa 的均布荷载取值，并不计冲击力的影响。

12）温度作用力：应考虑当地温度情况和施工条件以及结构受温度变化的影响。

13）道路、铁路下方隧道的作用荷载。

8.2.3　工程材料：

1）地下铁道明挖车站结构的主要受力结构一般采用钢筋混凝土，必要时可采用钢结构、钢管混凝土或型钢混凝土组合结构。

2）钢筋混凝土及混凝土除满足强度需要外，还必须考虑抗渗和抗侵蚀的要求，其强度等级宜按相关规定选用。

3）车站大体积浇筑的混凝土避免采用高水化热水泥，混凝土中必须掺加高效减水剂、Ⅰ级优质粉煤灰或磨细矿渣。地下车站顶、底板，侧墙应采用高性能防水混凝土。严格控制水泥用量，限制水灰比，控制混凝土入模温度。

4）矿山法隧道采用的结构及其强度要求为：

（1）喷射混凝土衬砌，其设计强度等级不得低于 C20。

（2）现浇混凝土或钢筋混凝土，其设计强度等级不得低于 C20。

5）盾构法隧道采用装配式钢筋混凝土管片时，其强度要求一般为 C50。

6）钢筋等级：

普通钢筋混凝土、锚喷支护中的钢筋和预应力钢筋混凝土结构中的非预应力钢筋可采用 HPB300、HRB335 级钢筋，有特殊要求时，经技术经济比较，可采用 HRB400 级钢筋。锚喷支护中的土层锚杆可采用钢绞线和 HRB335 级粗钢筋。预应力混凝土结构中的预应力钢筋，可采用碳素钢丝、钢绞线和 RRB400 级以上的粗钢筋。钢结构构件一般采用 A3 钢。

8.3 明挖结构

8.3.1 一般要求：当设计采用明、盖挖施工时，应根据工程地质及水文地质条件以及防水措施等情况，进行单层墙、复合墙和重合墙结构的技术经济综合比较后确定结构设计方案。

8.3.2 地下车站明挖施工结构形式：采用明挖顺作法、盖挖顺作法、盖挖逆作法、盖挖半逆作法施工的车站，一般采用框架结构形式，根据客流量计算确定车站规模、站台形式以及车站埋深等情况，可设计为多层多跨、多层单跨、单层单跨、单层多跨的箱形钢筋混凝土结构；车站立柱可设计成圆形、矩形、圆端形或多边形；顶、中、底板可设计为梁板体系、无梁楼盖和整体预应力结构，当车站为无柱大跨时，顶板可设计为密肋梁板、斜腿刚构、拱形结构以及预应力箱梁结构等，对此应作技术经济比较；换乘站位于交叉节点处需设计为三层或多层多跨框架钢筋混凝土结构时，该处的结构形式与布局应满足车站换乘功能及纵横向结构刚度的要求。

8.3.3 结构设计原则：

1）结构设计应根据结构类型、使用条件、荷载特性、施工工艺等条件进行，结构、构件应满足强度、刚度、稳定性和耐久性要求，并满足防水、防火、防杂散电流的技术要求。

2）车站结构的净空尺寸除满足建筑限界和设备安装要求外，在设计中还应考虑结构变形、不均匀沉陷、测量误差及一定量的施工误差，其值参照类似工程实测值加以确定。

3）车站结构应分别对其在施工阶段和正常使用阶段进行强度计算，必要时还应进行刚度和稳定性计算。混凝土和钢筋混凝土结构还应进行抗裂或裂缝宽度验算。钢筋混凝土的裂缝开展允许值，应根据结构类型、使用要求、所处环境条件和防水措施等因素加以确定。当计及地震、人防或其他偶然荷载作用时，可不验算结构的裂缝宽度。在永久荷载和基本荷载组合作用下，应按荷载短期效应组合并考虑长期效应组合的影响，所计算的最大裂缝宽度应不大于 0.2 ～ 0.3 mm。当结构有可靠的附加外防水层时，裂缝宽度的控制值可适当放宽；当处于侵蚀性地层时，迎土侧的各混凝土构件的最大裂缝宽度的控制应适当严格。裂缝宽度采用《混凝土结构设计规范》（GB 50010—2010）（2015 年版）计算时，结构钢筋净保护层厚度超过 35 mm 的按 35 mm 取值，小于 35 mm 的按实际取值。

4）结构设计应按最不利地下水位情况进行抗浮稳定验算，在不考虑侧壁摩擦力时，其抗浮安全系数不得小于 1.05；当计及侧壁摩擦力时，其抗浮安全系数不得小于 1.15。当结构抗浮不能满足要求时，应采取相应的工程措施。

5）车站结构按地震设防烈度进行抗震验算，并在结构设计时采取相应的构造措施，以提高结构的整体抗震能力。当地铁结构上部建筑有地面建筑物时，应按整体验算抗震能力。

6）车站结构安全等级，应根据建筑结构有关设计规范的要求确定。

7）车站的结构设计，应根据《地铁杂散电流腐蚀防护技术规程》（CJJ 49—1992）采取防止杂散电流对结构物腐蚀的措施。

8）车站结构防水设计，应符合《地下工程防水技术规范》（GB 50108—2008）的要求，并充分考虑所在地区地下水腐蚀性情况和气候条件对施工的影响，在满足结构强度和稳定的基础上，应遵循首先满足防水方案要求的原则。

9）车站结构及出入口、通风亭的耐火等级为一级。

8.3.4　施工方法及围护结构：

1）地铁车站明挖结构施工方法，应根据车站范围内的工程地质和水文地质勘探资料、周围环境及交通等情况进行技术、经济综合比较后选择。

2）明、盖挖法施工的地下车站的围护结构的选择，根据工程地质和水文地质条件、周围环境、建（构）筑物、基坑深度、施工条件等情况，可选用地下连续墙、钻（挖）孔桩、钢板桩、工字钢桩、土钉墙及喷锚支护等支护结构。围护结构设计，应严格按照国家或各地区有关规范、规程的规定和当地既有工程经验进行支护结构方案的技术经济比选后确定。

8.3.5　明挖法施工的地铁车站结构计算：

1）结构计算模式应符合结构的实际工作条件，并反映结构与周围地层的相互作用。车站结构通常只进行横断面方向的受力计算，遇下列情况时也应对其纵向强度和变形进行分析：

（1）沿车站纵向覆土有较大变化时。

（2）车站结构上部直接建有立交桥或其他建筑物时。

（3）基底地质条件有显著差异时。

（4）空间受力作用明显处（如十字、T 形、L 形换乘车站的节点等）。

2）车站结构可按底板支承在弹性地基上的平面框架进行内力分析，计算时宜考虑立柱、楼板、斜托及截面变化的影响。用逆作法修建车站时，应考虑立柱的施工误差造成的柱截面轴线偏心距的影响。

3）结构设计时，应根据各层板与纵梁的刚度比确定跨中板带与柱上板带的内力分配系数，进行板的配筋设计。

4）结构计算时，当地质情况复杂，纵、横向地质变化大，或遇到因车站布置所造成的不对称情况时，应按偏压进行内力计算，并考虑因地震产生的水平不对称的水、土荷载进行最不利组合，以确定控制截面的设计内力。

5）对于邻近车站的地下构筑物，施工造成车站结构侧向受有不对称水平压力的影响应予以足够重视。设计中应根据其结构形式与车站平面、立面的关系，施工方法、施工先后等因素进行分析，以确定车站结构计算模式及相应的工程处理措施，将其施工时造成对结构的影响控制在允许范围以内，以确保结构的安全。

6）当支护结构作为主体结构侧墙的一部分，兼作上部建筑的基础时，还应进行使用阶段的组合强度、垂直承载能力、地基强度变形和稳定性计算。

7）当地下连续墙或灌注桩及各类板桩支护墙插入土层中，在确定其入土深度时，必须进行墙体的抗滑动、抗倾覆和整体稳定性以及墙前基底土体的抗隆起和抗渗流稳定性验算。当围护结构插入岩层中时，其嵌入深度需根据基坑开挖深度、支撑体系、岩层风化程度进行稳定和变形计算，并参照类似工程予以确定。围护结构的插入深度根据计算确定。

8）结构计算应根据施工顺序，分阶段按“增量法”原理进行内力计算。计算时，必须计入结构的先期位移值以及支撑的变形量，按“先变形、后支撑”的原则进行结构分析。最终的位移及内力值应是各阶段的累计值。

9）围护结构内力计算，一般情况下，标准段部分可沿车站纵向取单位长度按弹性地基梁（板）进行计算，地层对墙体的作用采用一系列弹簧进行模拟。在地质条件复杂、地质变化较大、空间受力作用明显处，基坑围护结构还应采用桩土共同作用的空间非线性计算方法。

空间计算方法的基本思路是：考虑一地下连续墙围护结构，把地下连续墙割成 N 根垂直方向的梁。同样，也可以把地下连续墙切割成 M 根水平方向的曲梁，即将地下连续墙分别切割成水平梁系和竖向梁系。计算时，通过交叉梁系的交叉点上的变位协调条件和力的平衡条件来考虑它们之间的共同作用，内支撑系统的处理基本同水平梁的处理。竖向地基梁与土体的相互作用，采用非线性地基梁共同作用的方法。最后采用迭代法，通过反复迭代，在交叉梁系的交叉点上逐步满足位移协调条件和力的平衡条件，从而来考虑它们之间的共同作用，亦即把支撑系统、挡土墙和墙后土体三者作为一个整体考虑。

10）车站结构可按底板支承在弹性地基上的平面框架进行内力分析，计算时宜考虑立柱和楼板压缩、斜托的影响，用逆作法修建车站时，应考虑立柱的施工误差造成的偏心影响。

11）当围护结构与内衬墙结合面黏结好、能承受剪力时，采用叠合板计算法，并应考虑外墙初应力、初应变。墙体计算厚度，取内外墙厚度之和。当内外墙之间设有防水层或两者结合差、不能传递剪力时，按重合墙结构计算，荷载产生的内力按内外墙刚度分配。

12）地下连续墙与板之间采用接驳器连接时，其节点可按刚接考虑。但考虑到接驳器接头难以做到绝对刚接，跨中截面弯矩可增加 10%，以考虑内力的实际分布。必要时也可考虑接头弯矩与跨中弯矩间的内力重分布。采用预埋筋连接时，可按半刚接进行计算。

13）为减少墙体在基坑开挖期间的位移，对钢支撑及锚杆应施加预应力，其值可按设计轴力的 50% ～ 80% 计，其内力计算应考虑支撑预应力的作用。

14）结构计算中，应考虑地面超载的影响，其值可采用 20 kPa，并应考虑顶板覆土引起的荷载扩散。

15）验算最大裂缝宽度时，其内力计算荷载分项系数为 1.0。叠合式结构的叠合面不验算最大裂缝宽度，重合式结构的重合面按结构背水面验算最大裂缝宽度。

8.3.6　结构构造及施工措施：

1）地下车站结构钢筋混凝土主筋净保护层厚度应符合规范要求。

2）地下连续墙及灌注桩的垂直度和平整度的允许偏差：一般情况下，地下连续墙垂直度不应大于 1/250，地下连续墙表面局部凸凹不应大于 100 mm。人工挖孔桩的垂直度不大于 1/200，钻孔桩的垂直度不大于 1/150。施工中应确保车站建筑限界及结构厚度。

3）地下连续墙墙段之间可采用不传递应力的普通柔性接头，当纵向必须形成整体时，应采用刚性接头。

4）地下连续墙受力钢筋应采用 HRB335 级钢筋，直径不宜小于 20 mm。构造钢筋可采用 HPB300 级钢筋，直径不宜小于 16 mm。钢筋间距要恰当，使混凝土在泥浆中能稳定流动，有利于保证混凝土与钢筋的握裹力，竖向主筋最小净距不小于 75 mm，净保护层不小于 70 mm，水平构造筋间距宜为 200 ～ 300 mm。

5）水下灌注的钢筋混凝土构筑物，在钢筋笼吊放前，必须对槽底泥浆沉淀物进行置换和清除，其底部沉渣厚度不大于 100 mm。必要时，可在连续墙中埋设注浆管，对槽底沉渣进行注浆加固处理。

6）地下连续墙的水平筋宜布置在主筋外侧，为增加钢筋笼的刚度，应设置桁架筋和剪力筋。

7）连续墙可按无围护设计，当无围护时，应按支撑轴力进行墙体强度验算，以确定水平筋的设计，并且水平筋应适当加强。

8）当车站设计为叠合墙时，其地下连续墙应在结构各层板的位置预埋接驳器或预埋钢筋。

9）为减少墙体在基坑开挖期间的位移，对钢支撑及锚杆（索）应施加预应力，其值可按设计轴力的 50% ～ 80% 计。

10）支撑（或锚杆（索））的道数应根据工程地质及水文地质条件、墙体刚度、基坑开挖深度等因素确定，其支撑间距应优化，以减少内力与位移及对施工的干扰。

11）板上孔洞周边加强部分应根据孔洞大小、周边荷载分布状况确定采用孔边梁或暗梁、加强筋等形式予以加强。

12）车站盾构端头井（终到井、始发井）设计。

（1）确定端头井的建筑尺寸和构造形式。

（2）端头井是车站两端设备用房的一部分，又是区间隧道盾构工作井，井的内净尺寸应考虑以下要求：

①盾构施工要求：要考虑盾构安装、检修、调头、转场、运输等要求。

②地铁运营后的使用要求：车站两端一般为设备用房，有变电所、废水泵房、推力风机等，此井的平面及空间尺寸应满足设备工艺要求。

③由于端头井的井壁开设大孔较多，有盾构孔、出入口通道孔、通风道孔及运输孔等，一般宜采用双层侧墙结构，且内衬适当予以加厚。

13）施工过程中应建立严格的监测网，对施工全过程进行监测，以达到确保安全、指导施工、积累资料、改进设计的目的。监测分为施工监测与科研监测。施工监测包括围护结构位移、基坑外地表沉降及水平位移、钢支撑轴力测量等。施工时还应在全线选择几处有代表性的车站，进行科研监测，如围护结构墙背的水土侧向压力，墙、板内应力等。

14）车站建筑物在结构、地基基础或荷载发生显著变化处，因抗震要求必须设置沉降缝时，应采取可靠的工程技术措施，确保沉降缝两边的结构不产生影响行车安全的差异沉降，并应采取可靠的防水措施。车站主体结构一般不设变形缝，当确需设置时，也应以少设为宜。

15）明挖法施工的车站温度伸缩缝的设置，可根据所在地区的气象条件、结构类型与埋深以及功能要求和施工工艺等确定。其缝宽一般为 10 ～ 20 mm，最大间距可参考《水工混凝土结构设计规范》（SL 191—2008）、《混凝土结构设计规范》（GB 50010—2010）（2015 年版）及工程类比确定，或根据车站结构混凝土温度收缩计算来确定。若采取措施能有效地减少混凝土温度应力（如设置后浇带、间隔跳槽施工、采用补偿收缩混凝土等），也可不设伸缩缝，但顶、底板及侧墙应配置双面（两侧）不小于 0.4% 的纵向分布钢筋。

16）车站结构的施工缝应根据施工组织的施工分段情况而定。其位置应留在结构剪力较小且便于施工的部位，并兼顾车站内部结构的完整性。其间距一般不宜过大，原则上纵向取 8 ～ 12 m。施工缝应设置钢板止水带或采取其他有效防水措施。

8.4 暗挖法车站（矿山法）

8.4.1 一般要求：

1）位于交通繁忙、施工场地狭窄、不允许中断交通等处不宜采用明挖法施工的车站，或车站位于较完整的岩石地层且地下水不发育时，可设计为暗挖法车站。设计时，应对车站结构的设计方案和施工方法的可行性进行论证，经技术经济比较后确定。

2）围岩分级应采用定量和定性相结合的方法，可参照《铁路隧道设计规范》（TB 10003—2016）执行。

3）矿山法车站结构计算时可参考下式确定深、浅埋隧道分界深度 h_p。

$$h_p \leqslant (2.0 \sim 2.5)\,h_a \qquad (8.4.1\text{-}1)$$

式中 h_a——深埋隧道垂直荷载计算高度（m）。

$$h_a = 0.45 \times 2^{S-1}\omega \qquad (8.4.1\text{-}2)$$

式中 S——围岩级别；

ω——宽度影响系数，其值为

$$\omega = 1+i\,(B-5) \qquad (8.4.1\text{-}3)$$

式中 B——隧道开挖宽度（m）；

i——围岩压力增减率，取 0.1。

当隧道埋深小于 h_p 时，一般属浅埋暗挖隧道。

注：①Ⅰ～Ⅲ围岩级别取低值，Ⅳ～Ⅵ围岩级别取高值。

②采用非爆破法开挖或采用锚喷支护时，h_p 可适当减少。

③单线隧道取低值，双线隧道取高值。

4）车站覆土厚度应根据工程地质及水文地质条件、周围环境状况、车站结构类型及尺寸、线路条件等因素确定，以选定合理的覆跨比。

5）隧道横断面内净空尺寸，应在满足建筑限界和车站功能的基础上，考虑施工误差、测量误差、不均匀沉降、结构变形的需要，预留适当的裕量。

6）隧道衬砌结构类型及尺寸，可根据工程地质及水文地质条件、远期预测客流量、埋置深度、周围环境状况、施工条件等因素，通过工程类比和理论分析法确定。必要时，可通过试验论证。

7）车站隧道宜设计为复合式衬砌，其设计参数可采用工程类比法和结构计算确定，并通过现场监控量测予以修正。当地质条件适宜且施工条件许可时，二次衬砌可采用装配式衬砌。

8）隧道施工引起的地面沉降应控制在环境允许的范围以内。施工时，应依据周围环境、建筑物基础和地下管线对变形的敏感程度，采取稳妥可靠的措施。地面沉降量一般控制在 30 mm 以内。

9）结构计算模式应反映施工阶段和运营阶段结构的实际工作条件，并反映结构与周围地层的相互作用。

10）车站隧道衬砌结构应按施工阶段和正常作用阶段进行结构强度计算，必要时也应进行刚度和稳定性计算，对于混凝土、钢筋混凝土结构应进行抗裂度和裂缝宽度验算。最大裂缝宽度允许值按荷载的短期效应组合并考虑长期效应组合的影响为0.2 ～ 0.3 mm，地震力或其他偶然荷载作用时，不验算结构的裂缝宽度。

11）复合式衬砌的初期支护和二次衬砌之间，一般应设防水层。初期支护可采用锚喷支护、格栅钢架及超前小导管、大管棚、注浆加固等辅助施工措施。二次衬砌采用模注防水混凝土或钢筋混凝土。

8.4.2　结构形式：

结构形式应根据工程地质及水文地质条件、车站功能、远期预测客流量、周围环境状况、施工安全性、工程造价等因素，并参考国内外已建矿山法车站工程实例，经综合技术经济比较确定。其结构形式类型如下：

1）单拱式车站：单拱式车站结构可获得宽敞的空间和宏伟的建筑效果，适用于整体性好的岩石地层且地下水不发育的地区。根据车站建筑布置的需要，可设计为单拱单层或单拱双层结构，横断面可设计为曲墙或直墙。根据围岩级别和岩层的完整程度，一般设计为复合式衬砌。当条件具备时，也可设计为大拱脚薄边墙单拱车站。

2）双拱式车站：双拱式车站有两种基本形式，即双拱塔柱式和双拱立柱式。

（1）双拱塔柱式车站：双拱塔柱式车站是在两个单拱主隧道之间间隔一定距离设置横向联络通道，双层车站还可在其中布置楼梯间。两个主隧道的净距一般不小于 1 倍主隧道的开挖宽度。这种结构形式隧道横断面积相对较小，不仅适用于岩石地层，而且在第四纪地层中，采取一系列辅助施工措施的条件下也可采用，横断面根据地质条件可设计为曲墙或直墙。

（2）双拱立柱式车站：双拱立柱式车站早期多用于石质较好的地层中，因拱圈相交节点处的防水处理较困难，所以目前多由单拱式车站所代替。

3）三拱立柱式车站

三拱立柱式车站已有工程实例。由于施工开挖断面大、施工技术复杂、造价高、地面沉降控制困难、拱圈相交处防水处理较困难，故在第四纪地层中一般不广泛采用。如确需设计三拱立柱式车站，也以单层车站为宜。

4）两个单拱站台隧道：在有条件的处所，可将站厅设置于地面线下地下建筑物，将车站站台和股道设置于两个站台隧道，两站台隧道之间设人防通道，并与上方站厅层相连接，这种设计方案已有成功的实例。

8.4.3　结构设计：

1）对于复合式衬砌，其初期支护计算时应将支护与围岩视为统一的承载结构，宜采用考虑时间效应的平面有限元进行结构分析。二次衬砌宜按荷载结构模型计算，其设计荷载除计及实际可能发生的水压力、地震力、人防荷载等外，对于Ⅲ～Ⅵ围岩级别的车站隧道，二次衬砌宜再考虑 30% ～ 50% 的围岩压力值进行结构设计，其荷载设计值可参考《铁路隧道设计规范》（TB 10003—2016）有关条文。

2）深埋车站隧道按照“新奥法”原理进行设计。应合理地利用围岩自承能力，防止围岩松弛，及早施作初期支护，并使其具有与围岩特性相适应的柔性，可允许围岩产生一定的变形。二次衬砌应在围岩和初期支护变形基本稳定后施作。变形基本稳定应符合下列条件：

（1）隧道周边变形速率有明显减缓趋势。

（2）水平收敛（拱脚附近）速度小于 0.2 mm/d，拱脚下沉速度小于 0.15 mm/d。

（3）施作二次衬砌前的总变形量已达预计总变形量的 80% 以上。

（4）初期支护表面裂缝不再继续发展。

初期支护设计参数可参考《铁路隧道设计规范》（TB 10003—2016）选定；二次衬砌可根据结构计算设计为防水混凝土或防水钢筋混凝土。

3）浅埋暗挖法车站隧道应按照浅埋暗挖法原理设计。初期支护要施作及时，且具有较强的支护能力。应按主要承载结构设计，满足强度和刚度的要求。其荷载应为全部覆土质量和其他施工期间所产生的附加荷载。初期支护一般宜采用喷锚支护加格栅钢架的结构形式，并增设超前锚杆、小导管注浆、大管棚等辅助施工措施。二次衬砌宜采用防水钢筋混凝土，必要时可采用补偿收缩混凝土。

4）应根据工程地质及水文地质状况、施工方法、隧道埋深和周围环境等条件，进行隧道应力和稳定性分析，并结合工程经验确定初期支护及二次衬砌的设计参数。应采用信息化设计，根据现场地质条件、施工量测反馈信息，及时调整相关设计参数，确保工程安全。

5）结构计算应分为施工阶段和使用阶段。施工阶段计算应模拟施工全过程按施工开挖顺序进行。根据计算的围岩应力、应变及地面沉降量，并参考类似工程经验确定施工方法。

6）初期支护的设计和施工中，均应根据工程地质及水文地质条件，做好施工组织设计，采取有效工程技术措施，确保施工各阶段和最终实现支护和围岩的稳定，严格控制地面沉降量，对于浅埋暗挖法隧道应步步为营，及早浇筑仰拱及二次衬砌。

7）矿山法施工车站隧道的复合式衬砌，宜在初期支护与二次衬砌之间设置防水层。初期支护施工时，应预留注浆管及时进行初砌背后注浆。当地层渗透系数大或引排水环境所不允许时，注浆不仅充填初期支护与围岩之间的空隙，还应注入围岩范围，以最大限度地止水。

8）初期支护与二次衬砌之间的防水层设计，根据地层渗透系数、水文地质条件、周围环境状况等，采用全包或半包形式。当采用全包防水层时，泄水孔仅排泄防水层内侧渗漏水，二次衬砌应承受全部静水压力。当采用半包防水层时，应在边墙脚防水层端部防水层与初期支护之间铺设盲管，以排除边墙底部滞留水，通过泄水孔排入隧道内侧沟，引入车站排水系统。计算二次衬砌时，其水压力可作一定的折减，但应考虑长期运营排水系统的堵塞，计算时应留有余地，以策安全。

8.5 盾构法隧道

8.5.1 结构要求：

1）盾构法施工的单线隧道，可采用单层衬砌或在其内现浇钢筋混凝土内衬的双层衬砌。一般优先选用装配式钢筋混凝土单层衬砌。

2）装配式衬砌联络通道的门洞区段，可采用钢管片或钢与钢筋混凝土复合而成的复合管片。

3）装配式衬砌宜采用具有一定刚度的柔性结构，以限制其在外荷载作用下的变形和接头张开量。

（1）衬砌宜采用块与块、环与环间用螺栓连接的管片结构。

（2）衬砌环宽以不小于 1 000 mm 为宜，在与千斤顶冲程相适应的情况下，宜选用较大宽度。曲线地段宜采用适量的小等宽楔形环，其环面锥度由隧道直径、曲线半径、楔形环间距决定，每环楔形量一般为 20 mm 左右。

（3）衬砌厚度应根据隧道直径、埋深、工程地质及水文地质条件、使用阶段的荷载情况及衬砌承受的盾构千斤顶顶力施工荷载等确定，一般不大于 $0.05D$。

（4）衬砌环的分块，应根据管片制作、运输、安装、受力要求等确定，单线隧道一般为 6 ～ 8 块。

4）钢筋混凝土管片应采用高精度钢模制作。盾构法隧道衬砌的受力结构工作条件，是基于钢筋混凝土管片制作和拼装达到下列精度：

（1）单块管片制作允许误差：宽度为 ±0.5 mm，弦长为 ±1.0 mm，环向螺栓孔位为 ±1.0 mm，厚度为 ±1.0 mm。

（2）整环拼装的允许误差：相邻环的环面间隙为 1.0 mm，纵缝相邻块间空隙为 1.0 mm，纵向螺栓孔中心形成的圆周直径为 2.5 mm，衬砌环外直径为 3.5 mm。

8.5.2 结构设计计算：盾构法隧道衬砌结构的计算简图，应根据地层情况、衬砌构造特点及施工工艺确定。在计算结构内力和变形时，一般应考虑衬砌与地层的共同作用，以及装配式衬砌的接头影响，常采用的方法有以下几种：

1）不考虑侧向地层抗力的自由变形均质圆环法：在 $N < 2$ 的软弱地质中为标准贯入试验锤击数，可按此法计算。在接缝处的刚度不足，可采用衬砌环的错缝拼装予以弥补。

2）考虑侧向地层抗力的均质圆环法：在结构两侧水平直径上、下各 45° 范围内加设以水平直径处为顶点的等腰三角形的地层抗力 P_k。

$$P_k = \left(K\delta\, 1 - \frac{|\sin\alpha|}{\sin\varphi}\right) \qquad (8.5.2)$$

式中 K——地层抗力系数（kN/m^3）；

φ——地层抗力分布角（一般假定为 45°）；

α——以水平直径处为 0°，在此水平线上、下量取的角度；

δ——实际变形量。

以地层抗力引起的圆环内力与其他荷载引起的内力进行叠加即可求得最终的圆环内力。

3）考虑侧向地层抗力的多铰圆环、弹性铰圆环计算法：当衬砌外围围岩能明确提供侧向地层抗力时，可按多铰或弹性铰圆环进行内力计算。

4）有限元分析法：采用有限元对衬砌结构内力和变形及地层沉降进行分析。

8.6 地下车站结构防水

8.6.1 一般要求：

1）地铁地下结构的防水应满足《地下工程防水技术规范》（GB 50108—2008）的有关规定，并结合使用功能、结构形式、环境条件、施工方法及材料来源等因素确定，设计应满足安全、经济、合理的原则。

2）地下车站的防水原则应依据水文地质、周边环境、结构条件而定。对于地下水丰富、有中等及以上侵蚀介质、排水对周边环境有影响或排水有困难的工点，应遵循“以防为主、多道设防、刚柔结合、综合治理”的原则。反之，应遵循“以防为主、防排结合、因地制宜、综合治理”的原则。

3）防水标准：地下车站、人行通道及机电集中地段防水等级为一级，即不允许渗水，围护结构和内衬表面无湿渍。风道防水等级为二级，即有少量漏水点，不得有线流和漏泥沙，任意 100 m^2 防水面积上的漏水点数不超过 8 处，单个漏水点的最大漏水量不大于 3 L/d，单个湿渍的最大面积不大于 0.4 m^2，顶部不允许渗漏。

4）地铁主体结构采用的混凝土应满足抗渗、抗裂、耐腐蚀要求，抗渗等级应根据工程埋置深度，按《地下工程防水技术规范》（GB 50108—2008）选用，结构表面裂缝宽度不得大于 0.2 mm，且不得贯穿。处于侵蚀性介质中的防水混凝土的耐侵蚀系数不应小于 0.8。

5）防水混凝土的配合比应通过试验确定，其抗渗等级应比设计要求提高一级（0.2 MPa）。

8.6.2 防水方案：

1）车站围护结构、主体结构（包括顶、底板，内衬墙及二衬等）均采用防水混凝土，并采用有效措施提高混凝土的抗裂性及防腐蚀能力。一般抗渗等级不小于 S8，耐蚀系数不小于 0.8，在确保混凝土质量的同时，根据需要设置外防水层。

2）依据不同的施工方法，车站外防水层的设置也不相同。

（1）明挖法施工的车站，外防水层的设置如表 8.6.2 所示。

表 8.6.2　明挖法施工的地下车站外防水层的设置

<table>
<tr><th>类型</th><th>顶板</th><th>侧墙</th><th>底板</th></tr>
<tr><td>重合墙</td><td rowspan="2">必须设置柔性防水层，并与顶板基层牢固黏结。必要时，顶板还应采用抗裂防水混凝土或防裂钢丝网，防水层应有有效的保护措施</td><td>围护结构必须做到无渗漏水才能施作内衬混凝土，必要时，可在围护结构内表面喷涂半柔性或渗透性防水涂料。对于排桩作围护结构的，在工程地质及水文地质条件许可的前提下，可在桩间设置适量的水管，将少量渗水引入废水泵房。当采用单一地下连续墙时，其槽段之间应有可靠的防水措施</td><td rowspan="2">宜设置防水层，根据具体情况可选用柔性防水层或刚性防水层</td></tr>
<tr><td>叠合墙</td><td>围护结构必须做到无渗漏水才能施作内衬混凝土。根据需要，亦可在围护结构与内衬墙间设置一道刚性防水层，且防水层的防水材料应与顶板、底板所选的材料相适应，或能有良好的连接处理措施。在工程地质及水文地质条件许可时，也可设置一定的泄水孔，排除防水层与内衬间少量积水</td></tr>
</table>

（2）矿山法施工的车站，应特别加强注浆堵水，初支拱部注浆固结应当深入围岩中 1 ～ 2 m。加强相接处薄弱环节的防水，锚喷衬砌要强调自身的密实性防水。初期支护与二次衬砌之间，一般铺设全包柔性防水层，二次衬砌考虑承受全部静水压力，形成复合式防水。在贫水地层且无腐蚀介质，排水对外界无影响的前提下，亦可考虑在初期支护与二次衬砌之间铺设半包柔性防水层。防水层设在拱部及侧墙至轨面，在隧道环向设置连通的排水盲沟，将少量渗水引排入废水泵房。

（3）为了减少混凝土的开裂及缝的渗水，宜加密施工缝，减少变形缝。一般施工缝间距以 10 ～ 15 m 为宜。变形缝的设置，应根据地质及结构受力条件确定，尽量少设变形缝，如要设置，宜设在结构受力较小的位置。有条件时，可用后浇带代替变形缝。

（4）对于后浇带、后补孔、穿墙管、预埋件、预留通道接头、桩头等细部构造，应加强防水措施。

9　供电系统

9.1　一般要求

9.1.1　供电系统应符合下列要求：

1）供电方式有集中式、分散式、混合式三种。各城市应根据本市电网构成的不同特点，经过技术、经济比较后进行选择。

2）主变电所应从城市电网取得两路独立的电源，设两台变压器，其容量按远期用电负荷设计。

3）牵引变电所的分布和容量应满足高峰运营的需要。当系统中任何一座牵引变电所故障解列时，靠其相邻牵引变电所的过负荷能力，应仍能保证列车正常运行。

4）牵引变电所应有两路独立电源，设两套整流机组，其容量按远期运量的牵引负荷计算。

5）注入公共连接点的谐波电压、谐波电流应符合《电能质量 公用电网谐波》（GB/T 14549—1993）的规定。

6）牵引网的额定电压应为 1 500 V 或 750 V。

7）降压变电所应有两路独立电源，设两台电力变压器供动力照明等合用，其容量应满足当一台变压器故障解列时，由另一台变压器承担全部一、二级负荷。

8）地下车站应设应急照明，其持续时间应不少于 1 h。

9）其他：

（1）地下车站的照度参照《地铁设计规范》（GB 50157—2013）的规定。地下车站的照度参照相关地面建筑电气设计标准。

（2）快速轨道交通的杂散电流的腐蚀防护，应参照《地铁杂散电流腐蚀防护技术规程》（CJJ 49—1992）。

10）产品选用：地下主要材料应选用无卤、低烟的阻燃或耐火产品。

9.1.2　对集中式供电系统设计中的几个具体问题做如下规定：

1）工程设有以下三种类型变电所：主变电所、牵引降压混合变电所和降压变电所。其中牵引降压混合变电所为同处的牵引变电所和降压变电所合建而成。

2）集中供电方式应采取三级电压制，即主变电所进线电源采用交流 50 Hz、110 kV；所有牵引降压混合变电所和车站降压变电所进线电源均采用 35 kV（或 10 kV）；动力照明供电采用 380/220 V，牵引供电采用直流 1 500 V（或 750 V）。

3）全线应设 110/35 kV 或 110/10 kV 主变电所，分别由城市电网的变电站各引入两路 110 kV 独立电源，主变电所内各设两台主变压器，容量根据技术经济比较，可按远期用电负荷计算确定，亦可按近期用电负荷选择变压器，其土建工程应按远期需要设计。

4）地铁内部由 35 kV 或 10 kV 电压组成几个独立的中压供电网络，向沿线各牵引降压混合变电所和降压变电所提供两路独立电源。

5）车辆段与综合基地，应根据总平面具体情况设置一座或两座变电所（含牵引降压混合变电所），提供牵引供电和动力、照明负荷用电。

6）应急照明电源，可采用蓄电池直流电源，或 UPS 不停电交流电源，其持续供电时间不应少于 30 min，可按 1 h 考虑。

9.1.3　设计范围：

1）全线交流高压线路及 110/35 kV 或 110/10 kV 主变电所设计：

（1）110/35 kV 或 110/10 kV 主变电所设计；

（2）主变电所各两回 110 kV 电源线路（含引接设备间隔）设计。

2）全线中压供电网络与牵引供电系统（含牵引降压混合变电所）设计。

3）全线地面及地下接触网（或接触轨）设计。

4）电力监控（SCADA）系统设计。

5）全线动力照明供电系统（含降压变电所）设计。

6）全线直流牵引系统杂散电流防护设计。

7）全线防雷与接地设计。

8）当采用分散式或混合式供电方案时，从地区变电所引至地铁变电所的 35 kV（或 10 kV）电源线路（含引接设备）设计。

9.1.4 设计分界点按下列要求确定：

1）主变电所与地铁中压供电网络的设计分界点，为主变电所 35 kV 或 10 kV 开关柜出线端。

2）中压供电网络与牵引供电系统和动力照明供电系统的设计分界点，为牵引降压混合变电所和降压变电所的 35 kV（或 10 kV）开关柜进、出线端，以及牵引变压器、电力变压器的中压接线端。所有中压电缆均属中压供电网络。

3）牵引降压混合变电所和降压变电所二次线与 SCADA 系统分界点，为 SCADA 监控终端柜端子排。

4）牵引降压混合变电所与接触网（或接触轨）系统分界点，为接触网 1 500 V（或 750 V）直流隔离开关引入侧。

5）SCADA 系统与通信系统分界点，为远动主机及各分机所在室内通信端子盒。

6）牵引降压混合变电所的低压部分（含电力变压器）属动力照明供电系统，其余部分属牵引供电系统。

7）降压变电所（含牵引降压混合变电所）与车站动力照明供电分界点，为 0.4 kV 进线开关柜进线端。

9.1.5 供电系统负荷分类及供电技术要求如下：

1）一级负荷：牵引供电、通信系统、信号系统、机电设备监控系统（EMCS）、防灾报警系统（FAS）、自动售检票系统（AFC）、电力监控系统（SCAUA）、控制中心（OCC）、消防系统、站厅、站台厅照明、应急照明、屏蔽门、防淹门、疏散用自动扶梯、主水泵、雨水泵、回排风机、排热风机、事故风机等。

供电技术要求：平时由两路互为备用的独立电源供电，末端切换，以实现不间断供电。应急照明还应设置蓄电池或 UPS 电源作为备用电源。

2）二级负荷：自动扶梯、一般照明、通风机、污水泵、集水泵等。

供电技术要求：平时由两路互为备用的独立电源供电，当地铁电网只有一路电源时，允许其从电网中切除。

3）三级负荷：空调机、冷冻水泵、冷却水泵、冷水机组、冷却塔风机、广告照明、清扫机械和物业用电等。

供电技术要求：平时由一路电源供电，当地铁电网只有一路电源时，应自动从电网中切除。

9.1.6　供电系统设备容量宜按列车运行的近期通过能力设计，土建工程应按远期需要预留位置并考虑发展裕度。

9.1.7　变电所的结构形式和设备布置，宜符合下列要求：

1）地铁专用主变电所、地面（含高架）车站变电所及车辆段变电所宜按地面变电所设计，其余变电所按地下变电所设计。

2）牵引变电所均与所在车站一端的降压变电所合建，为牵引降压混合变电所。

3）降压变电所有两种形式：一种是设置中压配电装置的，称降压变电所；另一种是不设置中压配电装置的，称附设式降压变电所。

4）变电所应设有大型设备的专用进出口及运输通道。

5）变电所的设备布置应便于设备的安装、检修、试验和运行；应靠近负荷中心；应便于电缆线路引入、引出；应便于设备运输。

6）变电所的房屋结构，应符合有关规程、规范对其防火的规定，并采取必要的防潮、防尘、防鼠措施。

9.1.8　在变电所和重要电气设备房间内，应设置防灾报警与气体灭火装置。

9.1.9　变电所上接线应满足下列要求：

1）110 kV 交流主接线，采用内桥接线或线路变压器组接线形式，应取得供电部门同意。

2）35 kV（或 10 kV）交流母线采用分段的单母线接线形式，电源进线和母线分段处应设置断路器。低压母线应为断路器分段单母线系统。

3）牵引降压混合变电所设置两套整流机组、两台电力变压器。整流机组交流侧设置断路器，直流侧设置直流快速开关或电动隔离开关。

4）每条 1 500 V（或 750 V）直流馈线设置一台直流快速开关，每所另设置直流快速开关小车一台作为备用。

5）1 500 V（或 750 V）直流母线，宜采用不分段单母线形式。

9.1.10　变电所的继电保护和自动装置的设计，应符合下列要求：

1）主变压器保护见 9.2.10。

2）35 kV（或 10 kV）环网电缆，应设置纵差保护为主保护、过流保护为后备保护，或采用带光纤接口的微机保护。

3）整流机组应设置电流速断保护为主保护、过流保护为后备保护，设置过负荷保护、温度保护及内部故障保护。

4）整流机组直流侧及直流馈线的保护，应根据设计的实际需要配置。一般设置电流速断保护、电流增量保护、电流上升率保护、二段定时限保护，并设置判别性自动重合闸。

5）电力变压器及 35 kV（或 10 kV）受电回路，设置过电流及电流速断保护。

6）其余保护按有关标准和规范要求设置。

7）自动装置：

（1）35 kV（或 10 kV）联络断路器，应设置备用电源自投装置。

（2）1 500 V（或 750 V）直流馈线，设置具有判断故障功能的自动重合闸装置。

（3）低压母线分段断路器和交流所用电系统，应设置备用电源自投装置。

9.1.11 变电所应设置直流电源装置，由蓄电池及充电器两部分组成。正常运行时，蓄电池处于浮充电状态，充电器负责全所的直流负荷；交流失电后，蓄电池应能供应全所直流负荷及应急照明 1 h。

9.1.12 供电系统管理自动化宜分两个阶段实施，变电所采用全线开通后几年内巡回值班和集中操作的方式，逐步过渡到无人值班。

9.1.13 供电系统设备（含电缆等）的选择，应符合下列要求：

1）选用技术先进、成熟、有可靠运营经验、不维修或少维修的小型化产品。

2）引进的电气设备应符合现行的 IEC 标准，并满足《用户需求书》的技术要求。

3）国产电气设备，必须选用经国家授权的归口试验单位鉴定试验合格已颁发证明的产品，且具有系统内外部接口方便的条件。

4）设置在地下的电气设备，应选用无油、防火、防潮、防霉和低噪声、无自爆性的自冷式设备。

5）为便于运营管理和维修，电气设备应按下列要求统一选型：

（1）35 kV（或 10 kV）开关选用金属封闭式成套开关柜（选用真空或 SF6 断路器），35 kV 开关还可以选用组合电器（GIS）。

（2）整流机组采用三相桥式等效 24 脉波整流方式，以减少谐波影响。整流变压器宜选用环氧树脂浇注干式变压器。

（3）35/0.4 kV（或 10/0.4 kV）电力变压器，宜选用环氧树脂浇注干式变压器。

（4）低压开关柜应选用设计紧凑、结构通用性强、组装灵活、技术性能好的抽出式成套开关柜。

（5）1 500 V（或 750 V）直流开关，应选用机电型快速直流开关。

（6）各种型号高、中、低压电缆及其敷设方式，应根据其服务的具体工况与环境条件确定，并应满足有关标准和规范的要求。

（7）继电保护宜选用微机保护。

9.1.14 故障检测：对变电所的继电保护和全线 35 kV（或 10 kV）电缆，应考虑设置适当的专用检测装置和措施。

9.1.15 防雷与接地：根据设计的实际需要，与相关专业协商，以确定适合当地情况并符合规范规定的防雷与接地方案。以采用共用接地网方案为宜。

9.1.16 供电系统设计应考虑相应的环境保护措施（绿化、绿色照明、噪声和电辐射的防治等）和节约能源措施（采用节能电气产品及节电措施）。

9.1.17 电气制图图形符号和文字统一，执行国家标准及业主的补充规定。

9.2　主变电所

9.2.1　主变电所所址选择，应考虑靠近地铁线路，对周围环境和附近居民影响小（防火、防爆、低噪声），拆迁赔偿少，110 kV 电缆进线方便及路径短，以及 35 kV（或 10 kV）电缆出线方便等因素。

9.2.2　电气主接线力求简单、可靠、灵活，保证对地铁用电负荷不间断供电，110 kV 侧宜采用内桥接线或线路变压器组接线方式。

9.2.3　主变电所设置两台主变压器。主变压器容量，应能满足当一主变压器解列时，自动切除三级负荷，另一台主变压器，应能承担该主变电所全部一、二级供电负荷。

9.2.4　系统短路电流，应根据城市电网 220 kV 变电所 110 kV 母线系统阻抗进行计算。

9.2.5　主要电气设备及电缆选择，应符合下列要求：

1）一般要求：

（1）为尽可能减少设备本体的故障，选用技术先进、维修周期长、成熟、有可靠运行经验的设备。

（2）为减少占地及降低土建工程投资，应选用结构紧凑、体积小的电气产品。

（3）供电系统设备，在下列条件的环境中，应能正常发挥其预定效能：环境温度、湿度及海拔高度应根据当地气象及高程确定。当无当地准确资料时，一般宜取 −5 ～ +40 ℃，湿度不大于 95%，海拔高度不超过 1 000 m。

（4）抗震能力根据当地的地震烈度确定，一般应能满足水平方向地震加速度 0.25*g*，垂直方向地震加速度 0.125*g*（*g* 为当地的重力加速度，其值可取 9.8 m/s^2）。

2）主要一次电气设备选择：

（1）主变压器：采用三相双卷油浸风冷有载自动调压节能型变压器。

（2）110 kV 配电装置：采用 SF6 气体绝缘全封闭式组合电器（GIS）。

（3）35 kV（或 10 kV）配电装置：采用 SF6 气体绝缘或空气绝缘金属封闭式手车开关柜，采用 SF6 或真空断路器；35 kV 配电装置还可采用体积小、性能优良的 SF6 气体绝缘全封闭式组合电器（GIS）。

3）二次电气设备选择：

（1）继电保护装置宜采用微机型设备。

（2）继电保护考虑适当的定期维护的专用试验设备及工具。

4）电力电缆的选择：

（1）110 kV 电缆的选择：110 kV 电缆选用交联聚乙烯电缆，在快车道或慢车道下通过的电缆均应采用槽盒直埋的形式，线路两端电缆头均与 GIS 开关连接。

（2）电缆截面的选择：

①应满足系统最大工作电流的要求。

②1 100 kV 电缆截面，应符合 IEC—287 标准计算交联电缆载流量的要求。

③符合短路电流热稳定的要求。

④符合经济电流密度的要求。

9.2.6 每座主变电所应配置 35/0.4 kV（或 10/0.4 kV）所用变压器两台，其容量宜为 50 kV · A（或 30 kV · A）。所用 380/220 V 低压系统，宜按单母线分段设计，根据低压馈电需要配置低压所用配电屏。

9.2.7 过电压及防雷接地保护，应符合国标及部颁有关专业设计技术规程、规范的规定。

9.2.8 根据设计的实际需要，设置无功补偿及滤波装置。按无功功率就近平衡的原则通过计算确定，在无计算资料的情况下，可按主变压器容量的 10% ～ 30% 考虑。

9.2.9 主变压器的 110 kV 中性点直接接地，35 kV（或 10 kV）中性点宜采用电阻接地方式。

9.2.10 继电保护的设计，应符合下列要求：

1）110/35 kV（或 110/10 kV）主变压器保护：

（1）主保护：设置纵联差动保护和瓦斯保护。

（2）后备保护：在 110 kV 侧设置电压闭锁的过流保护。

（3）110 kV 中性点按有关规范要求设置保护，如设置零序电流和零序电压保护。

2）信号装置：设置变压器轻瓦斯、过负荷、温升过高的发信号装置。

3）110 kV 电缆线路的保护：设置纵差保护作为主保护、过电流保护作为后备保护，或设置带光纤接口的微机保护。

4）35 kV（或 10 kV）母线分段断路器的保护配置，应满足地铁供电系统运行方式的需要。如母线分段断路器宜设置电流速断保护和过流保护。

5）35 kV（或 10 kV）电缆线路，宜设置纵差保护作为主保护、过电流保护作为后备保护，或设置带光纤接口的微机保护。

6）35 kV（或 10 kV）补偿电容器组，设置电流速断保护、内部故障保护、过电压和失压保护。

9.2.11 自动装置的设置，应符合下列要求：

1）110/35 kV（或 110/10 kV）主变压器设置自动调压装置。

2）110 kV 桥断路器、35 kV（或 10 kV）母线分段断路器，设置备用电源自动投入装置。

3）35 kV（或 10 kV）补偿电容器，可设置自动投切控制设备。

4）35 kV（或 10 kV）母线、馈线等，可设置事故录波器。

9.2.12 控制方式及测量应符合下列要求：

1）主变电所宜采用两级调度方式。

2）监测信号：

（1）110 kV 进线侧电流、有功功率、无功功率、有功电度、无功电度测量。对于实行分时计量的电网，还应设置多费率的有功和无功电能测量。

（2）110 kV 母线电压测量。

（3）主变压器 35 kV（或 10 kV）低压侧电流测量。

（4）调压开关抽头位置信号及 110 kV 中性点接地开关位置信号。

（5）35 kV（或 10 kV）母线电压测量。

（6）35 kV（或 10 kV）馈线电流、有功电度、无功电度测量。

（7）35 kV（或 10 kV）所用变压器设电流、有功电度测量。

（8）35 kV（或 10 kV）补偿电容器组设电流、无功功率、无功电度测量。

（9）SCADA 系统遥测功能，应能对变电所电流、电压、功率进行实时采集。

3）控制电压：UC 220 V；保护电压：DC 220 V。

9.2.13　每座主变电所应在主控制室内设置一套直流系统，作为全所控制、信号、保护及应急照明负荷的电源。正常运行时，蓄电池为浮充电状态，充电器负责全所的正常直流负荷，交流失电后，蓄电池应能负责全所正常直流负荷及应急照明 1 h 供电。直流电源电压：220 V。

9.2.14　主变电所考虑按近期有人值班、远期过渡到无人值班设计，具有与地铁和供电局的“三遥”功能。

9.3　中压供电网络与牵引供电系统（含牵引降压混合变电所）

9.3.1　地铁工程中压供电网络由 35 kV（或 10 kV）供电电缆组成独立供电网络，该供电网络以双回路馈电电缆向牵引降压混合变电所及降压变电所供电。

9.3.2　供电网络容量：

1）供电电缆截面选择应能满足各种运行方式下供电负荷的需要。

2）不考虑一个主变电所全部解列，同时其 35 kV（或 10 kV）侧母线（包括环网电缆）故障的情况。

9.3.3　牵引降压混合变电所运行方式及设备容量选择原则（选择设备容量时，只考虑牵引降压混合变电所同时仅向一侧线路越区供电）：

1）当正线任何一个牵引降压混合变电所故障时，其邻近变电所应采用越区供电方式，分担起其供电区段的牵引负荷，此负荷应考虑高峰小时紧密运行的最大负荷。

2）在选择设备容量时，不考虑列车采用再生制动所节约的设备容量。

3）整流机组负荷等级：IEC-146 Ⅵ级。即 100% 额定负荷——连续；150% 额定负荷——2 h；300% 额定负荷——1 min。

9.3.4　车辆段牵引降压混合变电所与正线牵引降压混合变电所之间的关系：

1）一般工况下，不考虑车辆段牵引降压混合变电所向正线供电。

2）当车辆段牵引降压混合变电所故障时，正线牵引降压混合变电所应向车辆段越区供电。

9.3.5 全线牵引降压混合变电所不考虑装设逆变装置。

9.3.6 接触网（或接触轨）最高、最低电压水平：

1）在任何运行方式下，接触网（或接触轨）最高电压不得高于 1 800 V（或 900 V）。

2）在任何运行方式下，高峰小时负荷时，全线接触网（或接触轨）任一点电压不得低于 1 000 V（或 500 V）。

9.3.7 为防止钢轨电位超过一定值，危及人身及设备安全，在每座车站设置一台钢轨电位限制装置。轨道电位限制装置动作电压值 DC 25 ～ 250 V 可调。

9.3.8 控制方式及测量应符合下列要求：

1）牵引降压混合变电所采用三级控制方式。

2）设置中央信号盘，并用 PLC 方式进行控制，微机保护。

3）测量：

（1）35 kV（或 10 kV）进线设电流测量（遥测）。

（2）35 kV（或 10 kV）母线设电压测量（遥测）。

（3）整流机组设电流测量及有功功率和电度测量（遥测）。

（4）1 500 V（或 750 V）直流馈线设电流测量（遥测）。

（5）1 500 V（或 750 V）直流母线设电压测量（遥测）。

（6）电力变压器设有功电度测量（遥测）。

（7）回流设置电流测量。

4）控制电压：DC 220 V；保护电压：DC 220 V。

9.3.9 为便于运营管理和维修，各牵引降压混合变电所主接线和二次线设计宜采用同一模式、同型设备，其设置布局宜一致。

9.4 电力监控（SCADA）系统

9.4.1 地铁电力监控系统构成方式，应符合下列要求：

1）采用微机型远动装置，双主机热备用方式、1 ∶ N 型链式结构。主机对主变电所、牵引降压混合变电所、降压变电所等，实行集中监视、控制和测量。

2）系统的设计应包括下列子系统：

（1）控制站系统：采用 32 位微机双机热备用冗余配置、局域网形式，在地铁控制中心设置工作主机通信前置机、控制台、模拟屏、CRT 显示设备、打印机、硬拷贝机以及 UPS 电源，并配置维护调试工作站。

（2）被控站系统：在各被控站内设置变电所及设备当地两级控制，由变电所综合自动化系统通过与主站的在线通信实现全线供电设备的集中监控。被控站不设 UPS 电源，远动终端电源取自该站直流系统。

3）远动通道：采用地铁内部光纤数字总线式通道，故障时主、备通道自动切换。

9.4.2 系统容量：遥控、遥信、遥测及遥调的点数应满足各种运行方式下控制、监视及测量的要求，并预留远期扩展的裕度，一般可按下列点数设计：

1）系统安装容量：1 ∶ 37。

2）RTU 容量：单控 40 点；程控 60 点；遥信 160 点；遥测 30 点。

9.4.3 系统设计应采用下列主要技术指标：

1）遥控命令响应时间不大于 4 s。

2）遥信变位响应时间不大于 2 s。

3）遥测传送时间不大于 3 s。

4）系统实时数据扫描周期为 2 ～ 10 s。

5）画面调用响应时间，实时画面调出不大于 3 s，其他画面调出不大于 5 s。

6）动态画面刷新时间为 5 ～ 10 s。

7）站内事件分辨率不大于 10 ms。

8）站间事件分辨率不大于 20 ms。

9）遥测精度为 ±0.5%。

10）控制中心网络通信速率不小于 100 Mbit/s。

11）通道传输速率不小于 9 600 bit/s。

12）变电所内网络通信速率≥ 1 Mbit/s。

13）双机自动切换到基本监控功能恢复时间不大于 50 s。

14）数据传输误码率在信噪比为 15 dB 的情况下不大于 10^{-5}。

15）装置平均无故障时间（MTBF）在 10 000 h 以上。

9.4.4 装置使用应符合下列环境条件和技术要求：

1）环境温度：

（1）控制站：15 ～ 30 ℃。

（2）被控站：-10 ～ 40 ℃，或由具体城市环境温度确定。

2）相对湿度：

（1）控制站：10% ～ 75%。

（2）被控站：0 ～ 95%，或由具体城市环境湿度确定。

3）大气压力：66 ～ 108 kPa。

4）海拔高度：小于 1 000 m，或由具体城市高程确定。

5）装置抗干扰能力：装置应具有防尘、防腐蚀、防潮、防霉、抗震及防电磁干扰和静电干扰的能力。

6）绝缘性能：符合 IEC 有关规定或中华人民共和国国家标准的规定。

9.4.5 装置外部电源应符合下列要求：

1）控制站：两路三相 380 V、50 Hz 电源，电压波动范围为 -10% ～ +10%，并且两路电源应具备自动切换功能。

2）被控站：直流 220 V，电压波动范围为 -10% ～ +10%。

9.4.6 系统应具备下列功能：本系统由设置在控制中心的电力调度系统（SCADA）和设置在各种变电所内的综合自动化子系统以及通信通道构成。系统的硬软件的设计应充分考虑开放性、可靠性、可维修性和扩展性，遵循模块化和冗余设计的原则。

1）控制中心的电力调度系统：

（1）控制功能：

①单控：完成所内的断路器、电动隔离开关的“分”“合”闸操作。

②程控：完成所内、所间数个开关的倒闸作业。遥控操作应具有完善的操作手段及安全措施。

（2）遥信功能、信息采集和处理功能：

①开关位置信号。

②变电所所有事故、预告信号。

③接地开关信息显示。

④保护信号。

（3）遥测功能：对变电所电流、电压、功率、电度进行实时采集，在 CRT 上进行显示，对极限值进行统计和报警显示。

（4）遥调功能：对主变电所内主变压器有载调压分接头进行有级调节，遥调结果作遥信返回。

（5）供电系统运行情况的数据归档和统计报表功能：分门别类地保存操作信息、事故和报警信息的历史记录，以进行查询和故障分析；实现测量数据的日报、月报的统计报表。系统可根据调度人员的要求，建立各种档案报表，采用自动或手动方式录入数据。可进行定时和随时打印。

（6）用户画面：配置变电所主接线、记录、报警、接触网供电分段示意图、程控等用户画面。

（7）信息打印功能：所有操作、报警、报表信息均可根据需要在打印机上打印出来。

（8）调度事务管理功能：控制中心可以根据从变电所采集的设备运行信息进行分类统计、参数计算、寿命评估等，为调度决策及维护检修提供依据。

（9）系统的维护、修改、扩展功能。

（10）系统时钟同步功能。

（11）系统应具有自诊断、自恢复及在线修改功能。

（12）人机操作界面应进行“汉化”。所有用户画面和打印信息，均应汉字显示和打印，汉字种类满足一级汉字库要求。

2）变电所综合自动化系统主要功能：变电所综合自动化应实现变电所各种设备的控制、监视、联动、联锁，电压、电流、功率、电度测量以及实现所间开关联跳等功能。

（1）控制信号盘内主控单元功能：

①管理整个所内监控网络，并监视各开关柜内监控单元的运行状态。

②接收控制中心主机或当地维护计算机的控制命令，向控制中心主机或当地维护计算机传送变电所操作、事故、预告信息。

③实现变电所自动装置的功能。

④与控制信号盘上的液晶显示器通信。

⑤完成变电所所内、所间开关联跳功能。

⑥直接控制、监视不宜装设监控单元的开关设备(例如：接触网上网电动隔离开关)。

（2）开关柜内监控单元主要功能：

①接收控制信号盘主控单元开关设备的控制命令，通过输出继电器发出开关的“合”“分”闸命令。

②采集和显示开关设备的位置信号，所内设备运行的保护信号、预告信号，实现信号的接收、显示、传送；采集相关电流、电压、功率、电度等测量数据，通过所内监控网络传送至控制信号盘主监控单元。

③监控单元之间通过网络变量实现联锁、联动、闭锁功能。

（3）显示器及事故、预告音响功能：显示器设置于控制信号盘上，采用数字通信方式与主控单元通信，显示所内所有故障、预告信号，所内各监控单元的运行状态。所内任何事故、预告信号均发音响信号，音响在一定的时间内自动解除，时间可调。

（4）变电所维护计算机功能：

①实现对变电所监控网络和监控单元编程功能，实现对备监控单元软件的日常维护。

②具备对变电所内各种设备的控制、监视、测量数据显示和统计功能。

（5）系统故障诊断功能：所内任何监控单元发生故障均应报警，单个监控单元的故障不影响整个网络的运行。

（6）事故分析处理（适用于有人值班变电所）：当收到开关跳闸和事故信号后，系统自动分析故障部位及跳闸原因，给出相关的处理方法。在得到调度命令后，由值班人员恢复供电或正式退出故障设备。

9.4.7 控制中心的设计应符合下列要求：

1）SCADA 系统的调度设在控制中心的中央控制室。控制中心设中央控制室、检修值班室、资料室、UPS 电源室、检修仪器仪表室以及主机房等。

2）控制中心电调室、主机房应铺设防静电地板，装饰吸声板和阻燃墙纸。UPS 电源室要采取防火措施。电调室和主机房应用铝合金玻璃隔离，以利于观察。

3）装置各部分应单独设接地线，引入统一接地网，要求接地电阻不大于 1 Ω（引进设备有要求时为 0.5 Ω）。

9.4.8 控制站主机宜采用 32 位工业控制计算机，内存不小于 64 MB，硬盘不小于 3.2 GB，并能满足系统软件、应用软件的储存以及日报、月报、操作记录、程控卡片内容的存储要求及用户的扩充需要。

9.4.9 SCADA 系统应具有自检、自恢复及在线编辑功能。

9.4.10 CRT 应具备全图形功能，屏幕尺寸为 20 英寸。

9.4.11 采用三台彩色打印机，用于事故记录、流水记录和复制画面及曲线。

9.4.12 采用镶嵌式模拟屏方式或投影仪方式，应该在设计中进行经济技术比较确定。

9.4.13 在控制中心应设置不间断电源（UPS）一套，采用铅酸免维护蓄电池，容量应能满足控制中心 SCADA 系统全部用电负荷，供电时间不少于 1 h。

9.5 接触网（或接触轨）

9.5.1 接触网（或接触轨）设计应能满足下列运行条件，并保证机车的正常取流。

1）电气条件：

（1）接触网（或接触轨）采用直流供电方式，额定电压 1 500 V（或 750 V），允许电压波动范围 1 000 ～ 1 800 V（或 500 ～ 900 V）。

（2）接触网（或接触轨）导流截面应满足高峰小时持续最大电流值，并满足单边供电时列车运行和 J5 动电压要求。

（3）列车由网（或轨）上取流，经走行轨和回流电缆返回牵引降压混合变电所。

2）线路条件：详见第 4 章。

3）气象条件：

（1）环境温度：地面上的最高、最低气温根据当地气象记录和运营经验确定。隧道内为 0 ～ +35 ℃，列车阻塞时为 +40 ℃。

（2）最大设计风速：采用当地空旷地区离地面 10 m 高处 10 年一遇 10 min 平均最大值，如无资料，不得小于 25 m/s。

（3）地面导线覆冰厚度：根据当地气象记录和运营经验确定，覆冰时的温度为 −5 ℃，风速为 10 m/s。

4）限界要求：接触网应设防护罩，接触网（或接触轨）的所有设备及零部件安装，以及除和车辆有相互作用的设备及零件外，在任何情况下不得侵入设备限界，以确保行车安全。

5）绝缘距离：带电体（或接触轨）对固定接地体的绝缘距离，静态时为 150 mm（或 25 mm），动态时为 100 mm（或 25 mm）。

6）列车最高速度为 80 km/h，受电弓滑板宽度根据车辆结构而定。

9.5.2 接触网悬挂类型：

1）隧道内接触网悬挂类型，应通过经济、技术论证后确定，如采用刚性悬挂或采用柔性全补偿简单链型悬挂、柔性补偿弹性简单悬挂之一设计。

2）隧道外正线和试车线及与其相交的渡线，采用全补偿简单链型悬挂。

3）车辆段线采用简单悬挂。

4）刚性悬挂时，采用铝合金汇流排加接触线悬挂方式。

9.5.3 接触网悬挂点距轨面高度（接触线最低点高度根据车辆限界确定）：

1）隧道内不应小于 4 050 mm。

2）隧道外正线和试车线宜为 5 000 mm。

3）车辆段线为 5 500 mm。

9.5.4　接触网线材选用：

1）接触线宜优先选用银铜合金线。

2）承力索及馈、地线宜采用硬铜绞线或青铜绞线。

3）软横跨横承力索及定位绳宜选用不锈钢绞线。

9.5.5　跨距及锚段长度设置：

1）地面线接触网跨距值应根据曲线半径、接触线拉出值、最大风速等因素确定。最大跨距不应超过 65 m。

2）隧道内接触网跨距值应根据悬挂类型、导线高度等因素确定。

3）锚段长度不宜大于 1 500 m，当锚段长度小于 750 m 时，可在锚段的一端设张力补偿装置；锚段大于 750 m 小于等于 1 500 m 时，要设置中心锚结。隧道内采用刚性接触网时，锚段长度（自由伸缩段）不宜大于 250 m。在过江隧道两端防淹门处，设置独立接触网段。

9.5.6　支柱、绝缘子及主要零部件：

1）碗臂柱可采用环形等径预应力混凝土圆杆，软横跨支柱根据负荷大小可选用等径圆杆或热镀锌钢柱。

2）绝缘子可采用表面上釉的瓷绝缘子、钢化玻璃绝缘子或硅、橡胶绝缘子。应便于清扫和自然清洁。

3）绝缘子泄漏距离不应小于 250 mm。

4）接触网零部件要满足直流供电系统高强度、大电流的特点要求，零件表面防腐性能要好，悬挂和支撑件可采用铝合金件，零件的规格和种类要具有一定的通用性。

5）安全系数：

（1）铜或铜合金接触线，当磨耗面积不大于 15% 时，不应小于 2.0；当磨耗面积大于 15% 小于 25% 时，不应小于 2.2。

（2）承力索、定位索、附加导线：硬铜绞线不应小于 2.0；钢芯铝绞线不应小于 2.5；钢绞线不应小于 3.0。悬式绝缘子（受机电联合荷载时抗拉）不应小于 2.0；瓷棒式绝缘子（抗弯）不应小于 2.5。

（3）零部件不应小于 3.0。

9.5.7　隔离开关的设置要满足供电要求及运营检修方便的要求，隔离开关本体机电性能要安全、可靠、灵活。

1）牵引变电所至接触网间以及正线电分段处应设置电动隔离开关。

2）车辆段停车线的分段处应设置带接地极的手动隔离开关。

9.5.8　在车辆段、地面牵引降压混合变电所馈线上网点及隧道进出口处安装避雷器。

9.5.9　分段绝缘器应保证受电弓平滑过渡，并具有良好的消弧性能。

9.5.10　牵引回流电缆和均流电缆的设置，其截面积应满足所通过电流的要求，与钢轨的连接应符合信号要求。

9.5.11 接地：全线设架空地线作为保护接地，所有非带电的金属零件都应与架空地线连接。

9.6 动力照明供电系统（含降压变电所）

9.6.1 降压变电所设计应符合下列要求：

1）车站降压变电所的设置，根据车站类型、规模及负荷情况分为三种类型：

（1）一般地下站、地面站及高架站设置一座降压变电所（或牵引降压混合变电所），位于负荷重的一端或车站中部。

（2）车站两端负荷都比较重的地下站（如较大的换乘站）端设置一座降压变电所（或牵引降压混合变电所），另一端设置一座附设式变电所（所内设置两台负荷开关、两台电力变压器及低压配电装置）。

（3）车站长度较长的地下站，一端设置一座降压变电所（或牵引降压混合变电所），另一端设置一座低压配电室（室内设置 0.4 kV 配电装置）。每座变电所内设置两台 35/0.4 kV（或 10/0.4 kV）下式电力变压器，变压器容量根据负荷计算确定。

2）车辆段与综合基地应设牵引降压混合变电所和降压变电所各一座，或设一座牵引降压混合变电所、一座附设式变电所，位置应靠近负荷中心，每座变电所内应设两台 35/0.4 kV（或 10/0.4 kV）电力变压器，其容量应根据负荷计算确定。

3）正常运行时，两台变压器应分列运行、同时供电，变压器负荷率不应大于 70%；当一台变压器退出运行时，自动切除三级负荷，另一台变压器应能保证全所一、二级负荷的供电。

4）无功电容补偿，宜采用就地补偿或在变电所低压母线上集中进行补偿，补偿后的功率因数应大于 0.9，设置功率因数自动补偿装置，以防止向系统反送无功功率。

5）车站及区间动力、照明负荷，应由车站降压变电所（牵引降压混合变电所）、附设式变电所或低压配电室供电。其中区间的动力、照明负荷应由变电所或低压配电室专用回路供电。

6）低压配电系统的接地形式宜采用 TN-S 制。电力变压器中性点直接接地宜选用 D，yn11 接线组别的二相干式变压器。

7）空调系统、广告照明及物业供电应单独计量。

8）降压变电所应设置 35 kV（或 10 kV）、0.4 kV 配电室，控制室，蓄电池室（或 UPS 室），值班室或备品备件室。

9）地下车站降压变电所（或牵引降压混合变电所）每段母排预留 200 kW 容量馈入回路，以备战时人防电源的接入。

9.6.2 动力供电设计应符合下列要求：

1）车站及区间的通风、空调等设备，应由设在车站两端的环控电控室供电，电源应分别取自变电所的不同母排段。当环控电控室与低出室靠近合建时，则由低压配电室供电。

2）水泵、自动扶梯、电梯、通信、信号、自动售检票、应急照明直流成套装置（或UPS）等设备应由变电所低压柜直接供电。

3）车站设备用房及站厅、站台公用区，应在适当位置设置安全插座或插座箱。

4）区间内每隔100 m左右应设置容量为10～20 kW的维修用电源箱一处。

5）全线同类型的动力设备，其控制设备及控制接线设计应统一。

9.6.3 照明供电设计应符合下列要求：

1）车站照明设计应力求简洁实用、便于安装和维修，并应与车站风格相协调。

2）地铁照明分为一般工作照明、节电照明、备用照明、安全照明、标示照明和广告照明。一般工作照明占整个照明的2/3左右，节电照明约占1/3。

3）一般工作照明、货电照明及设备用房照明应由变电所不同母线段以交叉供电的方式进行供电，以保证一路电源失电时不会发生公共区漆黑的现象。

4）照明配电箱应集中设置在车站的配电室内，地下车站照明配电室宜在站台站厅网端各设一间，地面站宜在车站两端各设一间，高架站宜设一间。广告照明配电箱、区间照明配电箱也可设在站厅、站台的适当位置。

5）照明光源应以荧光灯为主，照明灯具、控制开关统一选型。

6）照度标准按地下铁道设计规范规定标准执行，地面建筑物则按《建筑照明设计标准》（GB 50034—2013）执行。

7）车站及区间应急照明（备用照明及疏散照明）电源，宜由铅酸免维护蓄电池组直流应急照明电源装置供给，或UPS电源输出的交流回路供给。直流应急照明电源装置或UPS电源宜设置在车站两端或一端的应急照明电源室内。容量应满足1 h供电的需要。应急照明正常交流供电，蓄电池处于浮充运行状态。是否考虑装设UPS电源，宜根据具体情况，由技术、经济比较确定。对于应急照明负荷较小的车站（如高架站），亦可采用变电所的直流电源兼作应急照明电源。

8）应急照明设单独配电箱配电，备用照明与疏散标示照明应设单独的回路进行控制。

9）站台板下电缆通道，应设安全工作照明和携带式照明用插座。

9.6.4 接地与安全应符合下列要求：

1）地下降压变电所宜在站台板下设接地网，其接地电阻按不大于1 Ω（引进设备需要时可为0.5 Ω）设计。

2）电气设备的金属外壳，除有特殊规定外，均应和PE线可靠连接。

3）宜采用共用接地网，满足供电系统接地、弱电系统接地及建筑物防雷接地的要求。

9.6.5 其他：

1）站台板下的电缆通道高度应满足维修、保养的操作要求及运行管理的安全要求。

2）区间隧道内电力电缆应敷设在沿隧道车行方向的左侧（与弱电电缆各一侧）。

9.7 供电系统杂散电流防护

9.7.1 地铁杂散电流防护涉及各个专业，必须各工种紧密配合、综合治理，搞好总体设计。

9.7.2 杂散电流防护设计，应采用“以防为主、以排为辅、防排结合、定点监控”的原则。杂散电流防护设计主要包括“防、排、测”三方面的内容。

1）防：隔离、控制所有可能的杂散电流泄漏途径，减少杂散电流进入轨道交通系统主体结构、设备及可能与其相关的设施。

2）排：通过杂散电流的收集及排流系统，提供杂散电流返回至牵引变电所负母排的通路，以减少腐蚀。

3）测：设置完善的杂散电流监视、测量系统，监测杂散电流的大小，为运行维护提供必要的依据。

9.7.3 由于杂散电流防护是综合性工程，涉及专业较多，因此各专业和工种必须紧密协调配合。各专业在设计过程中，应符合《地铁杂散电流腐蚀防护技术规程》（CJJ 49—1992）的规定。

9.7.4 采取排流措施：

1）以整体道床钢筋作为第一层杂散电流收集网。

2）以隧道及车站结构钢筋作为第二层杂散电流收集网。

3）在牵引降压混合变电所内预留排流柜位置，根据运营后的实际需要确定安装时机。

9.8 供电系统运营维修机构

9.8.1 为便于地铁供电系统运营及维修，应设置供电运营维修机构，负责全线交流高中压供电系统、牵引供电系统、动力照明供电系统、电力监控系统的检修及运营。

9.8.2 在供电运营维修机构分别设置供电调度室、远动工区、变电工区、电缆工区、接触网工区、电力工区、变电所巡检组、接触网工程车组和检修车间等机构。

9.8.3 检修车间内设置电机电器检修室、试验室、仪器仪表室、蓄电池室等工作组室。

9.8.4 供电系统运营维修机构及设备的设置，应根据运营管理模式的要求确定，并纳入维修中心统一设计。

9.8.5 供电维修轨道车库、汽车库、接触网作业车库、油库、料库等生产设施宜在车辆段与综合基地内统一规划和设计。

10　通信系统

10.1　一般要求

10.1.1　为保证地铁安全、高效运营、提高现代化管理水平，必须建立安全可靠、有效的通信网，以传输和处理地铁运营所需的信息，以及对其进行监控，并在地铁出现异常情况时，能迅速转为供防灾救援和事故处理的指挥通信使用。

10.1.2　通信系统应是传送语言、文字、数据和图像等各种信息的综合业务通信网。该通信网应满足地铁近期工程运营、管理的要求，并考虑远期工程的接入和其他扩展。

10.1.3　明确设计范围，尤其注意与各部门和各系统之间的接口要求。

10.1.4　通信系统应选用技术先进、功能合理、可靠性高的设备，并能适应一天 24 h 不间断的运行。

10.1.5　本系统是地铁专用网，但能与本地公众通信网方便地连通。

10.1.6　本系统应是灵活的，既要满足近期工程的需要，又要适应远期工程的接入和其他扩展的需要。设备应便于安装、操作和维护。

10.1.7　本系统应适应地下环境和隧道条件，选用体积小、质量轻、耗能少、防尘、防锈、防震的设备和材料，安装时不得侵入设备限界。

10.1.8　本系统设计时应充分考虑地铁特性，应采用抗电磁干扰性强的设备。

10.1.9　电缆应采用阻燃、低烟、无毒、防蚀的产品，并注意防鼠害和防杂散电流腐蚀。

10.1.10　通信系统设计应满足本地环境要求：

1）温、湿度及振动冲击条件符合规范。

2）设备限高：室内不大于 2 200 mm，隧道内符合设备限界要求。

10.1.11　通信设备交流供电应为两路独立电源，自动切换，电压 380/220 V，波动范围 −15% ～ +10%，频率（50±5）Hz。

10.2　传输系统

10.2.1　传输系统应能传输地铁系统中下列各类语音、数据及图像信息，并满足下列各子系统的要求：

1）各种调度电话。

2）站间行车电话。

3）无线电话。

4）有线广播。

5）闭路电视。

6）公务电话。

7）区间电话。

8）时钟。

9）电力监控及数据采集。

10）列车自动监控系统控制信号。

11）自动售检票。

12）防灾报警。

13）通风空调。

14）其他运营维护数据或信息。

15）公安通信系统。

16）民用通信系统。

10.2.2 传输网应采用光纤及数字复用设备，并具备自愈网功能及符合 CCITT 相应建议。

10.2.3 光系统主、备用通道，应按 1∶1 设置，并分开设于两条隧道的光缆中，自动切换，切换时不影响正常使用，确保传输系统可靠性。

10.2.4 本章 10.2.1 中所列各类传输信息，除公务电话用户线、区间电话线外，均应提供主、备用信道。

10.2.5 数字信道除满足上述要求外，还应留有一定裕量，便于远期工程的接入和可能的扩展。

10.2.6 通信网的各节点，应能提供直通式、点对点式、一点对多点共用式、多点会议式以及总线型传输式的信道程式，其程式、数量可通过软件方便地进行修改调整。

10.2.7 提供标准化用户接口，包括模拟、低速数据、2 Mbit/s 电接口和网管等接口，多个低速数据可用一个 64 kbit/s 传输。

10.2.8 数字系列比特率采用 64 ～ 2 048 kbit/s 速率，各次群接口、数字通道的劣化分、误码秒、严重误码秒、抖动等指标应符合 ITU-T 有关规定。

10.2.9 应设立集中维护、统一管理的网络管理系统，对下列系统进行监测：

1）光缆线路及终端设备。

2）PCM 终端及复用设备。

3）无线通信系统。

4）电视监视系统。

5）有线广播系统。

6）时钟系统。

7）调度电话系统。

8）电源设备。

9）其他通信设备。

设备应具有自检功能，要求检测到模块级。中心设备应具有按子系统、车站、设备架、子架顺序判断故障位置（定位功能）和显示功能，并发出声光告警。车站设备具有状态显示功能。系统主处理器及传输通道应有备份。

10.2.10 隧道内光缆，均采用两条分别敷设，光缆应采用单模光纤，优先采用充油、束管式光缆。光缆的盘长应以两站之间尽量不出现接头来确定，也不用光衰减器。光纤进入光终端设备之前，应设光纤分配架，并按两条光缆分别设置。光纤有关的几何尺寸，光学、传输特性应满足ITU-T有关建议。

10.2.11 音频电缆采用具有屏蔽性能、抗电气干扰的电缆。音频电缆宜采用充油方式。

10.3 公务电话系统

10.3.1 公务电话系统应采用数字程序自动控制电话设备（程控交换机），设备应选用程控时分数字交换机，并适应综合业务数字网批准入网的机型，以及具有向宽带网发展的条件。设备用于地铁内部的一般公务通信并与当地公众电话网相连接。

10.3.2 交换机应具备下列功能：

1）交换功能：

（1）内部呼叫及出入局呼叫。

（2）对市话局的呼入、呼出，国内、国际长途人工、直拨呼出，以及话费立即通知性能。

（3）将“119”（火警）、“110”（匪警）特种业务呼叫转移至市话局的“119”和“110”上。

2）计费功能：对国内、国际长途有权用户的长话计费，采用用户自动计费方式进行计费及Internet计费。

3）具有识别用户数据、用户传真等非话业务的能力，和2B+D、30B+D及符合ISDN用户网络某本接口条件的各类用户的用户识别、交换、接续，并保证这类用户不被其他呼叫插入或中断。

4）多方电话会议功能：具有1+20方以上的会议电话功能。

5）提供PHI、V、X、FR接口，可接入分组交换等现有网络，实现Internet服务。

6）设备应具有下列新业务功能：

（1）缩位拨号。

（2）热线服务。

（3）免打扰服务。

（4）呼叫限制。

（5）呼叫转移。

（6）三方通话。

（7）遇忙回叫。

（8）呼叫等待。

（9）优先分机插入。

（10）强插防止。

（11）闹钟服务。

（12）缺席用户服务。

（13）追查恶意呼叫。

7）维护管理功能：

（1）用户数据（号码、等级）和局数据（路由计划、电路数）的更改。

（2）故障诊断：软、硬件故障诊断、告警显示并记录，能确定故障范围和性质并输出打印。

（3）话务统计及自动记录并打印。

（4）服务质量统计及自动记录并打印。

（5）各种自动例行测试，输出记录并打印。

（6）可闻、可视告警，并将告警信息输出打印。

（7）移动通信接入功能。

10.3.3 公务电话交换网由程控电话交换局组成，通常设于控制中心、车辆段或位置适当的大站。设备类型应通过本地市话局的核准。设备容量应符合有关规范的要求。

10.3.4 每个车站一般按 30 个用户考虑，大站根据运营要求可适当增加，车站用户通过光纤数字信道连接到最近的交换局。

10.3.5 公务电话系统的中继方式应满足下列要求：

1）中心交换机对市话交换机采用 2 Mbit/s 数字中继，全自动呼出、呼入。只从控制中心的 PABX 一处连接到就近的市话局。

2）地铁内部交换机间采用 2 Mbit/s 中继接口，全自动呼出、呼入。

10.3.6 信令方式及接口配合应满足下列要求：

1）各种信号及接口应符合国家标准及 ITU-T 建议。

2）与市话的信号方式和接口配合应满足市话局的要求，以不改变市话局原信号方式为原则，但应预留 No.7 公共信道信号方式。

3）内部交换机之间采用共路信号方式。

10.3.7 各种业务忙时话务量宜按下列要求设计：

1）电话用户 0.15 h 呼 / 线。

2）传真 0.17 h 呼 / 线。

3）每条数字中继话路 0.7 h 呼 / 线。

4）低速数据、2B+D、30B+D 及其他符合 ISDN 用户网络基本条件的各类用户 1 h 呼 / 线。

10.3.8　传输衰耗应符合 CCITT 有关建议，并满足下列要求：

1）四线链路：

（1）地区呼叫 3.5 dB。

（2）长途呼叫 7.0 dB。

2）用户线衰耗：网内任一用户至市话局交换机之间的衰耗不应大于 7.0 dB。

10.3.9　交换机应符合下列要求：

1）CPU 双重备用。

2）能接收和储存不少于 16 位号码。

3）能对用户区分等级。

4）最大忙时处理能力，保证满足各项接续指标，当超负荷 50% 时，对普通用户采用逐步微调方式来限制，不允许一产生超负荷就自动切断所有的普通用户。

5）采用主从同步方式，中心交换机从市话局提取时钟信号接收同步控制，再控制内部其他交换局。当与市话中继出现故障时，中心交换机为主局，其余为从局，构成网络同步系统。

6）设备具有严格的接口规范，确保在改变信号方式和引入新的组件时不影响原有交换系统的服务。

7）软件采用分层模块化结构，程序接口清楚，修改和更改软件模块时，不影响其他软件模块。

10.4　调度电话系统

10.4.1　为列车运营、电力供应、维护管理、防灾救护和环境控制提供指挥手段，应设专用直达调度电话系统。调度电话设备应集中设置，系统必须安全可靠。

10.4.2　调度电话应具备下列功能：

1）控制中心行车调度员、电力调度员、防灾调度员、维修调度员与各站（段）值班员之间的直接通话。

2）控制中心各调度员之间的通话。

3）控制中心与市内公安、消防之间的直接通话（可利用市话局交换机直通功能）。

4）控制中心总机应能对所属分机进行选呼、组呼、全呼。

5）分机可对总机进行一般呼叫和紧急呼叫。

6）分机呼叫总机时，总机应能按顺序显示呼叫分机号码，并区分是一般呼叫还是紧急呼叫。

7）分机之间不允许进行通话。

8）总、分机之间的通话，在控制中心应能自动记录。

10.4.3　调度电话系统应由控制中心的总机和站（段）的分机组成。系统除满足初期要求外，还应考虑远期工程的接入。总、分机之间的连接，可以经数字多路调制设备或程控交换系统。在二者的选择，以及共线和辐射方式的选择，可靠性应是首要考虑的，调度电话系统的可靠性应大于99.99%。

10.4.4 调度电话系统的设置：

1）控制中心

（1）行车调度。

（2）电力调度。

（3）防灾调度。

（4）维修调度。

2）各站（段）设分机：

（1）行车调度分机设于各车站值班室和车辆段信号楼值班室、运转室、列检室等处。

（2）电力调度分机设于各车站和车辆段变电所及主变电所。

（3）防灾调度分机、维修调度分机设于各车站和车辆段值班室。

10.5 站内（车辆段）及轨旁电话系统

10.5.1 站内及轨旁电话系统应具备下列功能：

1）车站值班员（车辆段信号楼值班员、运转值班员、列检值班员）与本站（段）重要部门有关人员之间的直达通话。

2）相邻站（段）值班员之间的站间行车直通电话。

3）室外维修人员、工作人员与站（段）值班员或其他人员间的通话。

10.5.2 轨旁电话应设于区间具有维护工作的有关设备附近，即区间信号机、接触网开关处、岔线、泵房等附近，一般区段设置间隔为150～200 m。连接方式采用共线并联。设备安装在隧道壁上，地面以柱式或其他方式安装。

10.5.3 轨旁电话可直接呼叫相邻站车站行车值班员，并能接入程控交换机。

10.5.4 轨旁电话需安装牢固，并具有密封、防潮、防水、防振等要求。

10.5.5 站内、轨旁电话间采用铜芯电缆，应考虑交流电机牵引的干扰影响，至控制中心的传输线路应采用数字信道，相邻站间可采用数字信道，也可采用铜缆。

10.6 无线通信系统

10.6.1 无线通信系统，除了应满足运营列车无线调度通信和车辆段无线通信外，还应满足维修无线调度通信、公安无线调度通信和环控（防灾）无线调度通信等用户的使用要求。

10.6.2 系统构成：根据地铁运营管理的特点和服务区域的不同，分为两个系统。

1）运行线路调度无线通信系统（系统1）：本系统为位于地铁控制中心的行车调度员、维修调度员、公安调度员和防灾调度员，对相应的列车司机、维修人员、巡警和防灾人员分别实施调度指挥的专用无线通信系统。中心控制设备与移动台（列车台和便携台）之间的通路，采用有线（车站台经过光缆传输系统至中心控制设备）和无线（车站台借助漏泄同轴电缆通过无线电波至移动台）相结合的方式沟通。也可采用全无线方式，即控制中心信号直接发送至移动台，中间车站设置中继器，以对信号进行放大。

2）车辆段调度无线通信系统（系统 2）：当列车由正线进入地面车辆段后，即自动脱离系统 1 而进入本系统。本系统为车辆段调度员对列车司机、地面维修人员实施调度作业的专用无线通信系统，采用全无线通信方式。

10.6.3　无线通信系统功能：

1）通话功能：

（1）控制中心行车调度员与运营中列车司机之间的通话。

（2）车站行车值班员经中心控制设备与运行中列车司机的通话。

（3）经中心控制设备，运行中的列车司机间的通话。

（4）经中心控制设备，公务电话用户与列车司机等移动台间的通话。

（5）中心维修调度员与便携台维修人员间的通话。

（6）经中心控制设备，便携台维修人员间的通话。

（7）中心公安值班员与便携台巡警间的通话。

（8）经中心控制设备，便携台巡警间的通话。

（9）中心防灾调度员与便携台防灾人员间的通话。

（10）经中心控制设备，便携台防灾人员间的通话。

（11）车辆段信号楼值班员与车辆段内司机及便携台工作人员间的通话。

（12）车辆段内司机、便携台作业人员间的通话。

2）呼叫功能：

（1）选呼、组呼和全呼：

①控制中心行车调度员应能对列车进行选呼、组呼和全呼。

②控制中心维修调度员对便携台维修人员、防灾调度员对防灾人员进行选呼、组呼和全呼。

③中心公安调度员对车站便携台巡警进行选呼、组呼和全呼。

④车辆段值班员对段内移动台进行选呼、组呼和全呼。

（2）正常呼叫：移动台（列车台和便携台）作业人员在频道空闲时可对中心进行正常呼叫。

（3）紧急呼叫：移动台（列车台和便携台）作业人员在紧急情况下可对中心进行紧急呼叫。

3）广播功能：控制中心行车调度员可选择某列运行中的列车，或对运行中的全部列车进行广播。

4）存储功能：当呼叫和通话时，控制中心行车调度员无线控制设备能存储列车台标识码、列车号码、车次号、呼叫类型、车站站名、通话日期、通话起止时间等有关信息，必要时可由打印机打印输出。当中心检测时，中心控制设备的微机能存储检测日期、检测时间、车站站台、列车台标识码、故障类型等有关信息。

5）显示功能：控制中心行车调度员无线控制设备，能显示被呼叫列车的列车号、车次号码、司机姓名、呼叫日期和时间、通话日期和起止时间、车站站名等，以及紧急呼叫的显示，一般通话呼叫在中心无线控制设备顺序排队显示。

6）录音功能：控制中心多信道录音机，能记录所有频道的通话信息。

7）占线表示和锁闭功能：当某列车台通话时，所有列车台都有占线表示，并锁闭非通话列车台发射机，以保证通话不受干扰。

8）检测功能：

（1）自检功能：系统各设备均采用模块化结构，主要设备自检功能应能检测到每一个模块并显示，并可由中心采集检测的结果。

（2）中心检测：中心检测设备可对车站台、列车台进行检测。

9）频道转换功能：列车出、入车辆段时，列车台应能自动转换至适用的频道上。

10）接入电话交换网功能：经中心调度员的控制和转接，系统的无线用户可与程控用户间通话。

10.6.4 通信方式：

1）基地台为双频双工方式。

2）列车台为双频双工方式（对基地台）和双频单工方式（对列车台 / 便携台）。

3）列车台工作方式的转换，由中心控制设备或车辆段控制台自动控制。

4）便携台以双频单工方式工作。

10.6.5 频段选择、信道配置、服务区域及电波传播：

1）频段选择：450 ～ 470 MHz（应以当地无委会批准的频率为准），收发频率差为 10 MHz，频道间隔为 25 kHz。

2）信道配置：地铁无线系统至少配置 4 个无线信道供行车调度、维修调度、公安值班、防灾调度以及车辆段无线通信系统使用。

3）服务区域：

（1）行车无线通信系统，其场强覆盖范围是地铁运行线路和地铁沿线各车站。

（2）公安、维修、环控无线通信系统，其场强覆盖范围是地铁运行线路和沿线各车站等有关场所。

（3）车辆段无线通信系统，其场强覆盖范围是地铁车辆段与综合基地整个区域。

4）电波传播：隧道内采用漏泄同轴电缆的辐射方式，车辆段及地面区域采用天线的空间波传播方式。在场强共同覆盖的区域，应避免无线电频率干扰，包括同频干扰、邻道干扰、互调干扰等。

10.6.6 通信质量：在满足信噪比为 20 dB 的条件下，地铁无线通信系统可靠通信的时间、场强覆盖地点概率，在运营区间范围内应大于 95%，其他地点不小于 90%。

10.6.7　系统设备：系统设备应满足高性能、高可靠、高效率的要求，具有全固体化、高密度装配、采用插件结构等特点。设备技术条件应符合 CCIR 标准和国标移动通信“90”系列标准。车载台应防撞击、耐震动，并在司机室合理布置，减少牵引 / 制动设备及其他车载设备的电磁干扰。漏泄同轴电缆应尽可能采用全绝缘泡沫 PE 管和辐射电缆构成，外导体开有规则间隔槽孔，允许传输能量从电缆里面向外面泄出，并在电缆附近周围产生稳定的电磁场。为使移动台接收场强均匀，应采用具有不同耦合衰耗的漏泄同轴电缆进行连接。为节省建设投资，尽可能采用宽频带（150 ～ 470 MHz）漏泄同轴电缆，以便于无线寻呼系统可能的接入。

10.7　闭路电视监视系统

10.7.1　闭路电视监视系统应具有以下功能：

1）控制中心行车调度员、防灾调度员，可选择任一车站、任一摄像机的图像，并切换至其监视器上。

2）车站值班员可任意选择本站任一摄像机，并切换至其监视器上。

3）列车在车站停车时，司机应能在司机室监视旅客上、下车情况，以便安全开关车门。

4）各监视器显示图像时，可显示摄像机地址名、日期和时间。

5）控制中心具有多画面监视，并可进行单路和多路同时录像。

6）监视画面可手动切换，平时自动扫描、循环显示。切换时间应随意可调。

7）摄像机应能在应急照明下进行摄像。

10.7.2　监视区域应包括：

1）站台。

2）站厅。

3）车站出、入口。

4）自动扶梯、楼梯口。

10.7.3　系统采用 PAL-D 制式，摄像机采用 CCD 电荷耦合摄像机。

10.7.4　车站视频切换矩阵输出接口，应符合 ITU-TH.320 标准，同时输出图像不少于 6 路。

10.7.5　车站电视监视信息通过光缆将图像传到控制中心，或采用 2 Mbit/s 压缩编码后通过传输系统传至控制中心。

10.7.6　设备需满足抗电磁干扰要求，站台监视器应具有抗 1 500 V 直流谐波干扰的能力。

10.8　有线广播系统

10.8.1　有线广播系统应具备下列功能：

1）控制中心行车调度员、防灾调度员通过各自的播音控制台（有优选顺序），向所有车站或一组、一个站进行语音广播或预录音广播。

2）车站值班员通过车站播音控制台，对本站分路或全站广播；站台工作人员可向本站台区域进行语音广播；车站可采用语音现场广播、预录信息广播，并可播放 CTX 磁带。

3）系统平时以车站广播为主，紧急情况下以控制中心广播为主，其优先顺序是：控制中心防灾调度员、控制中心行车调度员、车站值班员、站台工作人员、自动广播。

10.8.2 车站广播区应按下列地点划分：

1）上行站台。

2）下行站台。

3）站厅及出入口。

4）办公区。

10.8.3 车辆段内广播应满足以下要求：

1）车辆段运转值班员对停车库区广播。

2）车辆段维修值班员对检修库区广播。

10.8.4 扩音机放大器单元应有备份，站台区为 1∶1，其余采用 n∶1 备份方式。

10.8.5 扩音机至任一扬声器，在频率 1 000 Hz 时，线路损耗不大于 4 dB。

10.8.6 站台采用 5 W 扬声器，馈送功率 1 ～ 2 W；室内采用 2 W 扬声器，馈送功率 0.5 ～ 1 W；各种扬声器布置，应使声场强度大于环境噪声 10 dB。在环境嘈杂区，可设噪声传感器，并由此自动调整音量。

10.8.7 站台层、站厅层扬声器的布置：当一路扬声器发生故障时，另一路扬声器的广播能使在该区域任何位置的乘客都能听到。

10.9 列车广播系统

10.9.1 列车广播应具有下列功能：

1）司机对乘客语音广播。

2）受 ATS 控制的自动通报站名广播。

3）控制中心行车调度员对运行列车内的乘客进行语音广播。

4）采用语音合成技术，用普通话、英语及本地语言三种语音广播固定、常规信息。

10.9.2 车厢内扬声器、广播线布置及功率放大器电源，驾驶室无线电及前级广播设备的电源，由车辆供货商负责。

10.9.3 车上设备应防冲击、耐振动，其布置应注意减少对列车无线台的干扰。

10.10 时钟系统

10.10.1 时钟系统由控制中心一级母钟、车站（车辆段）二级母钟及需要定时的地点子钟构成，系统年误差应小于 1 s。母钟应为 1∶1 备用。

10.10.2　控制中心一级母钟可接收并转发全球卫星定位系统 GPS 信息至车站二级母钟；一级母钟校时信号为 6 路输出。

10.10.3　二级母钟可接收一级母钟信号，可同时提供数字及指针式时钟信号输出，并脱网独立工作。

10.10.4　一、二级母钟具有失步告警功能。

10.10.5　一级母钟应有对其他系统提供定时信息的功能，通过串行或并行接口，送出同步脉冲给其他系统。

10.10.6　一级母钟通过各输出信道，驱动辅助母钟和控制中心有关办公室的子钟。母钟本身应能用数字显示年、月、日、时、分、秒。

10.10.7　子钟设在车站值班室、车辆段有关行车的办公室、各变电所值班室、车站的站厅和站台等场所。

10.10.8　传输信道采用数字信道。

10.11　直通电话

10.11.1　供电直通电话应具备以下功能：

1）主变电所与市地区变电站间需单独设置电力直通电话，设备应满足城市供电部门的有关技术要求。

2）控制中心电力调度台与市电力局需设专用直通电话。

10.11.2　地铁公安分局与市公安局需设直通电话。

10.11.3　防灾调度台与市消防部门设专用直通电话。

10.12　电源与地线

10.12.1　通信设备均采用一级负荷不间断供电，由变电所引接两路独立的三相交流电源至通信机房的交流配电屏（箱），当使用中的一路故障时，应能自动切换至另一路。

10.12.2　电源电压：380/220 V，波动范围 −15% ～ +10%。当电压波动范围超过标准时，应设交流稳压器。

10.12.3　为保证通信设备在主电源中断或发生波动情况下，仍能有可靠的电源，应设置通信系统专用的不中断电源设备（UPS）。铅酸免维护蓄电池，按各子系统重要性设置不同备用时间，重要设备不少于 4 h。电池应没有腐蚀性气体泄出，适合设置在通信设备室内。

10.12.4　车站、车辆段、控制中心均设一组地线，接地电阻应满足设备使用要求。

10.13 通信房屋技术要求

10.13.1 各机房面积按远期需要确定。

10.13.2 机房位置应考虑经济合理，电缆引入（出）方便，配线最短，便于维修。

10.13.3 机房应防潮、防尘，程控交换机房需设防静电地板。

10.13.4 车站通信设备室宜与电力变电所分设于车站的两端，并靠近车站控制室。地铁通信设备机房不应与电力变电所相邻。

10.13.5 地下车站通信机械室内最小净高为 2.8 m，地面机房室内最小净高为 3.0 m。

10.13.6 地面均布荷载：车站机房、程控等机房均布荷载应根据机架重量和平面布置计算确定，其他工艺应符合《地铁设计规范》（GB 50157—2013）的要求。

11 信号系统

11.1 一般要求

11.1.1 采用的信号系统，应符合故障导向安全的原则，采用的安全系统、设备应经过安全认证。采用的信号系统，除了必须满足安全、可靠、技术先进实用和经济合理的要求外，还必须有成熟的使用经验。在满足功能要求的前提下，凡国内能提供的设备应优先选用，对于目前国内还不能满足功能要求的设备，应在进行综合比较后选择引进或引进技术进行合资、合作生产，以满足地铁工程的需要。

11.1.2 信号系统若由引进设备、本地化设备组成，则应确保各子系统间的接口安全、正确、可靠，并应避免选用由几个国家结合的混合系统。

11.1.3 信号系统应尽量采用计算机技术、网络技术、数据传输技术、设备结构模块化，便于功能扩展和控制范围的延伸。

11.1.4 在电力牵引供电系统在最大钢轨回流下，信号系统应能安全、可靠工作。凡涉及行车安全的设备，必须满足故障—安全原则。

11.1.5 系统构成：信号系统由正线区段的列车自动控制（ATC）系统和车辆段信号设备组成。

1）ATC 系统包括列车自动防护（ATP）子系统、列车自动运行（ATO）子系统、列车自动监控（ATS）子系统及正线区段车站联锁设备。

2）车辆段信号设备，包括车辆段联锁设备、车载信号动态试验设备及维修设备和培训设备。

11.1.6 信号系统的设备配置，应有利于行车组织和运营管理，实现行车指挥的自动化和科学化。所采用的设备、器材必须满足地铁的环境要求，设备结构紧凑，便于安装和维护。

11.1.7 主要行车设备的计算机系统，应采用双机热备；联锁、安全设备的计算机系统，应采用三取二或二取二加热备的结构。

11.1.8 地上信号设备应按有关规范设计防雷装置。

11.1.9 车辆车载设备和地面设备限界应满足要求。

11.2 基本技术要求

11.2.1 正线区段按双线双方向运行设计，对反向进路具有 ATP 防护功能。

11.2.2 除道岔区段及其他需防护的特殊位置设防护信号机外，其余均不设地面信号机，列车以车载信号为主体行车信号。

11.2.3 信号机的显示方式应满足以下要求：

1）除尽头线阻挡信号机外，正线其他信号机及车辆段入段信号机均应设有引导信号显示。

2）正线区段道岔防护信号机的显示，应能区分进路经道岔直、弯股。

3）正线、辅助线、车辆段等不同区域的信号显示，应统一协调，相同的显示其含义应一致。信号显示的具体方式，在目前规范未做出统一要求的情况下，可参考国内已运营的地铁信号显示方式确定。

11.2.4 正线区段最小行车间隔及信号系统设计行车间隔，应根据各条线的客流量并留有一定富裕量确定。折返站的折返能力与车辆段的出入段能力，应与正线行车间隔一致。

11.2.5 正线区段的室内信号设备，尽可能设于设备集中站。设备集中站的确定要综合考虑联锁设备，ATP、ATO 和 ATS 车站设备的控制要求。根据信号系统的选型，也可能在某些非集中站设置轨道电路的室内设备，以满足其控制距离要求。

11.2.6 信号系统的供电为三相交流 380/220 V、50 Hz，一级负荷两路独立电源供电。在设备集中站和控制中心、车辆段信号设备室和试车线控制室设在线 UPS 电源，建议设备集中站 UPS 电源供电时间为 10 min，控制中心供电时间为 30 min。

11.2.7 控制中心、正线区段及车辆段信号楼信号系统，设备的接地接入由供电专业提供的共用接地系统，其接地电阻应满足设备使用要求。

11.2.8 ATC 系统应安全、可靠，保证连续不间断地工作，并能满足与地铁通信、机电设备监控、屏蔽门、防淹门等系统以及与其他衔接地铁线路信号系统的接口要求。

11.2.9 线路设计参数：

1）道岔类型：正线为 60 kg/m，9 号道岔，侧向 ATP 限制速度为 30 km/h；车辆段为 50 kg/m，7 号道岔，侧向 ATP 限制速度为 25 km/h。

2）道床漏泄电阻：整体道床 2.0 Ω · km；碎石道床 1.0 Ω · km。

3）分路灵敏度：无绝缘音频轨道电路≥ 0.25 Ω；有绝缘工频轨道电路≥ 0.15 Ω。

4）折返线 ATP 防护区段长度：≤ 50 m。

11.2.10 ATC 系统及车辆段信号设备的使用环境符合相关标准。

11.2.11 信号系统所有室外设备的安装，必须满足地铁设备限界的要求。设置于站台区域的设备，在满足运营要求的前提下，应尽量与车站的装修布置相协调。

11.2.12 用于控制中心及正线地下区段的室内外电缆，采用低烟、无卤、阻燃电缆；地面及高架线路明敷的电缆，应采用防护措施避免太阳光辐射。

11.3 正线联锁设备

11.3.1 联锁设备是保证列车运行安全的设备，它实现列车进路上道岔、信号机、轨道电路正确地联锁，因此必须满足故障—安全纳入原则。为确保车辆段、正线区域内行车、折返、出入段及转线等作业的安全，全线均应纳入联锁范围。

11.3.2 联锁设备宜采用计算机联锁系统，其室内设备应根据正线有岔车站的分布及性质，结合 ATP、ATO 设备布置要求集中设置。

11.3.3 采用的计算机联锁设备，必须具有成熟的使用经验，若采用引进系统，则必须经过所在国有关权威机构的安全认证，并满足所有联锁和接口要求。若采用国产计算机联锁系统，必须满足《铁路车站计算机联锁技术条件》（TB/T 3027—2015）的要求，并能确保与 ATS、ATP、ATO 子系统正确可靠地连接，系统需经有关权威机构进行安全测试。

11.3.4 计算机联锁系统，除能保证完成基本的联锁功能，即实现列车进路上道岔、信号机、轨道电路间正确的联锁关系外，还应具有下列功能：

1）在对正常进路防护的同时，能根据地铁特殊的安全要求建立列车进路的 ATP 保护区段并予以防护。

2）在车站现地控制模式下，具有自动排列通过进路和自动折返进路的功能。

3）除能在现地工作站上对设备集中站控制范围内的道岔实行单独操作和单独锁闭，对列车开放引导进路外，还能对道岔、信号机、轨道电路区段等信号控制元素实施封锁。

4）具有区间方向转换的功能，方向转换只能在相邻联锁站之间进行。

5）能设置扣车、轨道区段临时限速、区间（轨道）封锁等功能，每种功能应有相应的状态表示。

6）能向 ATP 提供信号机状态、列车进路的设置情况、保护区段的建立、轨道区段临时限速，以及区间运行方向等条件。

7）车站联锁设备与 ATS 系统结合，实现车站和中央的两级控制；能根据车站值班员和中央调度员的指令，实现车站与中央两级控制权的转换；能根据运营要求，进行 ATS 自动或人工办理进路。

8）具有故障报警、自诊断功能，检出故障停止输出控制命令。能对包括联锁设备以及 UPS 电源、轨道电路等实施监督，并能根据用户需要经通信传输通道在车辆段、维修中心等地实施远程故障诊断。

9）车站联锁设备通常由 ATS 控制，ATS 故障或需要时（包括紧急情况下）可由车站值班员控制。

10）能根据运营提出的要求，完成与防淹门、屏蔽门、车辆段以及其他地铁线路的特殊接口功能，完成必要的逻辑判断，以对其接口对象进行正确控制和监督。

11.3.5 地面信号机的设置：

1）区间不设地面信号机。

2）道岔区段设防护信号机。

3）不设进出站信号机，正向出站方向的站台侧列车停车位置的前方适当地点设发车指示器。

4）信号机原则上安装在列车运行方向的右侧。

11.4 ATP 子系统

11.4.1 ATP 子系统是保证列车运行安全的系统，由车载设备和地面设备组成，系统应符合故障—安全原则，其系统安全完善度等级应满足安全完整性等级 4 级标准。

11.4.2 正线区段线路均采用轨道电路，能连续地对列车位置进行检测。

11.4.3 保持前行和后续列车之间的安全间隔，满足规定的行车间隔和折返间隔。

11.4.4 根据联锁设备提供的进路运行方向，确定相应的列车运行方向。

11.4.5 ATP 室内设备原则上设于联锁设备集中站，与联锁设备之间的通信必须采用安全通道。

11.4.6 只有列车停在站台区规定停车范围内和列车速度为零的情况下，才允许向列车和站台屏蔽门发送开门命令。发送开左或右门的允许命令，应符合站台的位置和运行方向。

11.4.7 在每个车站的车控室、站台及站台监控亭，设紧急停车按钮。当按下紧急停车按钮后，应切断相应站台区域和离去区段速度命令发码电路；如有地面信号机，还应切断信号开放电路。

11.4.8 在折返站能够根据 ATS 提供的信息，对折返列车自动控制进入折返模式，实时地改变相应的轨道电路发码方向及列车工作端。

11.4.9 车载 ATP 设备应在下列驾驶模式中对列车实施监控：

1）ATO 自动驾驶模式。

2）列车有人或无人自动折返模式。

3）ATP 监督下的人工驾驶模式。

4）ATP 限速下的人工驾驶模式。

11.4.10 车载 ATP 设备应具有下列主要功能：

1）超速防护及报警。

2）设备故障时实施紧急制动。

3）列车非正常移动的检测并实施紧急制动。

4）监督车门、屏蔽门的开启和关闭。

5）向车载 ATO 传送有关信息。

6）速度、距离等信息的记录和显示。

7）具有人工或自动轮径磨耗补偿功能，补偿范围为 770 ～ 840 mm。

11.5 ATO 子系统

11.5.1 ATO 子系统是自动控制列车运行的设备，由车载和地面设备组成。

11.5.2 在 ATP 的保护下，根据 ATS 的指令达到节能的目的，实现列车的自动驾驶。

11.5.3 自动调整列车运行，确保列车按照运行图运行，并能以较高的速度进行追踪运行和折返作业，确保达到设计间隔。

11.5.4 在 ATS 监控范围的入口及各站停车区域，进行车—地通信，将列车的相关信息转送至 ATS 系统，以便于 ATS 系统能对在线列车进行监控。

11.5.5 ATO 地面设备应可靠地传送定点停车的距离信息，以保证停车误差在允许的范围内。

11.5.6 能根据停车站台的位置及停车精度，自动地对车门、站台屏蔽门进行控制。

11.5.7 ATO 室内设备的设置地点原则上与 ATP 相同。

11.6 ATS 子系统

11.6.1 ATS 子系统由控制中心、车站和车辆段 ATS 设备组成。ATS 控制中心设备设于 OCC 大楼内，车站 ATS 设备的设置地点与 ATP/ATO 室内设备相同，车辆段 ATS 设备设于车辆段信号楼（或车辆段控制中心）信号控制室和车辆段调度室。

11.6.2 在车站控制室为车站值班员设置现地控制盘（LCP），以用于调整在线列车运行。

11.6.3 ATS 中央与车站间的信息交换，宜采用星形结构的广域网，所有接口均采用标准接口。

11.6.4 控制中心 ATS 系统由下列设备组成：

1）行车调度工作站。

2）系统维护 / 管理工作站。

3）通信控制工作站。

4）OCC 运行模拟盘（投影仪或大屏幕显示器）。

5）运行图编辑工作站及相应打印设备。

6）模拟 / 演示工作站及打印机。

11.6.5　控制中心的 ATS 设备供电，除保证设备稳定可靠工作外，在停电 30 min 内，应保证 ATS 设备正常工作。

11.6.6　ATS 车站设备除接收和发送各种运行数据和设备状态信息使 ATC 系统正常工作外，还应完成对列车发车表示器的控制及旅客导向牌的控制。

11.6.7　ATS 子系统在 ATP、ATO 子系统的支持下，完成对列车运行的自动监控，实现以下基本功能：

1）根据联锁表、计划运行图及列车位置自动生成进路控制命令，传送到车站联锁设备，设置列车进路。

2）自动完成正线区段内列车识别号（服务号、目的地号）跟踪。

3）列车计划与实际运行图的比较功能和计算机辅助调度的功能，能够根据列车实际的偏离情况，自动生成调整计划供调度员参考。

4）调度员人工介入设置进路、对列车运行进行调整的功能。

5）在计算机辅助下完成对列车基本运行图的编制及管理，并能人工介入。

6）能在车站控制模式下与计算机联锁系统结合，将部分或所有信号机置于自动模式状态。

7）能利用车站一级的 ATS 设备完成对进路的“后备模式”控制。

8）列车运行状态监视及报警。

9）通过运行模拟盘及调度台显示器，能对车站及区间轨道区段、道岔、信号机和在线运行列车等进行监视；设备故障情况下能在行调工作站上给出报警及故障源提示。

10）在中央专用的设备上提供模拟和演示功能，用于培训及参观显示。

11）车辆段 ATS 设备：

（1）停车库线占用信息采集和传输。

（2）出入段信号开放信息采集和传输。

（3）车辆段车辆调度室显示终端上完成：

①编制车辆运用计划（基本和当日计划）。

②打印车辆运用计划。

③根据运行图要求，向控制中心、相关车站交换列车运行及车辆运用等信息。

11.7　屏蔽门的控制

11.7.1　屏蔽门的安全监督、控制分别由 ATP 和 ATO 来完成，即 ATP 负责开、关屏蔽门的安全监督，ATO 负责屏蔽门与车门的同步开、关控制。

11.7.2　只有 ATP 确认列车停在规定的停车窗内，才允许 ATO 向列车送出开门指令，同时亦向站台屏蔽门系统送出开门指令。

11.7.3 发车前驾驶员按压关门按钮，通过ATO送出关车门控制命令的同时，亦向屏蔽门送出关门信号，经ATP确认车门及屏蔽门均已关好后才允许起动列车。

11.7.4 如果站台屏蔽门失去关闭状态表示，ATP系统将对进出站列车实施紧急制动。

11.7.5 列车进入站台区域时，信号系统将给屏蔽门系统列车已进入站台区段的信息。

11.7.6 屏蔽门的状态需送至车载ATP，并在显示器上给出表示。

11.7.7 对反向运行的列车，将不设置屏蔽门的安全监督和控制设备，司机对车门和屏蔽门的安全负责。

11.8 防淹门的控制

11.8.1 一旦某一防淹门失去完全开启状态表示，两端车站均不能向相应线路隧道内设置进路，如已设置进路，则信号机立即关闭并实行封锁，正在接近相应线路隧道的列车实施紧急制动。

11.8.2 当防淹门操作员需要关闭防淹门时，按下防淹门请求关闭按钮，信号系统得到请求关闭信息后，如两端车站尚未向相应线路的隧道内设置进路，则禁止再向隧道设置进路；如已设置进路，则有关防护信号机立即关闭并实行封锁，根据以下情况分别对防淹门关闭请求做出响应：

1）如防淹门请求关闭，两端车站未向相应线路的过江（河、湖）隧道内设置进路，并且过江（河、湖）隧道内无车（通过轨道电路检查），则相应防护防淹门信号机将被实行封锁，间时向防淹门控制台发回同意关闭防淹门信息。

2）如防淹门请求关闭时，已向相应线路的过江（河、湖）隧道内设置进路，则：

（1）当防淹门防护信号机关闭时，列车尚未进入其接近区段，并且过江（河、湖）隧道内无车（通过轨道电路检查），进路将立即被解锁，并向防淹门控制台发回同意关闭防淹门信息。

（2）当防淹门防护信号机关闭时，列车已进入其接近区段，经一定时间延时后，在列车未冒进信号的前提下，经检查过江（河、湖）隧道内无车后（通过轨道电路检查）向防淹门控制台发回同意关闭防淹门信息。

（3）联锁系统操作员不能取消关闭防淹门请求，在联锁系统接收到防淹门关闭请求并发出“允许关闭”信息到防淹门期间，防淹门请求条件必须被联锁系统检查。

11.9 车辆段

11.9.1 车辆段联锁不在ATS控制范围内（只提供必要的表示）。

11.9.2 车辆段信号设备包括联锁设备、车辆动态试验设备、信号维修设备以及信号培训设备。

11.9.3 车辆段宜采用计算机联锁设备，若采用国产设备，必须满足《铁路车站计算机联锁技术条件》（TB/T 3027—2015）的要求，系统需经有关权威机构进行安全测试。

11.9.4　车辆段出入段联络线均纳入车辆段控制范围，并按双方向运行设计。列车的出、入段均按列车方式办理。

11.9.5　试车线装设与正线相同的 ATP、ATO 地面设备及相应的试验设备，能对车载信号系统进行动态试验。

11.9.6　试车线动态测试应在车辆特性试验合格后进行。

11.9.7　试车线动态测试应包括下列内容：

1）ATO（自动驾驶）模式、编码人工模式、限速人工模式、切除 ATP 模式及驾驶模式间转换。

2）ATP 的各种功能。

3）ATO 定位精确停车。

4）车地通信。

5）按 ATS 运行等级运行。

11.10　信号系统生产用房

11.10.1　信号系统生产用房的分布：信号系统生产用房包括运行设备用房和维修管理用房，分别设置在沿线车站、控制中心、车辆段。

1）信号系统生产用房一般设置在集中站的集散厅或站台层，设置信号设备室和电源室，其余车站仅设置信号设备室，根据维护需要在沿线适当地点设置维修工区。

2）车辆段信号楼（或车辆段控制中心）内设置信号设备室、控制室、通信设备用房以及维修管理用房，在试车线设置试车线设备室及控制室。

3）控制中心设置 ATS 设备用房。

11.10.2　信号运行设备用房必须符合《数据中心设计规范》（GB 50174—2017）的规定。

11.10.3　车站信号设备用房应尽量设在车站控制室同侧，并远离环控机房、变电所等可能对信号设备运转造成干扰的区域。信号设备室的位置应有利于区间及站台电缆的敷设。

12　防灾报警和机电设备监控系统

12.1　防灾报警系统（FAS）

12.1.1　一般要求：

1）防灾报警系统（FAS）应有防尘、防腐蚀、防潮、防霉、防震、防电磁干扰和静电干扰的能力。设备选用应技术先进、传输可靠、智能化程度高、保证不漏报误报并便于今后维修与管理。

2）FAS 实行两级管理体制，由设置在控制中心的中央级防灾指挥中心和设置在各车站（段、点）的车站级防灾报警系统，以及连接控制中心和车站的通信通道构成。

12.1.2　基本技术要求：

1）地铁的防灾重点是防止火灾，应贯彻“预防为主，防消结合”的方针，设FAS。

2）FAS 的设计，应符合地方公安消防部门的有关规定。

3）FAS 的设计，按全线同一时间内发生一处火灾考虑，一旦出现火情，系统应有相应的联动措施。

4）当列车在区间发生火灾时，应将列车尽可能开到邻近车站，以方便人员疏散和扑灭火灾。

5）系统按两级监控管理方式设置，中央指挥中心实现对地铁全线的消防集中监控管理。各车站、车辆段与综合基地、控制中心大楼分别设消防控制室，能够对其管辖范围独立进行消防监控管理。

6）第一级为中央级，作为系统全线的集中监控中心，设于全线的控制中心中央控制室；第二级为车站级，作为本地 FAS 系统的控制室，设在各车站、车辆段与综合基地、控制中心大楼内。系统的指挥调度权在中央级。

7）FAS 中央指挥中心设防灾值班调度，负责管理全线的火灾报警：确认火灾灾情，向车站级发布消防救灾指令，指挥协调救灾工作。车站级不设专职消防值班员，而由车站值班员兼管，监视火灾报警，确认火灾灾情，报告指挥中心，接收指挥中心发出的消防救灾指令，控制消防联动设备，组织现场救灾。

8）系统的主要设备必须具有国家消防电子产品质量监督检验中心颁发的合格证书。

9）系统现场配线采用阻燃型电缆线。

10）系统按一级负荷供电，系统的接地采用综合接地方式，接地电阻不大于 1 Ω。

12.1.3　中央级技术要求：

1）接收全线各车站、车辆段与综合基地、控制中心、主变电所的火灾报警，并显示报警部位。

2）监视全线防灾报警设施的运行状态。

3）向市有关职能领导部门报告，并接收命令信息。

4）对车站级下达有关防灾救灾设备的运行指令。

5）具有自动档案管理，输出各类数据、报告的功能。

6）接收主时钟信息，使全线 FAS 系统与主时钟同步。

12.1.4　车站级技术要求：

1）监视所辖范围内的消防设备运行状态。

2）接收所辖范围内的火灾报警、设备报警，并显示报警部位。

3）向中央控制中心报告灾情，并接收控制中心发出的指令。

4）应能通过机电设备监控系统（EMCS）启动防排烟设备，控制其他消防及其设备的启停并显示运行状态。

5）应能通过广播系统和闭路电视系统，对乘客进行安全疏散引导。

12.1.5　现场设施技术要求：

1）在车站内各设备与管理用房、站台、站厅、通道等区域，均应设烟感探测器。对于受气体自动灭火系统保护的房间，如高低压室，通信、信号设备房等，所设烟感、温感探测器，均使用其他自动灭火系统。

2）在站厅、站台、出入口通道和设备区等区域，应设置手动火灾报警按钮，安装位置在消火栓箱的旁边、明显并便于操作的墙上。

3）站台板下的电缆廊道、感温电缆按电缆支架分层蛇行走向布置。

4）车辆段运用库宜设光束式光电烟感探测器。

12.1.6　消防联动控制技术要求：

1）消防联动控制必须具有实现防排烟联动控制及切断非消防电源的功能。

2）EMCS应能可靠地接收并按FAS的指令完成要求的消防联动。

3）当发生火灾时，FAS系统发出的指令具有优先权，应将EMCS的当前运行转换为相应的火灾运行模式。

12.1.7　关于消防广播等通信系统的技术要求：

1）为尽量避免二次灾害，地铁各车站的FAS系统不设警铃或警笛，而设火灾事故广播。

2）地铁车站的火灾事故广播不单独设置，可与车站广播系统合用，既满足火灾事故广播的要求又节约投资。

3）在中央控制室防灾指挥中心，必须设防灾调度电话总机和报警专用电话，各消防控制室设置调度分机，中央调度可对各分机进行单呼、组呼、全呼，分机可向中央调度进行一般呼叫或紧急呼叫。

4）车站级可不设置固定专用的消防电话和电话插孔，利用站内及轨旁电话系统实现消防指挥通信系统的全部功能。

5）站内及轨旁电话系统应在消防控制室、值班室、消防泵房、环控机房设置直达分机；在有气体自动灭火系统保护的房间，如高低压室、通信设备室、信号设备室、环控电控室等门外的墙上设有直达分机。

6）FAS系统与行车共用一套闭路电视系统，在中央防灾指挥中心，应设置切换装置和监视终端。在各车站控制室，宜与行车共用一套切换装置和监视终端。

12.2　机电设备监控系统（EMCS）

12.2.1　一般要求：

1）机电设备监控系统（EMCS）装置应有防尘、防腐蚀、防潮、防霉、防震、防电磁干扰和静电干扰的能力。应选用技术先进、安全可靠、智能化程度高、便于今后维修与管理的设备。

2）EMCS 系统实行两级管理体制，由设置在控制中心的中央级监控系统和设置在各车站内的车站级监控系统以及连接控制中心和车站的通信通道构成。

12.2.2　基本技术要求：

1）EMCS 主要对通风空调系统设备和给排水设备进行监控，实行控制中心、车站、就地三级监控。控制中心设机电设备监控调度中心（中央级），地铁车站设控制室 EMCS（车站级），就地级设在环控电控室及低压配电室或设备现场。

2）EMCS 中央级设机电设备调度员（一般与防灾报警系统为同一个调度员，统称为防灾调度），负责全线的通风空调和机电设备的监控管理。车站级由车站值班员兼职，对车站及所辖区间隧道通风空调等设备进行全面监视和控制。

3）EMCS 的通信通道应利用地铁内部通信系统提供的通信通道来实现。通信通道采用链式或点对点主、备结构形式。主、备通道可实现自动和手动切换。

4）EMCS 与 FAS 在车站级设数据联络接口。正常运行时，通风空调设备应由车站设备监控系统管理。当发生火灾时，与火灾有关的通风排烟设备应由防灾报警系统发出指令，由 EMCS 按相关的火灾运行模式执行，并保证 FAS 控制指令的优先权。

5）中央级和车站级 EMCS 与 FAS 设备分别设于同一房间内。系统现场配线采用阻燃型电缆（线）。

6）EMCS 按一级负荷供电，系统的接地采用综合接地方式，接地电阻不大于 1 Ω。

7）EMCS 配置的软件应与系统的硬件资源相适应。

（1）操作软件应采用实时多任务系统、窗口式操作平台，安全等级符合主流标准。

（2）应用软件应采用先进的开放式应用软件。软件应模块化设计，具有高可靠性、安全性、灵活性、可扩性。应该配置在线故障诊断软件。应用软件应能提供顺序控制、PID 控制及节能控制等高级算法软件。

（3）数据库应考虑具有在线修改运行参数、在线修改屏幕显示画面等功能。

（4）软件应包括本系统与其他系统数据交换的软件。

（5）软件技术规范、汉字编码、点阵、字型等都应符合相应的国家标准。

8）机电设备监控系统主要技术指标如下：

（1）控制响应时间＜ 3 s。

（2）信息响应时间＜ 3 s。

（3）控制中心网络数据传输速率为 10 Mbit/s。

（4）中央级至车站级的通信数据传输速率为 2 Mbit/s。

（5）车站控制局域网数据传输速率为 19.2 kbit/s。

（6）EMCS 监控系统装置平均无故障时间 MTBK ＞ 10 000 h。

（7）EMCS 监控系统装置故障恢复时间 MTTR ＞ 30 min。

9）机电设备监控系统对设备的环境条件要求如下：

（1）控制中心和车站控制室设备：环境温度：15 ～ 35 ℃；相对湿度：10%rh ～ 80 %rh。

（2）其他设备：环境温度：0 ～ 40 ℃；相对湿度：10%rh ～ 95%rh。

12.2.3 中央级监控系统应满足的技术要求：

1）中央级监控系统监控范围：

（1）控制中心应能对隧道通风设备、给排水系统设备、供冷系统设备、防淹门、车站通风空调设备、屏蔽门、自动扶梯等设备进行监视。

（2）控制中心应能对隧道通风设备、车站通风空调设备、供冷系统设备进行控制。

2）中央级监控系统设备组成：中央级监控系统由中央级局域网络构成，网络内包括两台互为备用的监控主机、维护计算机、通信前置机、打印机、模拟屏等设备。控制中心配置 UPS 电源，保证监控系统不间断供电。模拟屏和调度电话总机与 FAS 共用。局域网络采用以太网。网络通信协议采用 TCP/IP，网络传输媒介可为同轴电缆或光缆，通信速率不小于 10 Mbit/s。

3）中央级监控系统功能：

（1）根据全线通风空调系统的运行模式，控制和监视全线区间隧道通风系统、供冷设备的运行。

（2）监视全线各车站的通风空调系统、给排水系统、自动扶梯、防淹门、屏蔽门、供冷设备的运行状态。

（3）接收、记录各车站典型测试点的温度、湿度和 CO_2 浓度等环境参数。

（4）记录各车站主要设备的运行状态，统计设备累计运行时间。

（5）具有彩色动态显示和多级显示功能，及时显示主要设备的故障并进行报警。

（6）进行档案管理，定期打印各类数据统计报表。

（7）根据中央 FAS 系统指令，控制区间及车站设备火灾模式下运行。

（8）与车站级及时传输有关信息，与信号系统交换必要的信息。

（9）具有自诊断、自恢复及在线修改功能。

（10）采用时钟同步接口，与中央主时钟同步。

12.2.4 车站级监控系统应满足的技术要求：

1）车站控制室监控的范围：

（1）车站控制室能对隧道通风设备、车站通风空调设备、自动扶梯、公共区照明系统设备和防淹门等设备进行控制。其中自动扶梯只设紧急停止按钮，启动和换向在现场控制。

（2）车站控制室能对隧道通风设备、给排水系统设备、防淹门、车站通风空调设备、屏蔽门、自动扶梯、公共区照明系统设备、车站应急照明电源等设备进行监视。

2）车站级监控系统组成：车站级监控系统由车站内的局域网络构成，网络内包括车站级监控机、防灾紧急控制盘、就地控制器、打印机等设备。车站控制室配置 UPS 电源、与防灾报警系统共用的调度电话分机。车站内局域网络采用现场总线结构，网络上数据交换采用信息块。网络介质访问控制技术可采用令牌传递或载波监听多重访问 / 冲突检测控制。网络传输媒介可为电缆或光缆。

3）车站级监控系统功能：

（1）监视本站及所辖区间隧道的通风空调设备、给排水设备、自动扶梯、照明系统设备、屏蔽门、防淹门、车站应急照明电源等设备的运行状态，并进行故障报警。

（2）接收本车站测试点的温度、湿度等环境参数。

（3）具有所控设备必要的人工干预功能。

（4）具有动态显示和多级显示功能，随时显示和记录设备故障并发出告警。

（5）将车站设备运行状态、报警信号及测试点数据及时送至控制中心，接收中央级的指令。

（6）接警车站级 FAS 的指令，控制车站通风空调设备转入火灾模式下运行。

（7）车站控制室设置紧急控制盘，根据火灾控制模式，设置各模式的操作按钮及模式运行指示灯。该紧急控制盘上的按钮，作为控制中心和车站控制室操作的备用，其控制操作具有最高优先权。

4）就地级设备构成及功能：

（1）就地级由就地控制器、就地操作屏、控制模块、传感器等设备组成，它通过数据总线与车站级其他控制器联网，能对设备进行直接控制。就地控制器设有与便携式计算机的通信接口，供就地监控设备调试和维护用。

（2）就地级控制器主要集中在环拉电控室和低压配电室，控制各子系统的运行，传送子系统的运行状态及故障信息到车站计算机，并执行车站级命令。如果车站级计算机发生故障，就地级控制器可以独立完成子系统的控制功能。就地级控制器可以接收各传感器的测量数据、被控设备的反馈信号，以及发出开关 / 模拟信号到被控设备。

（3）如果就地级控制器网络上发生故障，该网络会自动报警，并自动重建，就地级控制器仍具有控制功能。

（4）设备调试、检查、维修现场使用时，就地控制具有优先权。

12.2.5 EMCS 与相关系统的接口：

1）与建筑的接口：电线电缆穿墙穿楼板的孔洞及设备安装位置，由建筑专业按设计要求预留。

2）与通信的接口：控制中心到各车站数据传输信道，由通信专业提供。控制中心监控系统计算机接收通信专业中央母时钟的信息。监控系统提供配线电缆，接口位置在通信设备室通信配线架。

3）与低压配电的接口：EMCS 系统为一级负荷，低压配电专业在控制中心、车站控制室提供供电电源箱，接口位置为电源箱的输出端子。EMCS 系统的接地电阻不大于 1 Ω，接地母排设在控制室，由低压配电专业提供。

4）与防灾报警系统的接口：在车站级设与 FAS 系统的数据接口，在火灾运行模式下，EMCS 系统按 FAS 指令控制通风排烟设备的运行。

5）与屏蔽门系统的接口：EMCS通过与屏蔽门中央接口柜的数据通信接口，对屏蔽门的运行状态进行监视，并进行事故报警。

6）与被控设备的接口：

（1）EMCS提供被控设备启动和停止的信号，设备状态反馈信号和故障报警信号由低压配电和设备专业提供。

（2）调节风阀和执行器，EMCS提供开关信号、模拟量的控制信号。

（3）检测元件和传感器，宜由设备专业配合系统设计选型及安装设计。

12.2.6 供冷站控制系统：

1）基本技术要求：

（1）集中供冷站设控制室，其监控信息通过EMCS的网络送至控制中心，对其设备进行控制和监视。集中供冷站设备的控制和监视要以冷站控制室为主。

（2）集中供冷站设备的控制分为两级：第一级为中央级，由控制中心的EMCS对其控制和监视；第二级为集中供冷站级，设在冷站的控制室，对设备进行直接的控制和监视。

（3）控制系统的监控范围包括集中供冷站冷却水、冷冻水系统、冷水机组。

2）控制系统组成及功能：

（1）控制系统组成：集中供冷站设备控制系统主要由监控主机、打印机、控制器、模拟显示屏、传感器和执行器件组成。车站内的集中供冷站控制系统与就近车站监控网络联网。车站外的集中供冷站控制系统作为主网络节点，直接与控制中心EMCS系统通信。

（2）控制系统功能：控制系统的监控设备主要集中在集中供冷站控制室，主要功能为：

①对设备进行集中控制和监视，并将设备的运行状态信号、运行参数、告警信号通过设备监控系统通信网络传送至控制中心，接收控制中心下达的运行模式指令，使系统设备按相应的模式运行。

②控制每台冷水机组的自动运转，检测实际的冷负荷，控制数台冷水机组及相关设备的开停，检测和调整系统的运行工况，达到最大的节能效果。

③记录设备的运行情况和有关参数，统计设备的累计运行时间。

12.2.7 防淹门控制系统：

1）基本技术要求：

（1）防淹门控制系统用电按一级负荷设计。

（2）防淹门控制系统在现场机房设置手动操作控制柜，在车站控制室设置自动操作柜和门状态显示装置。

（3）水位传感装置设置在水底隧道最低处。

（4）控制系统能对水底隧道口防淹门的开关和排水沟水阀进行控制。

2）防淹门控制系统组成：

（1）整个防淹门控制系统由两套控制装置组成，每套控制装置控制隧道一端的两扇防淹门，且两套控制装置互为备用。

（2）控制装置由水位传感装置、门状态传感器、手动操作控制柜（包括门控制单元）、车控室操作面板等设备构成。

3）防淹门控制系统功能：

（1）水位传感装置设有两级水位开关，每级水位由相应的水位开关传递水位信息。一级水位报警为预置报警，二级水位报警为危险报警。

（2）手动操作控制柜主要设置以下功能：关门控制、开门控制、门锁紧装置控制、排水沟阀门控制和信号显示功能。

（3）车站控制室操作面板主要设置以下功能：自动关门控制、自动开门控制、关门请求、两级水位报警、允许关门信号和门状态信号显示功能。

（4）防淹门与排水沟阀门联动要求：在关门过程中，门关闭到位后，关闭排水沟阀门；在开门过程中，门开到位后，打开排水沟阀门。

（5）门状态信号、请求关门信号经硬线传送到行车信号系统；允许关门信号经硬线传送到车站控制室。门状态信号和请求关门信号经车站监控系统送至中央控制室。

4）运行方式：

（1）平时防淹门处于开门状态，控制装置处于监视状态，所有电动执行机构断电。门由电动锁定装置锁定于检修平台上。

（2）发生一级水位报警时，车站控制室先向信号系统发出关门请求信号，然后人工确认。若是发生水灾，则等待信号系统的允许关门信号，直到接收到允许关门信号后，由人工按下自动关门按钮。

（3）防淹门平时检修时，可在就地控制柜的操作面板上进行点动控制，其状态联锁由就地控制器软件联锁完成。

（4）车站控制室操作面板上控制开门和关门的按钮，通过硬线与就地控制器相连。开门和关门的全过程由该就地控制器完成。

（5）在门关闭后，可对门两侧的排水沟阀门进行点动控制，以打开阀门排泄隧道内的江（河、湖、涌）水。

5）与相关专业的接口：

（1）与建筑专业的接口：电缆敷设的预留孔和电缆沟及设备安装位置，由建筑专业按设计要求预留。

（2）与隧道专业的接口：安装水位传感器的水池，由隧道专业按设计要求预留。

（3）与低压配电专业的接口：防淹门控制系统的供电电源，由低压配电专业提供。接口分界在防淹门就地设备房的电源箱上。

（4）与机电设备监控系统的接口：由车站监控系统在中央控制室监视有关防淹门的状态及报警信号。

12.2.8 屏蔽门控制系统：详见本指南 16.3.6 的内容。

13　自动售检票系统

13.1　一般要求

13.1.1　自动售检票系统（AFC）应满足运营管理需要，具有可靠、安全、快速处理票务的能力，实时监控系统运作。

13.1.2　AFC 由中央计算机系统、中央编码系统、车站计算机系统、车站售检票设备和网络设备作为基本构成并留有警示系统接口，实行中央计算机系统和车站计算机系统两级监控。

13.1.3　AFC 系统应能自动控制进出站客流，实行封闭式票务管理。

13.1.4　AFC 软件、硬件配置及组网，宜具有先进性、灵活性和兼容性，并易于升级换代。

13.1.5　AFC 拟采用磁卡、非接触式智能卡（IC 片）车票，循环使用。

13.1.6　地铁运营使用的车票种类，一般分为单程票、储值票、出站票、员工票、参观票、月票、测试票等几种类型。其中：储值票包括成人储值票、学生储值票；单程票包括成人票、特惠票、学生 / 小童票、纪念票等。

13.1.7　票务原则：

1）采用计程、计时票价制。

2）为便于乘客乘车方便，地铁网在站内换乘时，实行联乘制。

3）为了合理收费，宜实行分段计费。

4）AFC 系统应具有按不同时间段或不同日期自动启用运营票价表、非高峰期票价表、节假日票价表的功能。同时按社会福利发展需求，其票价表又可分别使用成人票价表、特惠票价表和学生票价表。

5）车票必须经中央编码机初始化后方可使用储值票，可在中央赋值、车站及代销点发行，车站重复充值。单程票由车站自动售票机发行，出闸机回收，单程票仅限当日发行站使用。

13.1.8　AFC 系统应具有车票加密功能和防伪功能。

13.1.9　AFC 系统计算机具有防病毒软件能力。

13.1.10　当使用 IC 卡储值票时，为充分发挥 IC 卡的功能，地铁除具有处理地铁自行发行的储值票外，最好也能对“城市一卡通”车票进行处理。

13.1.11　AFC 系统应具有详细的运营记录，并可产生票务统计、财务统计、客流统计报告，以及系统设备故障记录报告。

13.1.12 AFC 系统各级设备应具有一定的独立工作和暂存信息的能力，中央或车站计算机系统故障或通信信道故障时，均不能影响车站设备正常工作及数据丢失。故障恢复后，能准确收集故障期间的各设备的全部运行信息。

13.1.13 AFC 系统应具有抗电磁干扰能力。

13.1.14 AFC 系统应具有较高的可靠性、可维护性和可扩展性。

13.1.15 AFC 系统应具有对外来侵入的防范能力和伪劣票防范能力。

13.2 车票

13.2.1 车票规格及形式，应便于携带、耐用、方便设备处理，尺寸规格应符合标准。

13.2.2 单程票和出站票可选用磁卡车票，当非接触式可读写 IC 卡成本较低（如简易筹码式 IC 卡），以及具有相适应的处理设备时，也可采用 IC 卡单程票，以减少磁卡处理设备的维护量。储值票和员工票宜采用非接触式可读写 IC 卡。

13.2.3 IC 卡应选用塑料基板内封装芯片及天线，非接触式可读写，读写距离一般选择 0 ～ 10 cm。若地铁车票全部使用 IC 卡和使用“一卡通”IC 卡时，应选择同一标准卡，读写设备应能兼容。

13.2.4 各类车票应以颜色和图案相区分，并标明类别名称。

13.2.5 车票具有独立密钥管理功能。

13.3 自动售检票设备

13.3.1 车站售检票设备宜包括自动售票机、半自动售票机、自动检票机（进站闸机、出站闸机、进出站双向闸机）、验票机、储值票充值机、兑零机等，有条件的可配置信用卡转账充值机。

13.3.2 自动售票机应满足下列技术条件：

1）按乘客选择票价自动发售单程票。

2）仅接受中华人民共和国人民币 5 角、1 元硬币，并适当预留多种硬币发展的条件。有条件可配置纸币处理器，接受 5 元、10 元纸币。

3）盘面乘客使用指示清楚明显，操作简单方便。当城市地铁建设达到两条地铁线以上并实现联乘时，或者计费区超过 10 个区域时，应采用触摸屏显示器作为操作界面。

4）售票机处理速度不大于 2 s。

5）钱箱采用防盗柜式结构，票盒和钱箱具有防盗报警功能。

6）具有车票发行数量、票款自动统计、信息输出功能和设备状态显示功能。

7）具有自动找赎功能。当机内无找赎硬币时，操作面上应及时有“无找赎”提示。

8）当一张票未出售前，旅客可按压取消按钮终止操作，投入钱币自动退回。

9）当钱箱渐满或票盒快空时，应向车站计算机发出提示信号。当钱箱装满或票盒空时，应自动停机，并向车站计算机发出报警信号。

10）对每一张票读写处理应进行编码校验，如不能正常读写或编码错误，则该票为损坏票，应自动回收到回收箱中。若连续三张票发行不成功或出现卡票，应自动停止服务，并向车站计算机发出设备故障报警信号。

11）当出现停电时，应有 UPS 支持自动售票机完成票处理，并自动停机。

12）技术性能应符合地铁使用的环境条件。

13.3.3　半自动售票机应满足下列技术条件：

1）可进行人工发售单程票、储值票、出站票。

2）可对储值票进行充值。

3）对超程、超时乘客补费办理退票。

4）售票过程应有票务、财务的详细记录。

5）解决旅客票务纠纷，检验、分析有疑问车票数据，对已损坏的车票更换新票。

6）系统具有安全措施，防止非法进入。

7）当停电时，应有 UPS 支持完成票处理及系统退出。

8）技术性能应符合地铁使用的环境条件。

13.3.4　自动检票机应满足下列技术条件：

1）控制旅客进出站，检验车票的有效性，有效票放行，无效票禁止通行。

2）出票机根据车票种类按票价表计算乘车费用，扣除车费，阅写余额，并有余额显示。当车费不足时，禁止通行。

3）检票机每张票读写处理速度不大于 300 ms。

4）具有进出站客流记录、扣除车费记录、黑名单使用记录，并具有信息输出功能。

5）具有紧急开启功能。

6）出站能自动回收单程票、出站票，票盒渐满时应发出提示信号。票盒满时应自动停机，发出报警信号。

7）对员工、特惠票、黑名单票的使用应有声光报警（可由车站计算机设置此功能），以便站务人员监督。

8）检票机可选择门式或三辊转动式，检票机入口端应有通行标志，当站厅空间有限或进出站客流流向不均时，可选择双向检票机。

9）停电时，应有 UPS 支持完成票处理，并停机，处于释放状态。

10）技术性能应符合使用的环境条件。

13.3.5　自动充值机应满足下列技术条件：

1）具有给储值票充值功能。

2）自动识别 50 元、100 元纸币，对假币具有防伪能力及告警功能。

3）充值机操作盘面上应设有供乘客充值及验票操作指示，人机界面简单、清晰，操作简单。

4）充值机采用防盗柜式结构，并有防盗报警。

5）充值机机门、钱舱门采用自动锁闭、密码开启，或者采用钥匙锁，输入员工码开启。

6）具有车票和票款统计功能。

7）停电时，应有 UPS 支持完成票处理。

8）技术性能应符合地铁使用的环境条件。

13.3.6　验票机应满足下列技术条件：

1）提供给旅客查询车票的信息。

2）显示车票中资金余额、车票类别及使用有效期。

3）技术性能应符合地铁使用的环境条件。

13.3.7　自动转账机应满足下列技术条件：

1）自动转账机除与 AFC 系统联网外，还需通过市话网连接银行系统，接口采用国际标准通信接口，并满足银行系统要求。

2）仅限使用联网银行信用卡，将银行账户中的存款按操作选择的金额转入储值 IC 卡中。

3）能自动打印票据。

4）停电时，应有 UPS 支持完成票处理。

5）自动转账机应具有安全防侵入能力。

6）技术性能应符合地铁使用的环境条件。

13.3.8　初始编码机应满足下列技术条件：

1）初始化新车票，编入车票种类、批号、安全码等有关信息。

2）能批量生产储值票。

3）停电时，应有 UPS 支持完成票处理。

4）技术性能应符合地铁使用的环境条件。

13.4　计算机系统

地铁 AFC 系统由中央计算机及车站计算机两级构成，实现对车站 AFC 设备进行监控，并完成数据处理。

13.4.1　中央计算机系统应满足下列要求：

1）中央计算机系统应满足远期发展容量的要求。系统软、硬件配置应具有先进性、通用性、兼容性和扩展性。中央计算机系统应采用大型并行数据管理系统，并采用磁盘镜像技术保存数据文档，提高系统的可靠性和数据的安全性。

2）中央计算机系统应保证日常运营工作稳定，适应多业务的发展，合理、经济分配网络带宽。

3）中央计算机可监控车站 AFC 设备工作状态，每 2 s 接收一次车站 AFC 设备状态信息，每 5 ～ 15 min 接收一次处理信息。

4）下达运营控制参数，建立维修档案，并可向维修部门提供各车站 AFC 设备故障报警信息及故障类型。

5）能编制高峰期票价表、非高峰期票价表、节假日票价表、特惠票票价表等种类，并能设置启用时间表，下达车站执行。

6）能进行每日客流、票务和财务收入统计，并可按种类打印输出统计报告。

7）对车票进行跟踪管理，储值票应具有前 5 次使用记录。

8）按不同的部门、不同的工种设置工作终端。

9）中央计算机通过通信数据传输网，与车站计算机实行点对点通信，采用标准通信接口。

10）可编制 500 个以上系列号的黑名单，并下达各车站，实行追踪检查。

11）具有 30 min UPS 支持。

13.4.2　车站计算机应满足下列要求：

1）车站计算机可监控本站售检票设备工作状态，每 2 s 接收一次设备状态信息，每 15 min 接收一次设备处理信息，并具有车站设备图形显示，采用图形颜色反映设备状态。

2）能进行每日客流、票务和财务收入统计，上报中央计算机，并可按种类选择打印统计报告。

3）接收中央计算机控制指令及控制参数，控制车站设备运行。

4）车站计算机与中央通信故障时，车站计算机可脱机独立工作，并具有 7 日以上数据保存能力，并可采用磁盘或光盘交换信息。

5）车站计算机具备下载车站 AFC 设备应用软件的功能，以方便维修人员对设备软件进行更换或升级换代。

6）车站计算机应满足远期增加设备的接口要求。

7）具有 30 min UPS 支持。

13.5　系统接口要求

13.5.1　AFC 系统车站计算机通过通信数据传输系统与中央计算机实现联网，应与通信系统协调，采用国际标准接口。

13.5.2　车站建筑规模应满足 AFC 系统远期设备安装要求。

13.5.3　应与建筑装修协调，预留 AFC 管线通道，设备安装与旅客指示牌、广告牌协调统一。

13.5.4　应与电力专业协调，确定 AFC 系统的供电要求、用电负荷及用电等级。

13.5.5　中央计算机与时钟系统联网，实现本系统时钟的统一。

13.6　售检票用房与维护管理体制

13.6.1　车站计算机及网络设备应尽可能设置在车站控制室内，车站需要配置票务管理用房和售票亭。

13.6.2　中央应设置中央计算机设备房、工作站室、编码室、车票储存室及生产管理用房。

13.6.3　机房工艺要求符合《地铁设计规范》（GB 50157—2013）及建筑标准的规定。

13.6.4　由于地铁行车密度大、速度快，为维修提供了交通方便，一般按集中维护队伍及检修车间设置，集中检修、统一管理。若线路太长，应考虑在部分车站设置维修工区。

13.6.5　检修车间应配置必要的检修设备和仪器仪表，维修工区配置便携式维修工具和仪表。

13.6.6　AFC 系统及设备应具一定量的硬件备件，以满足日常维护需要。

14　通风空调系统

14.1　一般要求

14.1.1　通风空调系统在正常运行时，应能为地铁乘客提供一个往返于地面至列车内的过渡性舒适环境。

14.1.2　通风空调系统应能满足地铁车站内各种设备用房和管理用房不同温度和湿度及换气次数要求，保证地铁内的工作人员和运行设备有一个良好的工作环境，确保设备正常运行。

14.1.3　列车发生阻塞事故时，通风空调系统应能向阻塞区间隧道内提供一定通风风速，并使列车周围环境温度满足要求，确保列车通风空调系统正常运行。

14.1.4　地铁内发生火灾时，通风空调系统应能够疏散乘客提供一定风速的迎风新风，诱导乘客安全撤离事故现场，并迅速排除烟气。按区间隧道内、站台层、站厅层、设备及管理用房区同时只有一处发生火灾进行设计。

14.1.5　通风空调系统设计方案应在 SES 程序或其他有效程序模拟计算的基础上研究分析确定。

14.1.6　在确保通风空调系统功能的前提下，设备选型应符合安全可靠、技术先进、经济合理和本地化的原则。

14.1.7　通风空调系统应按各设计年度的晚高峰运营条件进行负荷计算，取其控制者。

14.1.8　通风空调设备布置应按远期选型数量进行设计，土建一次到位，设备安装则需考虑近期与远期分期实施的经济价值及工程实施可能与需要。

14.2　通风空调系统制式

14.2.1　通风空调系统制式分为屏蔽门系统和非屏蔽门系统两大类。只有需要设置空调的车站才考虑屏蔽门系统。非屏蔽门系统又可分为闭式系统、开式系统、开 / 闭式系统三种，开式系统及开 / 闭式系统对外必须设置活塞通风道（井），同时可搭机械通风，闭式系统则不设置活塞通风道（井），根据使用场所不同，分为车站通风空调、区间隧道通风和车站设备管理用房通风空调系统。

14.2.2　通风空调系统制式的确定应结合工程实际，并对各系统进行全面技术经济比较。

14.3　通风空调系统组成

14.3.1　屏蔽门系统应由以下四个系统组成：

1）车站公共区（站厅、站台）通风空调系统（简称大系统）。

2）设备及管理用房通风空调系统（简称小系统）。

3）空调冷源系统（简称水系统）。

4）隧道通风系统。隧道通风系统又由以下三个子系统组成：

（1）区间隧道通风系统（车站之间的隧道部分）。

（2）车站隧道排热系统（车站范围内屏蔽门外侧行车空间部分）。

（3）隧道降温系统（计算需要在区间隧道和车站隧道内采取降温措施时才存在此系统）。

14.3.2　非屏蔽门系统应由以下四个子系统组成：

1）车站公共区（站厅、站台）通风空调系统（简称大系统）（站台包括车站范围行车道空间）。

2）设备及管理用房通风空调系统（简称小系统）。

3）空调冷源系统（简称水系统）。

4）区间隧道通风系统（简称隧道通风系统）。

14.4　主要设计参数及标准

14.4.1　外界大气通风空调计算参数：

1）夏季空调计算参数：

（1）早高峰干球温度 t，相对湿度 φ。

（2）晚高峰干球温度 t，相对湿度 φ。

2）夏季通风计算干球温度 t。

3）冬季通风计算干球温度 t。

以上各种参数及标准均可参照有关规范查出。

14.4.2　地下车站通风空调设计标准：

1）温、湿度：

（1）站厅：干球温度 t，相对湿度 φ（可参照有关规范及本地气象资料确定）。

（2）站台：干球温度 t，相对湿度 φ（可参照有关规范及本地气象资料确定）。

（3）列车内：$t = 27$ ℃，$\varphi = 65$ %rh。

（4）隧道内：$t \leqslant 35$ ℃。

2）人员新风量：空调季节每个通风计算人员不小于 20 m^3/（人 · h），且新风量不应小于总风量的 10%。非空调季节每个通风计算人员不小于 30 m^3/（人 · h），且车站换气次数不小于 5 次 /h，隧道内换气次数不小于 3 次 /h。

3）风速：

（1）风亭格栅风口：≤ 4 m/s。

（2）风阀：≤ 10 m/s。

（3）风管、干管：≤ 10 m/s。

（4）支管：≤ 6 m/s。

（5）风道及风井：≤ 6 m/s。

（6）消声器片间：≤ 12 m/s。

（7）排烟金属风管：≤ 20 m/s。

（8）排烟圬工风道：≤ 15 m/s。

（9）站台上的活塞风速：≤ 5 m/s。

4）噪声：

（1）站厅、站台：正常运营时≤ 70 dB（A）。

（2）事故运营时：≤ 80 dB（A）。

（3）列车进站时：≤ 82 dB（A）。

（4）管理用房内：≤ 60 dB（A）。

（5）环控机房内：≤ 90 dB（A）。

（6）地面：按《声环境质量标准》（GB 3096—2008）执行，一般城市交通干道两侧白天≤ 70 dB（A），夜间≤ 55 dB（A），风亭风口及冷却塔靠近居民住房时夜间≤ 45 dB（A）。

5）事故通风：

（1）列车阻塞时：单洞隧道断面风速＞ 2.0 m/s，且列车环境温度为 40 ℃。

（2）列车火灾时：隧道断面风速≥ 2.0 m/s，且不低于烟气逆向分层流动的临界风速值。

（3）站厅火灾时：站厅至站台的楼梯、自动扶梯通道口向下气流风速不应低于 1.5 m/s。

（4）车站火灾排烟风量不应低于 60 m^3/（h · m^2），排烟设备应按同时排除两个防烟分区风量配置。

（5）隧道排烟通风设备耐高温标准为 150 ℃、持续运行 1 h，或 280 ℃、持续运行 0.5 h；车站内的排烟设备耐高温标准为 280 ℃，持续运行 0.5 h。

6）空气质量标准：CO_2 浓度≤ 0.1%；含尘浓度≤ 0.5 mg/m^3。

14.4.3 地面车站、车辆段与综合基地用房主要设计参数、标准可参照地面建筑有关设计规范。

14.5 负荷计算

14.5.1 车站大系统空调通风负荷计算，宜采用计算表和 *i—d* 图来反映其计算结果。负荷计算表内容应包括人员、照明、设备（自动扶梯、电梯、售检票机等）、出入口通道、活塞风（屏蔽门）、列车停车、结构壁面、热库等的散热量和散湿量值、热混比 ζ、风量值等。*i—d* 图应标明各计算点焓值。负荷计算表与 *i—d* 图应互相对应统一。

14.5.2 隧道通风系统应绘制系统节点图，模拟计算正常运行、列车阻塞工况，列车火灾工况，计算结果应为节点风量、风速及温度值，节点风量必须闭合，风速、温度必须满足要求。

14.5.3 车站小系统负荷计算，应在相关专业提供所在用房、设备发热量资料的基础上进行，并符合现行《地铁设计规范》（GB 50157—2013）的规定。

14.5.4 负荷的各种计算在理论上应完全闭合，其计算误差不宜超过 5%。

14.5.5 负荷计算应按近期和远期客流等资料分别进行，以作为研究设备分期安装问题的依据。

14.6 大系统设计

14.6.1 大系统宜由空调机组、回 / 排风机、全新风机、空调新风机及对应的送风管路和回 / 排风管路等组成，其中全新风机和空调新风机的设置由计算确定。

14.6.2 大系统设备宜布置于车站两端，各负责半端车站空调通风负荷，也可集中布置于车站中部向两端送风，困难时也可布置在车站一端。

14.6.3 车站通风空调设备宜按两台设计，以便结合近期与远期负荷分期安装。

14.6.4 空调机组进风端宜设混合室（箱），送风端宜设送风静压室（箱）。

14.6.5 通风管路上根据控制需要设置必要的联动风阀、电动风阀和风量调节阀。

14.7 小系统设计

14.7.1 车站控制室、站长室、票务管理室、值班员休息室、会议室、问讯室、更衣室、公安及安全值班室、信号设备室、信号电源室、通信设备室、通信电源室等有人员活动的房间及重要电气设备用房需要进行空调设计。

14.7.2 除上述需要空调的房间外，其余所有房间和通道均需进行送风、排风系统设计，其中卫生间、茶水间仅需设置排风系统。

14.7.3 降压变电所、牵引降压混合变电所（牵引变电所）热负荷较大，根据负荷大小，可采用空调制冷降温，以减少风量及风管外径尺寸，空调机是否需设回风由计算确定。

14.7.4 环控电控室、通信设备室、信号设备室、降压变电所、牵引降压混合变电所等有气体保护的重要电气设备用房，应按照火灾时房间密闭、火灾后排气进行设计。

14.7.5 按照建筑布置平面，小系统可分片区系统进行通风空调设计，一个车站分区系统不宜过多、过细，以免设备和风路过多，布置困难，控制复杂。

14.7.6 各通风管路上应按照控制工艺要求和系统调试需要设置相应的联动风阀、电动风阀和手动风量调节阀。

14.7.7 车站小系统的新风宜从大系统的新风亭引入，排风宜从大系统排风亭排出，布置困难时可从站厅、站台公共区采取新风或排风排到站台列车出站侧的行车线路空间去。

14.8 空调冷源（水系统）设计

14.8.1 地铁车站空调冷源宜采用冷水机组。

14.8.2 多个车站设一个冷冻站进行集中供冷，还是每个车站分散设冷冻机房供冷，应根据当地的实际情况和技术、经济比较确定。

14.8.3 分散供冷时冷冻机房宜设于车站一端，以减少地面冷却塔协调工作量，必要时也可在车站两端各设一个冷冻机房。

14.8.4 大系统的冷水机组宜按两台（及以上）设置，以便分期安装或互为备用。小系统冷水机组宜为单台设置，且管路宜与大系统并联，以便大小系统相互补充、互为备用。小系统冷源如果独立设置，应考虑备用的问题。

14.8.5 冷水机组、水泵、冷却塔数量宜对应配置，不另行考虑备用量。

14.8.6 水系统管路上应根据控制、调节、安装调试检修及专业设计要求设置相应的集水器、分水器、过滤器、水处理器、电动阀、手动阀、止回阀、压差计、水流开关、膨胀水箱、压力表、温度计、伸缩带和软接头等。

14.9 隧道通风系统设计

14.9.1 屏蔽门系统的隧道通风设备有隧道通风机、车站隧道排热风机以及用于长隧道或双线隧道、渡线等处的射流风机等，其设施有活塞通风道与机械通风道（井）及对应风亭，车站行车道顶排热风管与站台下排热风道等，其中除射流风机和隧道降温设备由系统设计与计算确定取舍外，其余均是必不可少的。

14.9.2 非屏蔽门系统的隧道通风设备，宜包括隧道通风机、推力风机、隧道洞口空气幕风机以及用于长隧道或双线隧道、渡线等处的射流风机；隧道通风设施宜包括迂回风道、活塞通风道与机械通风道（井）及对应的风亭等，其中隧道通风机及其对应的风道风亭和迂回风道是必不可少的，其余的风机及活塞通风道则根据各车站实际的系统设计与计算进行取舍。

14.9.3 本系统各种风机的选型、风量、风压功率，活塞通风道数量、位置、过风面积，迂回风道过风面积，车站行车道顶排热风管和站台下排热风道形状尺寸等均应在系统设计中计算确定。

14.9.4 隧道通风设备宜设在区间隧道两头，即车站两端，区间隧道是否设中间风井由系统设计计算确定。

14.9.5 隧道通风设备，布置方案应满足系统设计功能要求，活塞通风道长度及其风道转弯数量应符合系统设计规定，超出规定时需要采取相应的工程措施。

14.10　防排烟系统设计

14.10.1 大、小系统中的排风系统，宜兼有排烟功能，没有排风系统的地方，必须设置专用排烟风机。

14.10.2 大小系统的送、排风管穿越楼板、防火墙时均应设置防火阀（常开、自动关闭、手动关闭、输出电信号、手动复位）。送风管上为 70 ℃温感自动关闭，排风管上为 280 ℃温感自动关闭。

14.10.3 受气体保护房间的送排风管在向保护房间送风、排风的风管上设置防烟防火阀（常开、70 ℃温感自动关闭、电信号关闭、手动关闭、输出电信号、手动复位）。

14.10.4 风路上需要具备风量调节功能又需要设防火阀时，宜按风路调节阀和防火阀分别设置。

14.11　设备选型

14.11.1 设备选型应根据负荷计算（系统冷量、通风量、排烟风量等）和工程的具体情况选定。

14.11.2 设备选型时的安全系数取值应满足下列要求：

1）冷量、风量、水量：$K = 1.10 \sim 1.15$。

2）风压、扬程：$K = 1.10 \sim 1.15$。

14.11.3 设备选型结果应汇总为设备表，以下设备的技术参数必须列入，并对电机功率进行汇总计算。

1）冷水机组：型号、制冷量、冷冻水量及其进 / 出水温度、冷却水量及其进 / 出水温度、电动机输入功率、外形尺寸。

2）空调机组：型号、冷量、风量、机外余压、水流量、水阻力、表冷器排数、电动机功率、外形尺寸。

3）风机：型号、风量、风压、效率、转速、噪声值、电动机功率。

4）水泵：型号、流量、扬程、效率、轴功率、电动机功率、转速。

5）冷却塔：型号、水量、电动机功率、噪声值。

14.12　机房布置设计

14.12.1　车站范围内的隧道通风设备布置，应满足系统功能的要求，并应进行方案比选，使其土建工程量最小、工程费用最低。

14.12.2　环控机房布置时，应满足设备控制操作、安装检修方便的要求，并力求做到各系统统一考虑、合理安排、布置紧凑。

14.12.3　机房布置设计应充分考虑设备安装、运输、吊装条件。吊装孔的大小应按设备（不分解）的最大尺寸确定，吊装孔宜与通风孔洞结合设计，吊装孔上方应设吊钩。

14.12.4　环控机房内的排水设计，空调机组、冷冻机房内应设排水沟。

14.12.5　噪声较大的水泵宜设独立的水泵房。

14.13　风道（井）、风亭及冷却塔设计

14.13.1　地面风亭设于人行通道旁时，风亭格栅底部距地面高度不应小于 2 m，各风口应尽量错开方向，相互之间及距其他建筑物门窗的净距离均不应小于 5 m。进风口与排风口同在一立面时，进风口应在下方，排风口在上面。活塞风口按进风、排风两个方向考虑。所有进风口均应设于空气不受污染的地带。

14.13.2　冷却塔宜设于自然通风良好的地方，且距地铁出入口、进风口及居住房屋的门窗不应小于 6 m。

14.13.3　风道(井)、风亭及冷却塔均应做好防水、排水设计，外界水流不得流入地铁内。

14.13.4　风道（井）、风亭均应设检查门、检查梯及检修通道。

14.14　消声、减振及保温设计

14.14.1　设备选型时应选择噪声小、运转平稳、性能良好的设备。

14.14.2　地铁环境噪声设计标准应符合 14.4.2 第 4 条的规定，各种运转设备对外（通过风亭传至地面外界）、对内（通过风管传至站厅、站台及设备管理用房）消声器的设置均应进行计算分析后确定。

14.14.3　各种运转设备均应随机配置减振设施并确认噪声符合国家标准，风管、水管宜设减振支吊架及软接头。

14.14.4　空调风管、水管均应设保温层，保温层厚度由保温材料性能计算确定。

14.14.5　消声器设置时，应满足设备安装、检修、清洁等要求，风道内宜设片式消声器，并要有活动装置作为通道使用。大型壳式消声器宜采用拼装形式。活塞通风道（井）内不宜设置消声器，只在边墙贴吸声材料。

14.14.6　消声器的吸声材料及保温材料均应选用无毒、不燃材料，并具有良好的防潮、防腐、耐久和易于清洁等性能。

14.15　空气净化处理

14.15.1　车站大系统的空调机组应设初效过滤器一次滤尘。

14.15.2　小系统的各进风管路需要设置过滤器。

14.15.3　活塞通道（井）内不设过滤设备。

14.15.4　各种过滤器的设置应便于清洁操作。

14.16　工艺图设计

14.16.1　工艺图设计内容主要有系统图、温湿度监测点布置图、显示量与控制量统计表、控制模式设计、风阀功能与控制要求表、系统编号与设备编号对照表等。

14.16.2　设计图中的设备材料编号宜与系统编号一致，不一致时需要做出两者的对照表。

14.16.3　地铁通风空调设备的显示量与控制量应满足下列要求：

1）隧道通风机、射流风机：

显示量：正转、反转、关机、事故报警 4 个。

控制量：正转、反转、关机 3 个。

2）其他风机、空调机组、冷水机组、水泵：

显示量：开机、关机、事故报警 3 个。

控制量：开机、关机 2 个。

3）各种电动风阀和水阀：

显示量：开、关 2 个。

控制量：开、关 2 个。

14.16.4　隧道通风系统控制模式设计，按正常运行、阻塞事故运行、列车火灾事故运行考虑；车站环控大系统与水系统控制模式按正常运行（又分空调季节与非空调季节运行）、火灾事故（又分站厅火灾与站台火灾）运行考虑；车站环控小系统控制模式有正常运行与火灾事故运行两种工况。其中大系统和水系统中的隧道通风事故工况，可配合全线隧道通风系统工艺进行设计，两者应相互配合，协调一致。

14.16.5　隧道通风与车站通风空调控制模式设计，对每一种工况控制模式均应有控制模式编号。

14.16.6 控制与显示应按中央控制室、车站控制室、就地（或环控电控室）控制三级设计。三级控制的内容如下：

1）中央控制室：对全线隧道通风设备进行显示与控制，控制为模式控制。对各车站大系统和水系统主要设备进行显示。

2）车站控制室：对本站范围内隧道通风设备和控制风阀进行显示与控制（控制为模式控制且与相邻车站联锁），对本站大、小、水系统各种设备及电动控制风阀和水阀进行显示与控制。

3）就地（或环控电控室）控制：对所在位置的各种设备及电动控制风阀和水阀进行控制与显示。

14.16.7 工艺图的设计应与运营管理模式相协调一致。

15 给水排水系统

15.1 一般要求

15.1.1 地铁给水系统包括生产生活及消防给水系统。

15.1.2 地铁排水系统包括污水、废水及雨水系统。

15.1.3 地铁消防系统包括水消防系统、气体灭火系统及建筑灭火器配置。

15.1.4 给水系统应安全可靠，能保证全线各用水点对水量、水压、水质和水温的不同要求，并应贯彻节约用水和综合利用的原则。

15.1.5 排水系统应能及时排除各站、点、段及区间产生的污、废、雨水，渗漏水；排水应通畅，并便于清通。

15.1.6 地铁消防系统应做到“安全有效、经济合理、技术先进”。

15.1.7 给排水及消防设备和材料选用要求如下：

1）设备应技术先进、性能优良、可靠性高、规格统一、便于维修。

2）管道材料应经久耐用，便于安装维修。出入地铁的金属管及在有杂散电流分布地点设置的设备，应采取防止杂散电流腐蚀的措施。

15.1.8 设计中所有与城市给、排水管道衔接和污水处理工艺及排放点，应根据当地有关规定报请主管部门审批或与当地管理部门达成书面协议。

15.2 给水系统

15.2.1 地铁各用水点水源应采用市政供水。每个站、段、点应设两条独立的引入管，引入管应从城市不同的环状干管接入。如从同一干管接入，应采取相应的保证措施，以确保供水的可靠性。

15.2.2　给水方式应根据当地的自来水供水情况经计算确定。地下站宜采用直接供水方式，站内生产生活系统和水消防系统宜分开设置。水消防系统管网应形成环状，其中生产生活系统管网可布置成枝状。车辆段室外采用生产、生活与消防合用管道，干管布置为环状。室内生产生活系统和水消防系统宜分开设置。其中水消防系统管网应形成环状，生产生活系统管网可布置成枝状。

15.2.3　用水量标准应满足下列要求：

1）工作人员按每人每班 50 L 计，时变化系数为 2.5。

2）冷却系统补水量按循环冷却水量的 1.5% 计。

3）冲洗水量应按冲洗方式确定，宜采用 1 L/（m^2 · d）。

4）生产用水量按生产工艺要求确定。

5）各附属建筑物用水量按《建筑给水排水设计规范》（GB 50015—2003）（2009 年版）确定。

15.2.4　管道布置与管材应满足下列要求：

1）站厅层管道宜敷设在站厅层吊顶两侧，每隔 4.0 m 设管支架。

2）站台层管道宜敷设在站台板下，每隔 4.0 m 设管支墩。

3）站厅、站台层应设置冲洗栓，其位置根据冲洗设备确定。

4）管径小于等于 DN80，采用镀锌钢管；大于 DN80，站厅层采用卷焊钢管，站台层宜采用球墨铸铁管，站外采用承插铸铁管。

15.2.5　设备选择及控制：每条引入管应设电动蝶阀，由车站控制室监控，定期互为备用。

15.3　排水系统

15.3.1　排水种类包括污水、雨水、废水三类。

15.3.2　污水系统设计应满足下列要求：

1）污水系统包括工作人员生活污水，污水排水量按每人每班 50 L 计，时变化系数为 2.5。

2）污水经水泵抽升至地面处理后排入城市污水管道。

15.3.3　雨水系统设计应满足下列要求：

1）雨水系统包括车站出入口雨水系统和出入洞线路堑雨水系统。

2）雨水量按重现期为 30 年的暴雨强度计算（出入洞线路堑宜按 50 年），地面集流时间宜按 10 min 计。出入洞线路堑雨水经水泵抽升排入城市排洪管道或河渠。

3）车站出入口雨水经水泵抽升排入城市雨水管道。

4）车辆段与综合基地和地面线路的地面雨水排放属站场排水，不属本专业设计范围。

15.3.4 废水系统设计应满足下列要求：

1）废水系统包括结构渗漏水、消防废水、冲洗废水、冷却系统排水等。同时分为车站废水系统和区间废水系统。

2）车站废水系统包括结构渗漏水、消防废水、冲洗废水、冷却系统排水等。

3）区间废水系统包括结构渗漏水、消防废水等。

4）结构渗漏水量按结构方式确定。在地下水位较高且水量较丰富的地区宜采用 2～3 L/（m^2·d）。其余地区按规范执行。

5）消防废水量按消防秒流量确定。

6）冲洗废水量按冲洗方式确定。

7）冷却系统排水量根据相关专业提供资料确定。

15.3.5 排水泵站的设计应满足下列要求：

1）污水泵房：

（1）地下车站的污水泵房宜设置于卫生间下的站台上。污水池应设置于站台板上。

（2）污水泵宜采用两台潜水排污泵。水泵启动按每小时不超过 6 次考虑。污水泵按一用一备考虑。

（3）污水池容积按不大于 6 h 污水量计算，且不应小于最大 1 台水泵 5 min 出水量。

（4）污水场水管宜采用一条。

2）废水泵站：

（1）废水泵站应设于车站和区间线路纵坡最低点，包括主排水泵站、局部排水泵站、临时排水泵站、辅助排水泵站等。

（2）废水池有效容积不应小于 10 min 结构渗水量和消防废水量之和。主排水泵站废水池有效容积不应小于 30 m^3。

（3）局部排水泵站废水池有效容积，可按 10 min 渗水量和平时该处冲洗水量之和确定。

（4）废水泵宜采用两台潜水排污泵，主排水泵站废水泵能力按消防确定，平时一用一备，消防时同时开启；其余泵站废水泵能力按实际排水量确定，按一用一备考虑。

（5）废水场水管宜采用两条，每条均能通过全部流量。

3）雨水泵站：

（1）雨水泵站应设于出入洞线路堑及车站出入口处，包括入洞口雨水泵站和车站出入口雨水泵站。

（2）入洞口雨水泵站水泵，宜采用 3 台，两用一备，必要时，可以 3 台同时运行。其集水池有效容积不得小于 2 台泵同时工作 30 s 的出水量。场水管宜设 2 条。

（3）车站敞开出入口雨水泵站水泵宜设 2 台，一用一备，暴雨时同时开启（暴雨强度按 10 年一遇）。场水管宜设 1 条。

15.3.6 管材：车站内采用钢管；站外压力排水检查井前采用给水铸铁管，井后采用排水铸铁管或混凝土管；卫生间、站厅地漏及横截沟的落水管采用 PVC 管。

15.3.7　设备控制及显示方式：排水泵采用现场水位自动控制和手动控制，车站控制室能显示水泵运行状况，在危险水位时，能发出声光报警；泵房内设电话插孔。

15.3.8　污水处理：

1）生活污水一般采用化粪池处理后，排入城市下水管道。

2）车站冲洗及消防废水等，直接排入城市下水管道。

3）车辆段含油废水，经隔油、气浮等集中处理达标后，应排入城市下水管。

16　车站其他机电设备

16.1　自动扶梯

16.1.1　自动扶梯包括地铁车站的地面至站厅、站厅至站台或地面至站台各类自动扶梯，设计应满足下列要求：

1）应选用重载荷公共交通型自动扶梯，其设置可参考《地铁设计规范》（GB 50157—2013）。

2）环境条件应按当地气象资料确定。如广州为湿热地带，取 0 ～ 40 ℃，当温度为 25 ℃时，相对湿度为 90 %rh；对于室外自动扶梯，必须能露天全天候工作。

3）地铁工程宜选用运行速度为 0.65 m/s 或 0.5 m/s 的自动扶梯。

4）自动扶梯总台数及布置应按远期超高峰小时各车站客流量计算，设备可按近期设计客流量配置。

16.1.2　自动扶梯设置标准：自动扶梯供电负荷等级应为二级。

16.1.3　自动扶梯主要技术参数：

1）输送能力和平梯级数量如表 16.1.3-1 所示。

表 16.1.3-1　输送能力和平梯级数量

种类	技术参数	
运行速度	0.65 m/s	0.5 m/s
理论输送能力	11 700 人 /h	9 000 人 /h
设计最大输送能力	8 190 人 /h	6 300 人 /h
平梯级数量	上下四块	上下三块

2）梯级宽度：1 000 mm。

3）倾斜角度：30°。

4）上下导轨转弯半径如表 16.1.3-2 所示。

表 16.1.3-2　上下导轨转弯半径

提升高度	≤ 10 m	＞ 10 m
上转弯半径	2 700 mm	3 600 mm
下转弯半径	2 000 mm	2 000 mm

5）工作时间：每日 20 h，全年工作 365 天。

6）大修周期：20 年。

7）电源：交流 380 V，三相五线，50 Hz；220 V，单相，50 Hz。

8）电线、电缆：低烟、无毒。

9）扶栏材料：不锈钢。

10）扶手带：有加强钢丝或钢带嵌装的橡胶扶手带，破断力不小于 25 000 N，阻燃。

11）地板：上下地台设有坚固的不锈钢地板，并有防滑凸纹。

12）梳齿板：工程塑料。

13）桁架：当负载为 5 000 N/m^2 时，桁架最大挠度不超过支座间水平距离的 1/1 500。站厅层和站台层之间的自动扶梯尽量不设中间支座。桁架整体须经热浸锌处理。

14）斜桁架底部做成漏空网状形式，网格尺寸应能让烟头、一般垃圾杂物通过，但不让人手伸入。

15）梯级链、主驱动链和扶手带驱动链均能自动润滑。

16）安全装置应符合相关规范规定。

17）整机性能：空载运行时，噪声不大于 65 dB（A）（在梯级及驱动端盖板上方 1 m 处）；空载运行时，梯级面上，水平振动加速度不大于 0.35 m/s^2，垂直振动加速度不大于 0.4 m/s^2。

18）对室外型扶梯机件，应有特别的抗蚀处理，电气件和安全开关外壳保护按 IP65，电机保护按 IP55，带油水分离器。

16.1.4　自动扶梯的安全装置包括：

1）工作制动器。

2）辅助制动器。

3）超速检测装置。

4）防逆转装置。

5）梯级链保护装置。

6）扶手带断带保护。

7）扶手带速度检测。

8）扶手带入口保护。

9）梳齿板安全开关。

10）裙板安全开关。

11）梯级塌陷保护。

12）驱动链断链保护。

13）去静电装置。

14）梯级运行安全装置。

15）错断相保护。

16）电机过载保护。

17）裙板防触电保护。

18）电路接地保护。

16.1.5　自动扶梯布置和安装要求：

1）按照使用地点不同，自动扶梯可分为室内型和室外型。室内型自动扶梯一般安装在站厅和站台层之间，或带风雨棚的地铁出入口；室外型自动扶梯安装在地铁露天出入口。

2）自动扶梯主机宜设在上水平桁架内。

3）自动扶梯的周围空间，应方便自身的安装、拆卸和维修保养。

4）自动扶梯穿过楼板处，沿洞口应设高度不小于 1 200 mm 的通透栏杆或透明栏板。洞口边缘或柱子边缘与自动扶梯扶手带中心线的水平距离不宜小于 500 mm，若不能满足这个条件，应设三角警示牌。

5）自动扶梯梯级面到顶部洞口处的建筑物底面，垂直净空高度不应小于 2 300 mm。

6）站台层自动扶梯桁架下三角形空间，应设计成封闭房间。

7）车控室设紧急停止按钮，当车站有突发事件时，可使全站自动扶梯停止运转。

8）车控室的机电设备监控装置，应对自动扶梯实施监视功能。自动扶梯向其发送运行状态及故障报警。

9）扶梯下部机坑内不得积水。集水坑设计水位标高应低于自动扶梯坑底标高，应优先考虑自流排水。露天扶梯下端底坑内应有油水分离器（油水分离器由制造厂随机供应），雨水经油水分离后排入集水井，废油定期由人工取出。

10）自动扶梯下部必须设烟感探测器、灭火器和照明。

16.2　电梯

16.2.1　为了满足残疾人乘坐地铁的需要，应在地铁车站出入口和站厅、站台层之间设电梯。

1）电梯可兼作站内搬运设备，故梯种应采用客货两用梯。

2）受覆土厚度限制，地铁车站内宜采用液压电梯。

16.2.2　液压电梯主要技术参数：

1）额定载重量：1 000 kg（13 人）。

2）电梯提升速度：0.63 m/s。

3）工作时间：每日 20 h，全年工作 365 天。

4）工作频率：每小时平均启动次数不大于 60 次。

5）电源：交流 380 V，三相，50 Hz；220 V，单相，50 Hz。

6）用途：客货两用梯。

7）轿厢门尺寸：宽 1 000 mm，高 2 100 mm。

8）轿厢门类型：双扇中分式。

9）特设残疾人专用的扶栏及盲文按钮。

10）液压油缸后置或侧置，传动比 2 ∶ 1。

11）安全装置应符合要求。

16.2.3 液压电梯机房宜毗邻井道，并设于电梯底层。当机房和井道分开布置时，相隔距离应小于 10 m。

16.2.4 电梯机房的设计应符合下列规定：

1）门窗与控制柜、屏、液压站正面距离不应小于 600 mm。

2）控制柜、屏与液压站等机械设备之间的距离不应小于 500 mm。

3）控制柜、屏与液压站维修侧和墙壁之间的距离不应小于 600 mm，与封闭侧和墙之间的距离不应小于 50 mm。

4）机房宜采用水磨石地面，地板负载 1 500 kg/m^2。门宽 1 000 mm，门口设高度 200 mm 的防油堤。

5）由于机房液压站在工作时发热，故机房内应有通风要求：

（1）站厅至站台的电梯机房，应纳入车站通风系统，接入送、排风管道。

（2）地面至站厅的出入口电梯机房，离车站通风系统距离较远时，可按独立换气扇设计，机房换气量按不小于 800 m^3/h 设计，机房下部设百叶窗。

16.2.5 井道：

1）井壁材料应采用钢筋混凝土，壁厚不应小于 180 mm，有良好防水措施。井壁导轨安装点应采用预埋钢板或预埋件。

2）井道底坑应呈水平，做防潮处理。

3）底坑中应设集油坑，集油坑容量与油箱容积等量（500 L）。

4）井道顶板设检修用吊钩，设计负载为 2 500 kg。

5）井道顶部一侧（通大气侧）设 300 mm×200 mm 通气孔。

16.2.6 供电：

1）供电等级：一级负荷。

2）井道内应配永久性照明，两灯间距不应大于 7 m，井道最高点和最低点分别在 0.5 m 以内应各设灯具一盏。

3）井道底坑中应设一个三相 220 V、3 kW 动力电源插座。

4）电梯机房内主电源开关操作机构，应能从机房入口处方便迅速地接近。机房电源箱应设于机房大门一侧，电源箱底至地面高度 1.3 m。

5）机房内动力配电盘上设三相 220 V、3 kW 动力电源插座一个。

16.2.7　电梯轿厢中的对讲电话（或对讲机）和警铃按钮，应接入车站控制室。每台电梯铺设五对线。

16.3　屏蔽门系统

16.3.1　一般要求：

1）屏蔽门系统的设计，包括屏蔽门的门体、门机、电源及控制设备的设计选型、安装以及上述各单元间的接口配合及与相关专业的接口配合。

2）屏蔽门系统功能：

（1）屏蔽门使车站与区间隧道的气流相互隔离，避免区间与车站的冷热气流相互交换，简化车站通风空调系统，降低运营能耗。

（2）屏蔽门将站台与轨道空间隔离，避免乘客跌落轨道造成事故，保证乘客安全。

（3）屏蔽门能够降低列车的噪声对车站的影响，减轻列车活塞风产生的压差变化对车站的不良影响，提高乘客候车的舒适程度。

16.3.2　总体设计标准：

1）屏蔽门设置于地下车站列车正常停车范围内，屏蔽门长度应与列车编组辆数相匹配；乘客门数量及位置与车辆的车门相对应，列车驾驶室门应停在屏蔽门端门外。

2）屏蔽门设计应满足各种运营模式要求，即正常情况下乘客能方便地上下车，故障或灾害情况下乘客能够安全地疏散。为保证紧急情况下疏散乘客，紧急疏散门（EED）的设置必须保证列车停在车站任何位置时，至少有一个车门对准紧急疏散门。

3）屏蔽门系统原则上在驾驶室操作，信号系统为屏蔽门系统提供屏蔽门开、关控制信号。如果信号系统发生故障，则由司机通过就地控制盘进行操作。在屏蔽门控制系统故障的情况下，站务人员可用钥匙或由乘客在轨旁手动将门打开；紧急情况下，乘客推开紧急疏散门；区间疏散时乘客从端门通过。

4）门体采用底部支承或上部悬吊方式固定，设顶梁和立柱以使结构加强且便于安装。门扇为金属框架玻璃门，每扇门的玻璃为一整块，以保证其通透性，玻璃为钢化安全玻璃。金属框架与玻璃之间填充阻燃、低烟、低毒、抗老化性好的密封材料，以保证气密性和防止振动。门的下部设置 390 mm 高不锈钢踢脚板。

5）门体应具有较高的气密性和足够的机械强度和刚度，既能将车站与区间的气流相互隔离，又能承受外力的冲击。还应考虑尽量减少由列车活塞气流引起的噪声和共振。

6）门体尺寸在满足限界要求的前提下，应符合建筑装修和运营的要求，门净开度为 2 000 mm，净高度为 2 150 mm。采用不锈钢框架时，框架深度不超过 250 mm，若采用挤压成型铝合金框架，须保证其机械性能与不锈钢框架一致，深度可向站台侧适当增加，增加幅度不应超过 20%。

7）为保证门动作过程中乘客安全，屏蔽门滑动门与固定门之间的间隙宽度以不夹住乘客手指为宜。屏蔽门系统应具有探测不小于 5 mm 障碍物的能力，遇障碍物时能短时自动解除关门力使障碍物移开，再施力将门关闭。

8）门体设计必须考虑车站机电设备检修时的运输通道问题。有设备需要地铁运输时，按模数要求，4 个门扇及顶箱可在短时间内迅速拆装。

9）乘客门采用电机驱动方式，动力电源宜选用直流 110 V。

10）每个车站设置轨电位限制装置，以限制车门与屏蔽门之间的电位差，其整定值以及门体与站台之间的绝缘均应符合有关的安全标准。

11）每个车站在站台层设备区邻近信号设备房处，设置一个屏蔽门设备室，采用气体灭火保护。远方报警盘设置在站台监控亭内或适当位置。

12）火灾时屏蔽门不作为防火分隔设施。

13）门体材料应防霉菌和抗腐蚀，表面处理符合装修效果的要求。可采用 150 号发纹不锈钢板或表面经阳极钝化处理的铝合金板，其氧化层厚度不应小于 30 mm。

14）屏蔽门顶箱的照明灯和面板可作为站台边缘的照明光带和导向指示牌，其设计应满足装修要求。

15）应注意屏蔽门与站台结构的结合，其安装预埋件的设置须满足结构要求。

16）屏蔽门设计寿命为 30 年。

16.3.3 门体：屏蔽门的门体由顶箱、门槛、顶梁和立柱及框架式玻璃门等部分组成。

1）顶箱：屏蔽门顶箱内设置驱动机构、锁紧及解锁装置、门控单元、控制行程开关及导轨滑块组等，其技术要求如下：

（1）具有防水和屏蔽电磁波的性能，以保证门控单元正常工作。

（2）形状及结构尺寸应满足限界和装修要求。

（3）便于安装调试和运营维护。

（4）采用绝缘法安装。

2）门槛：屏蔽门门槛在有效站台范围内沿站台边缘设置。门槛包括乘客门滑道、与固定门的连接件、紧急疏散门与柱固定件及其自身与站台结构的连接部件，技术要求如下：

（1）保证乘客门正常滑动。

（2）与站台装修面等高，以方便乘客上下车。

（3）具有足够的耐磨性能。

（4）导向槽应方便杂物清理和维修更换。

（5）采用绝缘法安装。

3）顶梁和立柱：屏蔽门的顶梁和立柱为顶箱、门机和门框架的支撑及固定部件，其技术要求如下：

（1）立柱与站台和车站上部梁之间采用绝缘法安装。

（2）几何形状和安装方式符合气密性要求。

（3）采用底部支承方式，立柱柱间距离与车门位置匹配。柱底部应设置垂直位移调节装置，以便调节土建施工误差；在顶部设置自动伸缩节，以补偿建筑物沉降引起的垂直位移量。

（4）柱的材料采用低碳钢，表面做防腐处理。

4）框架式玻璃门：框架式玻璃门包括乘客门（ADM）、紧急疏散门（EED）、固定门（FIX）和端门（FED）。各种门的功能及技术要求如下：

（1）乘客门（ADM）：

①乘客门为正常运营时乘客上下车的通道。每列屏蔽门按列车编组辆数和车型设计，其设置位置与列车车门一一对应。

②每扇门的质量不超过 100 kg，运动时的阻尼符合门机设计要求。

③探测障碍物的厚度不应小于 5 mm。

④门扇的轨旁侧设有开门把手，站台侧设有钥匙孔，两者均可手动开门。把手和钥匙的机械装置均与门机解锁装置联动。

（2）紧急疏散门（EED）：

①紧急疏散门为灾害或故障情况下乘客的疏散通道。每列屏蔽门共设置两组，分别位于首尾两档乘客门之间。每个门由两扇可旋转门组成，在轨旁侧由乘客向站台侧推开。

②门全开时，可向站台侧旋转 90°。

（3）固定门（FIX）：固定门设置于乘客门之间、乘客门与端门之间，门扇固定安装。

（4）端门（FED）：

①每列屏蔽门设置两个端门，位于站台两端屏蔽门与墙壁之间，作为进出区间的通道。站台侧和轨旁侧均设手动开门把手，站台侧把手应有保安机构，并设有钥匙孔。

②端门垂直于站台布置，净开度为 900 mm，向站台墙壁侧旋转。

③固定件采用绝缘法安装。

④门栓的解锁力和推开门所需的力分别不应大于 100 N 和 133 N，以保证紧急情况下乘客能够成功地将门打开。

16.3.4　门机：门机是乘客门的操作机构，由驱动装置、导轨滑块组、门扇连接件、锁紧装置及解锁装置、行程开关和位置检测元件组成。其功能和技术要求如下：

1）驱动装置：驱动装置有螺旋副传动和皮带传动两种方式供选择。

（1）两种传动方式的相同之处：

①驱动装置为电机总成，电机由门控制单元控制。

②采用无刷直流电机，电机工作电压为 110 V。

③电机调速性能和输出转矩，均应满足门扇运动曲线和动力曲线的要求。

④电机在顶箱内，应采用减振安装方式，拆卸方便，便于维修。

（2）螺旋副传动方式：

①每个门机配置一套或两套电机总成和联轴节。

②电机与螺杆之间采用弹性联轴节连接。

③每套螺旋副由一根螺杆和两套螺母组成，配防转动装置，以保证两套螺母在水平方向相对往复运动，使门扇打开和关闭。

④螺杆和螺母采用非自锁螺纹。

⑤滚动螺旋副的传动精度分为 7 级，其滚道面的选择应符合门扇运动的要求。螺旋副应配有预紧及间隙调整装置。

⑥螺杆的轴承应能承受双向轴向力和径向力。

⑦滚动螺旋副及轴承均应有良好的润滑条件。

（3）皮带传动方式：

①每个门机配置一套电机总成和皮带轮传动装置。

②一级传动采用皮带轮时，应设置张紧装置。

③门开关驱动为一级皮带传动装置，采用齿形皮带，传动比为 1∶7.4，并设置方便调整的张紧装置和导向轮。

④皮带应具有足够的强度和阻燃性能。

⑤皮带应适应车站环境温度变化，并有良好的张紧性、耐磨性。

2）导轨滑块组：导轨滑块组位于顶箱内，由导轨、滑轮组、横向定位装置和轴向定位装置组成，用来支撑乘客门上悬，并使其在传动装置的带动下水平滑动，技术要求如下：

（1）导轨具有足够的机械强度和刚度，以承受门扇的重力，并保证在任何情况下具有足够的平直度。

（2）具有足够的耐磨性能和表面硬度。

（3）横向定位装置应保证门扇水平滑动时不倾覆，其间隙符合门扇动态限界的要求。

（4）导轨与滑块的间隙符合标准规定，且滑块具有良好的润滑条件。

3）锁紧装置：锁紧装置将关闭状态中的两扇门锁紧，以防止外力作用时门产生误动作。其技术要求如下：

（1）自动或手动关门时均能将门锁紧。

（2）装置结构简单，动作可靠，更换和维护方便。

（3）锁紧力符合运营条件的要求。

4）解锁装置：

（1）自动解锁：自动开门时，自动解锁装置动作，将门扇锁紧力解除，使门扇能够向两侧滑动。该装置应动作可靠、结构简单，且便于安装和维护。

（2）手动解锁：门扇轨道侧开门把手和站台侧的钥匙孔与解锁装置联动，即把手和钥匙均可完成开门解锁动作，并断开电机回路电源。该装置应动作灵活，结构简单、可靠。

5）位置检测装置：位置检测装置由门锁紧位置检测装置和门关闭位置检测装置组成，技术要求如下：

（1）锁紧位置检测装置：

①检测门打开时是否开到位。

②检测装置的输出信号分别用于行车信号系统及门的控制。

（2）门关闭位置检测装置：

①门关闭到位并锁紧时，关闭位置检测开关动作使顶箱站台侧指示灯熄灭。

②门打开或未锁紧时，该指示灯亮。

16.3.5 供电电源：屏蔽门系统为一级负荷，由双回路 380/220 V 交流电源供电。电源包括门机驱动电源和控制电源，设置在屏蔽门系统的设备室内。其中驱动电源通过顶箱内的端子箱向电动机供电，控制电源向屏蔽门控制系统供电。

1）驱动电源：

（1）驱动电源为直流 110 V，由交流 380 V 电源自动切换箱、隔离变压器、整流充电机、配电盘及蓄电池等设备组成。

（2）在正常供电情况下，整流充电机向屏蔽门驱动装置和 DCU 供电，并对蓄电池进行均充或浮充电。

（3）事故停电时，由蓄电池对屏蔽门驱动装置及 DCU 供电，蓄电池容量应保证站台全部屏蔽门运行 30 min。

（4）驱动电源故障信号应送至屏蔽门控制系统的中央接口盘。

（5）驱动电源的输出回路数应按线路的载流量、压降、导线截面等合理地设置。为保证一路电源故障时门仍能正常动作，门机配电应采用交叉供电方式。电源输出电压应满足电机的技术参数要求。

2）控制电源：

（1）控制电源为交流 220 V、50 Hz，取自隔离变压器的二次侧，作为控制系统中 PSC 的电源和继电器、开关的工作电源。PSC 应配置 UPS 电源。

（2）正常供电情况下，由交流配电箱供电。该配电箱由两路 380 V 电源供电，可在箱内自动切换。

（3）事故停电时，且两路电源都失电的情况下，由 UPS 供电，UPS 容量按系统连续工作 1 h 设置。

（4）控制电源故障信号应送入 PSC。

3）每一车站的站台，应设置一个 15 ～ 20 m^2 屏蔽门系统的设备用房。屏蔽门系统供电设备放置于该房间内。

16.3.6 屏蔽门控制系统：

1）屏蔽门控制系统的组成：屏蔽门控制系统由中央接口盘（PSC）、就地控制盘（PSL）、远方报警盘（PSA）、门控单元（DCU）以及网络设备组成。

（1）中央接口盘（PSC），应设置于站台一端公共区内。每个车站设置一套 PSC。PSC 包含控制器、显示盘、继电器、I/O 接口电路和指示灯等设备。

（2）就地控制盘（PSL），应设置于每个站台的列车始发端，与车辆正常停车时驾驶室的门相对，在控制盘上应设置屏蔽门钥匙开关、控制按钮、门状态指示灯及测试按钮。

（3）远方报警盘（PSA），应设置于站台监控亭内。岛式站台两侧的屏蔽门共用一套 PSA；侧式站台，每站台各设一套 PSA。

（4）如果采用皮带传动方式，每个门的动力驱动装置应配置一个 DCU，安装于门上部的顶箱内。若是螺杆驱动的门机装置，每套滑动门设有两套门机，分别由两个 DCU 控制。每个 DCU 包含控制模块、门状态联锁电路、控制门驱动装置的放大电路、门状态采样和控制 I/O 接口、状态指示器和监视装置。

（5）网络设备：PSC 与 DCU 通过工业局域网和硬线方式连接进行信息交换；PSL 与 PSA 以及 PSC 与 PSA 之间均用硬线方式连接；PSC 与信号系统之间通过继电器触点方式连接；PSC 通过数据线与车站机电设备监控系统联网，将屏蔽门系统的故障状态上送至机电设备监控系统在车控室的工作站。

2）屏蔽门控制系统的功能配置：

（1）控制系统的主要功能：

①屏蔽门控制系统与信号系统进行信息交换，对屏蔽门的开门、关门进行控制，保证屏蔽门的开门、关门与列车车门的开门、关门动作一致。

②控制系统监视屏蔽门（包括电动门和手动门）的开关状态并输出相应的灯光和声音信号，监视系统电源等设备的运行情况，对故障信号进行采集和报警，并在系统内设置必要的逻辑闭锁及解除闭锁的功能。

③通过冗余的 RS422 或 KS485 异步串行通信口与机电设备监控系统相联系，传送屏蔽门系统的操作、状态、报警及故障信号至车站控制室。车控室的车站计算机或模拟显示屏上均可显示屏蔽门的状态，并作档案记录。但车控室不设置对屏蔽门系统进行控制的功能。

（2）中央接口盘（PSC）的功能：

①接收信号系统或 PSL 的开门和关门命令。

②将屏蔽门关闭信号和互锁解除信号送入信号系统。

③监视屏蔽门系统的开门、关门和故障状态。

④可通过 PSC 设置的编程 / 调试接口，对各 DCU 单元内的可编程控制器重新编程。必要时也可采用其他方式。

（3）就地控制盘（PSL）的功能：就地控制盘（PSL）为整个控制系统提供一个能在站台上对屏蔽门进行操作的控制单元，并能显示屏蔽门打开 / 关闭状态的信息。PSL 的主要功能如下：

①控制命令开门与关门通过控制按钮向 PSC 发送。

②解除 PSC 与信号系统互锁关系。具有最高优先级的控制指令。

③ PSL 状态测试。

（4）远方报警盘（PSA）的功能：远方报警盘（PSA）对系统内的报警信息进行集中监视。PSA 所需监视的报警信息如下：

① PSD 开门报警：当控制屏蔽门打开时，控制系统的“PSD 打开”信号消失，仍没有收到门打开的信号，则产生报警。

② PSD 关门报警：系统经重开门保护后仍没有收到“PSD 关闭”信号时产生报警。

③ EED 打开报警：当站台端的 EED 门被手动打开时，在 PSA 上产生报警。

④ PSD/ 信号系统联锁解除：在 PSL 上操作“PSD/ 信号系统联锁解除”控制开关时产生报警。

⑤动力电源故障报警：动力电源产生故障时进行报警。

⑥控制电源故障报警：控制电源产生故障时进行报警。

⑦驱动装置故障报警：驱动装置产生故障时进行报警。

⑧监视系统故障报警：监视系统产生故障时进行报警。

（5）门控单元（DCU）的功能：门控单元用于执行控制命令，采集屏蔽门的状态信息，其主要功能如下：

①接收来自 PSC 的开门与关门控制命令，对屏蔽门进行实时控制。

②将各屏蔽门的状态信号送入 PSC。

③接收 PSC 的指令。

④自动重开门保护。

⑤障碍物检测。

⑥驱动电机保护。

16.3.7　屏蔽门系统的运行模式：

1）屏蔽门系统的正常运行模式：列车进站停在信号系统允许误差范围内后，信号系统自动打开列车门，同时将开门信号通过轨道电路送到车站的信号设备室，并将开门命令送至屏蔽门的中央接口盘（PSC），PSC 通过数据网络把开门命令下达至相应一侧的每一个 DCU，DCU 控制相应的滑动门打开。在列车司机按下关门按钮时，列车门关闭，该命令以与开门相同的途径送到 DCU，滑动门关上。PSC 确认所有的滑动门关到位后，通知信号系统发车。

2）非正常运行模式：在开门信号发出后，滑动门没有打开，列车司机可以在站台侧的 PSL 上操作，打开所有的滑动门。同样，司机也可以在 PSL 上操作关上屏蔽门。如果某一个滑动门不能关好而影响发车，司机在确认没有危险的前提下，可在 PSL 上手动解除屏蔽门系统与信号系统的联锁，发车离站。所有屏蔽门系统出现的非正常情况，均应能在 PSA 上反映出来，提醒站台监控员注意并及时去处理。

16.4　防淹门

16.4.1　功能：地铁线路下穿水域时，为避免隧道意外漏水，危及运行安全，宜在水下隧道两端适当位置设防淹门。

16.4.2　机械设计原则：

1）门体有足够的机械强度和刚度，能承受全部的水压力。

2）有良好的密闭性能。

3）开闭门体的传动机械动作灵活、可靠，并具防水性能。

4）开门状态下门体位置符合本地铁工程建筑限界的规定。

5）应有门体的安全锁定装置（分关门锁定和开门锁定）。

16.4.3 控制系统设计原则：

1）在水下隧道最低点设水位报警装置，报警装置接入车站控制室，并以声、光等方式显示。

2）信号系统与防淹门控制系统联锁。

3）防淹门控制设有车站控制室控制和机房就地控制两种模式。

4）关门动作顺序：经中央控制室同意，撤掉信号联锁→撤除开门锁定机构→关门→关闭轮轨槽止水装置→关闭门下排水管阀门。

5）开门动作顺序：经中央控制室同意，开启门下排水阀门→打开轮轨槽止水装置→开门→锁定门体→恢复与信号联锁。

6）有关信号对防淹门的控制详见本书第 11 章。

16.4.4 机房设计原则：

1）机房内设液压站（采用液传动时）或启闭曳引机构（机械传动），并设电气控制柜，可对防淹门实行就地控制。

2）机房位置应紧靠防淹门，可在机房内直接观察防淹门的动作。

3）机房和车站控制室之间有通道连接，机房应有专用门直通水下隧道。

16.4.5 其他：

1）过江（海）隧道内应设工作人员安全通道，以便出现超常水位时进洞检查。

2）过江（海）隧道线路的最低（标高）点，应设一定容量的集水池，内设潜水泵，按三级水位自动控制。

3）接触网（或接触轨）时，防淹门处应设短锚段，一旦关门时接触线受损，便于修复；接触轨时，要做特殊处理。

4）防淹门关闭前，应通知接触网（接触轨）停止供电。

5）各种管线通过防淹门时，应在门框外预留孔洞中穿越。管线安装后均应有可靠封堵。

17 控制中心

17.1 一般要求

17.1.1 控制中心是地铁运营管理的中枢，设有 ATC、SCADA、FAS、EMCS、

AFC 等系统的中央级监控系统，以及集中通信站，实现全线统一指挥，确保地铁行车安全。

17.1.2 控制中心应包括中央控制室及相应的技术设备用房、辅助机电设备用房、各系统的维修管理用房和必需的行政办公管理用房等。

17.1.3 控制中心的建筑、结构、供电、给排水、防灾报警及通风空调等设计，均应满足控制中心内各系统设备的工艺要求，并符合有关规范、规定。

17.1.4 控制中心是地铁运营管理重要的生产房屋，应具有高度的安全性和可靠性。

17.1.5 地铁作为现代化的交通工具，是城市现代化的重要标志，控制中心是现代化地铁的“窗口”，所以控制中心的建筑结构、立面形式及内部工艺设计，在满足运营管理功能的基础上，根据所在的地理位置，宜建成地铁工程的标志性建筑。

17.1.6 控制中心的建筑规模，应根据线网规划充分考虑满足其他线路的需要，统一规划，留有足够余地。

17.1.7 控制中心的房屋建筑应满足抗震烈度的要求。

17.2　工艺要求

17.2.1 控制中心总工艺布置和中央控制室的布置，均应按以车站运营为主的原则进行，要充分体现为运输和管理服务的主导思想。控制中心各系统设备合分的布局和维护架构与专业设置有关，应尽量节省维护值班人员，提高企业效益。

17.2.2 ATC、SCADA、FAS、EMCS 各系统的调度台，宜集中设在中央控制室，便于地铁的统一指挥和控制。

17.2.3 ATC、SCADA、FAS、EMCS、AFC、通信等各系统的设备用房，按各系统的工艺要求分开布置，应便于各系统的专业维护和管理。

17.2.4 ATC、SCADA、FAS、EMCS、AFC、通信等各系统的设备用房，应位于中央控制室的附近（隔壁或上下层），以便于系统设备间的连接。

17.2.5 控制中心的交流电源必须满足一级负荷的要求，应有两路独立可靠电源，供电质量符合有关规定。

17.2.6 控制中心设一个综合接地系统，接地电阻一般为 0.5Ω 及以下，以满足各系统的接地要求。

17.3　设计分工

控制中心的设计，包括大楼的建筑结构和配套的动力照明供电、给排水、消防、通风空调、防灾报警、电信、综合布线等。信号、电力监控、防灾报警、机电设备监控、自动售检票、通信等各系统，在控制中心的设备布置及设备宜纳入各自的系统。

18 车辆段与综合基地

18.1 一般要求

18.1.1 为满足地铁工程的运营和车辆及设备的维修保养和检修，设车辆段与综合基地。

18.1.2 车辆段与综合基地包括车辆段、综合维修中心、物资总库和职工技术教育培训中心及必要的办公生活设施。

18.1.3 车辆段与综合基地（含停车场）的选址应满足下列要求：

1）符合城市轨道交通线网规划。

2）出入段线宜为双线（停车场除外），并避免切割正线，保证列车出入正线的进路安全可靠、方便迅速、经济合理。

3）避开工程地质和水文地质不良地段。

4）便于电力线路、道路及各种管线的引入。

5）有良好的自然排水条件。

6）有足够的远期发展场地。

18.1.4 车辆段与综合基地的建设应初、近、远期相结合，其股道、房屋和机械设备等均应按近期设计；用地范围应按远期规模控制。当近、远期工作量变化不大时，停车库及检修库可按远期一次建成。

18.1.5 车辆段与综合基地的设计应贯彻节约用地的方针，尽量减少用地范围的房屋拆迁工程。

18.1.6 车辆段与综合基地的设计应贯彻节约能源的方针。

18.1.7 车辆段与综合基地的设计应有完善的消防措施。总平面布置、房屋建筑、设备和材料的选用等均应符合有关防火规范的要求。

18.1.8 车辆段与综合基地的设计应积极推广采用行之有效的新技术、新工艺、新材料和新设备，并应推行设备本地化。选用机具设备时，宜采用国家标准系列产品；选用专用设备时，宜采用标准设备或成熟的设备作标准设备，其中涉及人身、行车安全的设备，必须经有关部门鉴定批准方可使用。

18.1.9 车辆段与综合基地的设计，对其所产生的废气、废液、废渣和噪声等应进行综合治理，并应符合国家和地方现行的治理、排放标准及有关规定。

18.1.10 车辆段与综合基地的设计中，站场、房屋建筑、供电（含电力）、给排水及消防、通风空调各专业设计还应符合《地铁设计规范》（GB 50157—2013）有关规定和现行国家、行业或地方相关标准、规范和规定。

18.2　总平面布置

18.2.1　车辆段与综合基地总平面布置应以车辆段为主体，充分考虑综合维修中心、物资总库和培训中心等设施的功能要求，根据有利生产、有利安全、方便管理、方便生活的原则进行统筹安排。各项设备、设施宜分区布置，并应充分考虑远期的发展条件。

18.2.2　车辆段与综合基地的线路、房屋、设备和设施的布置应根据生产性质、作业要求，并应结合地形、地质、水文和气象条件，充分考虑消防、卫生、通风、采光、绿化、环境保护和城市规划等方面的要求，力求布置紧凑、整齐，经济合理。

18.2.3　车辆段的布置应满足车辆运用和检修的生产特点及要求，力求工艺顺畅、作业方便。

18.2.4　综合维修中心宜靠近车辆段布置，其房屋、设备宜适当集中设置，动力设施和生活办公设施宜与车辆段相应设施共用。

18.2.5　物资总库的布置应方便汽车运输，并有起重运输设备及场地，以便材料及设备的储存和发放。根据需要可设材料线，以便材料设备的运输和装卸作业。

18.2.6　车辆段与综合基地应根据段址地形条件合理布置排水设施。

18.2.7　车辆段与综合基地内应合理布置汽车运输道路和消防通道，段内道路应与外界公路连通。基地内道路应为混凝土路面，主要干道路面宽度为 7.0 m，通行汽车道路路面宽度为 4.0 m，其他运输道路路面宽度为 2.0 m。

18.2.8　车辆段与综合基地应设围蔽设施并设门卫室。围蔽设施应结合当地环境条件，选用通透美观的结构形式和材料。

18.3　车辆段

18.3.1　车辆段的设计应以车辆技术参数和资料为依据。

18.3.2　车辆段的规模应根据配属列车数量、车辆年走行千米、车辆修程、检修周期和停修时间等主要资料计算确定。

18.3.3　车辆修程、检修周期和停修时间应根据车辆的技术标准和质量情况，并结合车辆运用环境、线路条件、人员的管理水平、技术水平等因素综合分析确定。有条件时由车辆供货商提出，作为设计依据。

18.3.4　车辆段的功能和任务应根据本工程的具体情况，充分考虑路网规划中车辆检修运用设备的分布和既有线路车辆检修运用设备功能和规模确定。根据需要选择下列全部或部分功能要求。

车辆段的完整的功能和任务应包括下列项目：

1）本线列车的运用和管理工作，包括列车的停放和段内的调车、编组作业。

2）本线列车的日常维修保养工作，包括列车的日常检查、一般故障处理、清扫洗刷和月检查工作。

3）本线各折返站存车线上的列车技术检查。

4）管辖范围内列车的定期检修工作，包括定修、架修和厂修。

5）本线列车临时故障检修工作——临修工作。

6）段内设备和机具的维修及调车机车、轨道车辆的日常维修工作。

7）本线列车运行中出现事故的救援工作。

8）设计任务书规定的其他任务。

18.3.5 车辆的检修宜采用部件互换修工艺，以缩短车辆检修库停时间。创造条件，逐步过渡到状态修。

18.3.6 车辆检修的方式宜采用定位作业，部分部件可根据需要采用流水作业方式。

18.3.7 车辆段规模的计量单位宜按列位或单元计算。车辆段宜将停车、列检和月检各库合建为一座运用库，其规模应满足本段配属列车的存车能力（可扣除沿线折返线及尽端站存车线的停车列数及检修列车数）。

18.3.8 车辆段应根据作业需要设出入段线、洗车线、试车线和各种库线（包括停车、月检、静调和临修、定修、架修、厂修各库线及调车机停放库线），以及牵出线、调头线、存车线、走行线等。

18.3.9 车辆段出入段线宜采用双线，并充分利用段型，实现两站接轨，以满足列车调头作业和运营中调整需要。出段线还应根据行车和信号的要求，留有必要的转换轨长。

18.3.10 洗车线宜为贯通式布置。为避免洗车作业对其他路径的影响，洗刷设备前后线路的有效长度均不应小于一列车的长度。

18.3.11 为进行车辆检修后的全面试验，应设试车线。试车线应设于车辆段的边缘地带。试车线宜为平直线段，其长度应根据车辆性能试验要求计算确定，并应在线路的适当位置设置不小于半个列车长度的检查坑。为保证安全，试车线应采取隔离措施。

18.3.12 段内应根据调车作业的需要设牵出线。牵出线的数量和有效长度应根据调车作业方式、工作量确定，并符合有关规范的规定。

18.3.13 为停放调车机车，段内需设置调车机车停放库线。调车机车停放库线的数量应根据调机台数确定，并宜按每线停放一台调车机车设计。其中一条库线上应设检查坑。

18.3.14 车辆段应根据功能要求设置相应的库线（包括停车库（棚）线、月检库线和定、架、厂修库线各种检修库线）应根据工艺和作业要求合理布置，月检库线宜采用架空股道，各种库线在库前宜有不小于 15 m 的平直线段。

18.3.15 为完成车辆检修后的静调作业，应设静调线。静调线宜设于定修库内或与月检库线合用。静调线平直线段的长度不应小于列车的长度。静调线应设宽型检查地坑或采用架空股道，并宜于两端及中部分别设踏步或斜坡道。坑深为 1.2 m。静调线宜为零轨（线路标准有较高的要求）。

18.3.16 临修线供临时故障车检修用。临修台位长度宜按停放一列车计算，并应考虑解列作业，满足一辆车架车作业的要求。临修线两侧应根据采用架车设备和作业方式设架车基础。

18.3.17　为满足车辆日常维修、保养、试验和定期检修的要求，车辆段应设相应的生产房屋。车辆段主要生产房屋包括以下三部分：

1）运用生产房屋：停车列检库（棚）和月检库（统称运用库）及其辅助生产房屋。

2）检修生产房屋：定、架、厂修库和临修库及其边跨、不落轮镟轮库、调机库。

3）其他生产房屋：空调检修间、机械钳工间、空压机间、蓄电池间、变电所、车辆段控制中心等，以及其他生产房屋。此外，还应有段综合办公楼、行车公寓、食堂、浴室、门卫等办公及公共生活设施。

18.3.18　运用库中停车列检库（棚）和月检库的设计应符合下列要求：

1）停车列检库（棚）：

（1）车库长度应根据每股道停车列数、车列之间运输消防通道的要求及作业等因素计算确定。

（2）贯通式停车列检库（棚）线宜按每线停放两列车设计，尽端式停车列检库（棚）线宜按每线停放一列车设计。

（3）库（棚）宽度应按铺设股道数、股道间作业、运输通道等因素确定，并符合表 18.3.18 的规定。

表 18.3.18　各种车库主要尺寸参数表　　单位：m

车库种类 项目名称	停车库	列检库	月修库	定修库	架（厂）修库	调机库
车体之间通道宽度（无柱）	1.6	2	3	4	4.5	2
车体与车间侧墙之间通道宽度	1.5	2.0	3	3.5	4.0	1.7
车体距柱子边通道宽度	1.3	1.8	2.2	3.0	3.2	1.5
库内端部通道宽度（由墙内至检查坑端）	4	4	4	5	5	3
注：调机库如是单线库，车体与侧墙（或柱）之间的距离应有一侧不小于 2 m						

（4）库（棚）高度应根据接触网的架设高度和车顶作业要求确定。

（5）库（棚）地面宜为混凝土地面，轨面宜高出库内地面 20 mm。列检股道应设检查坑，坑深宜为 1.2 ～ 1.4 m，其长度根据列车长度确定。

2）月检库：

（1）车库长度应根据每股道检修列位数，并考虑横向通道计算确定。

（2）车库的宽度应根据库内股道数及作业要求确定，并应符合表 18.3.18 的规定。

（3）车库高度应根据车顶作业要求确定。

（4）为便于作业，车库内股道宜采用架空方式设置。股道外侧宜设双层作业平台，以方便车顶作业，作业平台的高度应根据车辆的尺寸和作业需要确定。车顶作业平台应考虑安全防护设施。

（5）车库宜设置辅助生产房屋和工作人员更衣、休息等办公、生活用房。

18.3.19 定、临修库宜合并设置，采用两线或三线库；架修、厂修库应根据检修方式和作业要求设计。

车库的长度、宽度，应根据检修台位数、车辆长度、作业方式和检修工艺要求确定。

车库内应设起重设备，起重设备类型及起重量应根据检修工艺确定。

车库修车线轨面至起重机走行轨面高度应根据架车高度、车顶吊运作业要求，以及起重机规格、型号等因素确定。

18.3.20 车辆段主要设备的配备为保证地铁车辆检修、运用和试验的需要，应设置相应的机械加工、起重、动力、电气、清扫洗刷和检测试验各类设备以及调车机车和各种运输车辆。

18.4 综合维修中心

18.4.1 综合维修中心为地铁供电、通信、信号、自动化设备、机电、工务和建筑等的维修和管理单位，应满足下列功能要求：

1）承担全线的轨道、路基和地面线路防护等工务设施的维修和养护任务。

2）承担全线地下隧道建筑，桥梁、涵洞和各种房屋建筑及室内附属设施、道路、车站装修，各种旅客引导设施的修缮和维护等任务。

3）承担全线通信、信号设备和车上广播设备等的维修任务。

4）承担全线变电所、高中低压电气线路及接触网（接触轨）的维护和检修任务。

5）承担全线通风空调设备、屏蔽门、防淹门、水泵、电机、自动扶梯、电梯等各种机电设备和各种小型运输车辆的维修保养和检修任务。

6）承担全线 EMCS、FAS、AFC 等各种自动化设备的维修和保养任务。

18.4.2 综合维修中心的机构，宜根据各专业的作业性质和有利生产、方便管理的原则设置，宜按下列车间设计原则设计：

1）工务车间：下设焊轨间、机械钳工间和工务维修组等。

2）建筑车间：下设桥隧、房屋修缮队和水暖组等。

3）通信信号车间：下设通信检修分间和信号检修分间。

4）供电车间：下设变电分间、接触网分间和动力照明分间。

5）机电车间：下设机械钳工间和电气检修间等。

6）自动化车间：承担 EMCS、FAS、AFC 及计算机管理系统的维修工作。

18.4.3 综合维修中心应根据生产需要配备生产房屋、仓库和必要的办公生活房屋。房屋的布置宜根据作业要求并结合总平面布置的情况合理布局，其中办公生活房屋宜与车辆段同类房屋合并设置。

18.4.4 综合维修中心应根据各专业的工作内容和工作量配备必要的设备，机械设备宜综合考虑、统一配备，常规设备宜考虑与车辆段共用。

18.4.5 为满足工务检修的需要，应配备轨道探伤、检测车（或设备）和磨轨车。为满足接触网的维修和检修的需要，应根据需要配备接触网检测检修车、轨道车、平板车等工程车。

18.5 物资总库

18.5.1 为满足地铁工程各单位所需机电设备、机具、材料、劳保用品等的采购、储存和发放的管理，应设物资总库。

18.5.2 物资总库宜根据总布置的情况设于车辆段用地范围内的适当位置。

18.5.3 物资总库应设有各种库房和办公、生活用房，各种库房的设计规模应根据需要存放的材料、配件和设备的种类、数量计算确定，不同性质的材料、物资宜分库存放。其中存放易燃品的杂品库应单独设计，并符合《建筑设计防火规范》（GB 50016—2014）（2018 年版）的规定。

18.5.4 为便于材料、配件和设备的装卸及运输，物资总库应配备必要的装卸、起重设备。根据需要可设材料装卸线，其长度满足材料装卸的需要。

18.5.5 为满足材料、配件和设备的运输，物资总库应根据需要配备载重汽车、平板车等运输车辆，应有汽车运输道路，并与车辆段运输道路和外界公路连通。

18.5.6 根据需要，物资总库可设小型柴油库和油泵间，小型油库的设计应符合《汽车加油加气站设计与施工规范》（GB 50156—2012）（2014 年版）的有关规定。

18.5.7 物资总库应有足够面积的露天存放场地，并应设围墙和门卫室。

18.6 车辆段与综合基地的线路、轨道和路基及桥涵

18.6.1 车辆段与综合基地的线路配备应满足功能及工艺要求，做到安全、方便、经济合理。

18.6.2 线路平面及纵断面设计应满足下列要求：

1）出入段线：最小曲线半径不应小于 200 m，最大坡度不应大于 35‰（或根据采用车辆的性能确定）。

2）车场线：最小曲线半径不应小于 150 m；车场线宜设于平道上，困难时库外线路可设在 1.5‰的坡道上；试车线应设于平直道上。

18.6.3 轨道设计应满足下列要求：

1）钢轨：采用 50 kg/m 钢轨。

2）扣件：整体道床线路扣件与地下线路相同；碎石道床线路采用 I 型弹条扣件。

3）轨枕：

（1）道岔及其前后 15 根轨枕采用油浸防腐蚀木枕，每千米 1 440 根。

（2）除上述地段均采用钢筋混凝土轨枕外，出入段线及试车线每千米铺 1 600 根，其他地段每千米铺 1 440 根。

（3）凡设检查坑地段均采用钢筋混凝土整体道床，每千米支点 1 440 对。

4）道床：

（1）库内及车辆段出入段线隧道内部分线路宜采用整体道床。

（2）库外线路宜采用碎石道床，道床厚度不小于 25 cm。

5）道岔：出入段线（正线上出岔）和试车线采用 9 号道岔；车场线采用 7 号道岔。道岔轨型应与连接线路轨型一致，两道岔间插入短轨应符合《地铁设计规范》（GB 50157—2013）的有关规定。

18.6.4 路基宽度、路拱形状、路堤、路堑及边坡等宜参照现行铁道部有关设计规范设计。

18.6.5 路肩设计高程不应小于 1/100 洪水频率（或 1/100 潮水位）+ 波浪爬高值 + 安全高值。

18.6.6 路基排水系统应满足下列要求：

1）出入段线：路基两侧设侧沟。

2）车场内线路：路基排水自成体系，排入附近河涌或城市排水管网。

3）电缆沟排水：宜利用地形采用自然排水，困难时可自成体系，设相应集中机械提升排入附近河涌。

18.6.7 桥涵位置、孔跨、设计标准、建筑材料选用等宜参照现行铁道部有关规范进行。

18.7 房屋建筑

18.7.1 车辆段与综合基地的房屋应满足生产的使用要求，充分考虑所在地区的建筑特点及规划的有关要求，并考虑地区的气候特点，采取适当的防雨、防风、防沙措施。

18.7.2 房屋布置应力求分区明确、布局紧凑、联系简捷，做到节约用地并宜注意朝向。建筑物的造型应在满足使用功能的基础上，做到错落有致、格调明快、整体协调。室外应与周围环境相协调，室内按功能使用要求确定装修标准。

18.7.3 车辆段与综合基地应设两个及以上汽车出入口，并应有环形汽车通道，以满足消防要求。

1）行车通道穿越建筑（构筑）物部分的净空高度不应小于 4.5 m。

2）设单行车通道时，其较长路段内宜有回车场地。

3）道路与轨道平面交叉时，应采用混凝土平过道，平过道的宽度不应小于 7 m。

18.7.4 车辆段与综合基地的办公、生活房屋宜合并建成综合楼，以便节约用地、方便使用。

18.7.5 物资总库，除堆放大型、笨重材料库房及危险品库外，其余均宜设多层库房。设多层库房的材料库应设提升设备。对于存放仪表、电气零部件的库房，室内应设防尘装修材料；库房均应有良好的采光和通风条件，并有防鼠、防盗设施。

18.7.6 车辆段检修主厂房及运用库等多跨或大跨度建筑宜采用排架（混凝土或钢）结构，屋面宜采用钢网架结构及轻型屋面体系，并应有隔热、保温、防水、通风设施和防火措施。

18.7.7 一般生产房屋和六层以下跨度不大的办公、生活房屋宜采用混凝土框架结构或砖混结构。

18.7.8 房屋设计应与各专业密切配合，做好环境绿化规划设计。

18.7.9 车辆段内房屋抗震设防基本烈度应满足当地的抗震设防要求。

18.8 给水排水及消防

18.8.1 车辆段与综合基地给水及消防应包括生产、生活和消防给水系统及气体灭火系统。排水系统由生产废水和生活污水系统组成。

18.8.2 给水工程设施要安全、可靠，保证各用水点对水量、水质和水压的不同要求。

18.8.3 排水系统工程应能及时达标，排出段内各车间和办公生活房屋所产生的污（废）水，各类排水管道应便于清通。

18.8.4 车辆段与综合基地应有完善的水消防系统，并根据设备的要求设置必要的气体灭火设备，以便迅速有效地扑灭各类火灾。

18.8.5 给排水设备和材料选用应满足下列要求：

1）各种设备应技术先进、性能优良、可靠性高、规格统一、维修方便，宜选用国内产品（含中外合资产品）。

2）管道材料应选用抗杂散电流腐蚀的管材，以延长管道寿命。在杂散电流分布地点的给水排水和消防设备应采取防止杂散电流腐蚀的措施。

18.8.6 设计中与城市给、排水管道衔接时，应分别与市自来水公司和市政管理部门协商，并应达成书面协议。

18.8.7 给水系统设计应符合下列要求：

1）车辆段与综合基地给水水源采用城市自来水，在不同自来水干管各引入一根进水管（总计两根）进入车辆段。

2）段内给水系统应按环状供水管网布置，以满足消防用水要求。

3）室外给水系统宜采用生产、生活和消防共用管网。

4）车辆段用水量应按下列原则确定：

（1）工作人员用水量按每人每班 50 L 计，时变化系数为 2.5。

（2）冷却系统补充水按循环冷却水量的 2% ～ 3% 计。

（3）冲洗水量按每次 2 ～ 4 L/m^2 计。

（4）生产用水量按生产工艺要求确定。

（5）各附属建筑物和绿化用水量按《建筑给水排水设计规范》（GB 50015—2003）（2019 年版）

确定。

18.8.8 消防给水系统应满足下列要求：

1）车辆段消防给水系统应包括：

（1）室内外消火栓消防系统。

（2）消防水泵接合器。

2）车辆段室外环状管网水压不应小于 0.1 MPa，压力不足时，应设调蓄增压设施。

3）车辆段的室内外消火栓用水量、消火栓间距及灭火时间、室内消防管道、消防水箱及消防泵房等设计，应符合《建筑设计防火规范》（GB 50016—2014）（2018 年版）的规定。

4）车辆段和地铁沿线按同一时间发生一次火灾考虑。

18.8.9 车辆段内变电所的控制室，车辆段控制中心通信、信号设备室等应设气体灭火系统，设计应满足气体灭火系统的要求。

18.8.10 车辆段应设火灾报警系统，系统的保护范围宜包括车辆段控制中心、运用库、检修库、维修中心综合楼、办公楼、食堂和物资总库材料库等，设计应符合《火灾自动报警系统设计规范》（GB 50116—2013）的规定。

18.8.11 车辆段排水量计算宜采用下列标准：

1）工作人员生活排水量按每人每班 50 L 计，时变化系数为 2.5。

2）消防废水量、冲洗废水量与其用水量相同。

3）生产车间的排水量与用水量相同。

18.8.12 污水处理与排放应满足下列要求：

1）生产废水：

（1）含油废水：车辆段等生产过程产生的含油废水经调节、沉淀、隔油、气浮、过滤、吸附、消毒等系列处理达到国家及当地污水排放标准排入附近河涌或城市排水管网。

（2）重金属有毒废水：车辆段蓄电池间，酸、碱性蓄电池维修作业产生的含铅、镉、镍有毒废水，须经必要的水质处理，达到《污水排入城镇下水道水质标准》（GB/T 31962—2015）后排放。

2）生活污水：各车间和办公楼的卫生间的粪便污水须经“化粪池”及“埋地生物滤池”生化处理后排入附近河流。

3）生活污水和生产废水的处理，应结合总布置的情况和当地的排放条件采用集中或分散方式。

4）污水处理与排放方案应送业主报请环保和有关市政部门批准。

18.9 通风空调

18.9.1 车辆段与综合基地内的生产、生活、办公房屋应根据当地的气候条件和生产、生活的需要设置通风、空调、采暖及防排烟系统。

18.9.2　综合办公楼、车辆段控制中心和食堂等人员集中的房屋应设置空调设备，空调设备选型应通过技术经济比较确定。

18.9.3　空调通风设计应满足下列要求：

1）室外空气空调计算参数干球温度、湿球温度、相对湿度值及室外通风计算参数参照《工业建筑供暖通风与空气调节设计规范》（GB 50019—2015）附录二确定。

2）生产房屋和设备用房设计参数，按具体工艺要求确定。

18.10　电力工程

18.10.1　车辆段与综合基地电力工程包括变配电所、动力供电、室内外照明和地区低压线路，设计应满足所有动力照明设备用电要求。

18.10.2　段内变电所位置宜靠近负荷中心，且进出线方便。

18.10.3　中低压供电设计应满足下列要求：

1）电源及电压等级：两回路 35 kV（或 10 kV）电源引自 110/35 kV（或 110/10 kV）主变电所，动力照明供电电压等级为 0.4/0.23 kV。

2）主接线及运行方式应按供电系统的要求确定。

3）变压器容量应按近期用电容量选择，一台变压器故障，另一台应能承担全段、二级负荷供电。变电所房屋设计应按远期需要预留位置。

4）0.4 kV 侧接线及运行方式：单母线断路器分段，正常运行时母线分段断路器断开，两段母线独立运行。一回电源故障时，母线分段断路器自动投入，承担两段母线的一、二级负荷供电。

5）低压配电系统 0.4 kV 主断路器的选择：动力配电回路断路器宜为 3 极，进线、出线、母线分段和照明回路宜为 4 极。

6）功率因数补偿及其补偿方式，由供电系统统一考虑。

7）计量装置除低压总计量外，动力、照明、空调通风应分别计量，以利于经济核算。

8）接地装置宜设置在变电所附近，接地电阻不宜大于 0.5 Ω；低压配电宜采用 TN-S 系统。

9）继电保护自动装置及所用电系统应与全线供电系统技术要求统一。

10）所用通信宜装地铁内部电话及市电各一部。

18.10.4　动力供电设计应满足下列要求：

1）在动力负荷较大且集中的车间，由变电所直接供配电不经济合理时，宜增设车间配电室配电。

2）动力供电宜采用放射式和树干链式相结合的方式，一、二级负荷和大容量负荷供电宜采用放射式供电。

3）除有特殊要求或容量过大变压器难以承受采用降压启动外，其他宜采用直接启动。

4）动力供电电缆应根据不同供电设备和所处环境条件采用与用电设备同样防护等

级要求的型号的电缆。穿管敷设电缆宜采用 FEC（BYG）管；埋地敷设电缆需穿钢管时注意平行于有接触网股道的长度和距离，注意将杂散电流影响降到最低限度。

18.10.5 照明供电应满足下列要求：

1）照度标准宜参照《建筑照明设计标准》（GB 50034—2013）执行。

2）光源和灯具应广泛采用节能光源和灯具：室内照明应以荧光灯为主，白炽灯为辅；高大厂房宜采用混光照明；在旋转机械处所应采用广照型工厂灯；路灯宜采用高压钠灯。

3）照明供电系统应采用分区分回路交叉方式供电，以提高供电的可靠性，生产厂房应采用放射式供电、集中控制；生产办公及生活房屋宜采用分散就地控制方式；室外照明宜采用集中控制方式。

4）应急照明电源宜不配专用直流成套装置。变电所应急照明电源与控制保护操作共用直流电源，其余需要设置应急照明处所可装自带蓄电池的应急灯。

5）照明配电箱与配线方式相适应，根据不同类型分别采用嵌入式或挂墙式。

6）照明供电采用电缆（线）应考虑地区气候特点，推荐采用阻燃型产品，以保证安全。

18.10.6 动力照明分路供电，室内外照明回路分开。室外电缆宜采用电缆沟内敷设为主，穿管埋地为辅。当采用钢管埋地敷设时，应采取可靠的防腐措施。

19 环境保护、劳动安全卫生

19.1 环境保护

19.1.1 一般要求：

1）环境保护设计，必须遵守国家现行的有关环境保护的法律、法令，贯彻执行国家环境保护的方针政策，并应符合地铁工程所在地环保部门的有关规定。

2）环境保护设计，应从地铁工程所在地的实际出发，坚持“以防为主、防治结合、综合治理、化害为利”的原则，执行防治污染及其他公害的设施与主体工程同时设计、同时施工、同时投产的“三同时”制度，和其他工程建设、城市建设、环境建设必须同步规划、同步实施、同步发展，实现经济效益、社会效益和环境效益的统一。

3）环境保护设计应符合环境影响评价报告书及审批规定的各项要求和措施。

4）各污染源排放的污染物及其他污染因子，必须符合国家和当地主管部门发布的排放标准和有关法规。

5）环境保护设计应与总体设计统一。各专业应积极采用不产生或少产生污染的新技术、新工艺、新材料、新设备。引进的设备的污染物的排放，必须达到国家和工程当地规定的标准。

6）对施工时弃土堆置场地，应采取防止扬散、流失和对地下水、地表水造成污染的工程措施，并复垦植树改善生态环境。对生产装置及其车辆段设施、作业场所、污水处理设备、消烟除尘系统等产生的废渣（液），不得任意弃置或排入水体。

7）凡属污染防治、防止废弃物流失所设计的建筑物、设备装置、绿化等均为环保设施，在设计中应单独标明并列出投资概算。

8）环境保护设计，应遵守国家和行业主管部门所颁布的现行有关标准规范的规定。

19.1.2　地面线路、路基、轨道、桥涵：

1）应合理利用地形、地物等阻隔噪声传播，当边界噪声超过所在地区环境噪声标准时，应有防护距离或设隔声屏障。

2）通过居民区时，应采取有效措施，如购置车辆除要求有优良机械性能外，还应有优越的噪声振动等指标和防护措施，如采用弹性阻尼车辆、盘式制动等。轨道采用 60 kg/m 的焊接长钢轨，弹性扣件。地下线采用混凝土整体道床，地面线采用碎石道床，风亭轴流通风机安装消声器，冷却塔选用逆流玻璃钢冷却塔，以降低噪声。地铁线路所经几处敏感点噪声防护措施，根据工程具体情况分段列出。

3）在原有排水涵洞下游的建筑场地的排水设计，应考虑原有涵洞汜水呈，以防止上游壅水、积水及下游淤积现象。

19.1.3　区间隧道（含出入段线地下段）：

1）应保护隧道场地周围的环境，减轻对自然环境的影响程度。

2）施工场地及施工车辆运行路线的选择，都应尽量避开噪声与振动敏感区。

3）施工时弃渣堆置应有规划，以免破坏生态环境。为避免渣堆坍垮、流失，渣堆坡脚应设置挡护工程，并与弃渣场设置合理的排水系统。弃渣表面宜复垦或植树绿化，以改善生态环境。

4）设计应根据工程地质、水文地质条件，选择结构类型及施工方法、措施，避免地面塌陷造成对自然环境的改变及对周围环境的影响。

5）对施工抽排水应设置泥沙沉淀池，污水经沉淀后方能排入城市管道。

19.1.4　车站：

1）车站位置的选择，应根据城市线网规划及线路走向、城市交通、建筑规划的要求，最大限度地吸引客流，以减轻车站设置对城市交通和环境的影响。

2）车站出入口、风亭等地面建筑，应与地面景观相协调，并适当予以绿化和美化。

3）地下车站站厅、站台内，应具有良好的通风，以提供乘客舒适的室内环境。内墙面采用吸声材料以作为降噪措施。

4）地下车站轨道，应采取有效措施，以减轻列车在轨道上运行的噪声与振动对环境的影响。

5）通风井应尽量加以利用，布置处于上风向、输入外部空气，处于下风向、排出内部的废气。布置时注意在外界环境污染不超标，开阔、空气流通的地方。

6）地下车站废、污水均经集水池，或经处理后由泵站分别送入市政雨污水管网。

19.1.5 车辆段与综合基地：

1）车辆段位置的选择，应与城市规划配合，减轻对城市环境的影响。

2）车辆段的工艺设计，应积极采用无毒或低毒的原料和无污染或少污染的加工方法。动力、喷漆、蓄电池等对环境影响较严重的车间，应相对集中设置，在工艺过程中把污染物（源）控制在最低限度。

3）工艺设计应贯彻节约用水原则，采取重复利用、一水多用措施，减少废水排放量。各种有毒、有害的冲洗水，应设有相应的处理系统，不得漫流与任意排放。对产生有毒、有害气体、粉尘等，必须设置净化除尘系统，达到《工业企业设计卫生标准》（GB Z1—2010）的有关要求。

4）对废渣的处理，应视具体情况择优采用处理方案，并考虑予以回收和综合利用。对废弃物应采取无害化堆置、填埋、焚烧等处理措施。

5）生产废水中对含有油类、铁屑、泥沙、悬浮物、洗涤泡沫等（并有偏酸或偏碱的可能），必须经系统处理，达到《城市污水再生利用 城市杂用水水质》（GB/T 18920—2002）标准后用于绿化和道路浇洒，多余部分排放。

6）车辆段建成后，会使当地的噪声本底值提高，因此宜采取适当的控制措施。

7）生活污水经化粪池和埋地式生物滤池处理符合《污水综合排放标准》（GB 8978—1996）二级标准后排入城市排水系统。

8）车辆段内应在道路两侧、房前屋后按当地绿化标准设置绿化区，以美化环境。

19.1.6 其他运营设备：

1）污水处理站的值班室与机械间、加氯间隔开设置，隔墙上应设密闭、隔声观察窗。

2）通风机、制冷机、水泵等设备，应选择噪声小、运转平稳的产品，以期减轻污染。对产生严重噪声和振动的设备，应采取消声、减振措施，风机前后应设扩散筒和消声器。空压机房设计时应在吸风管上装置消声器。

3）环控机房内通过设置隔声墙或室内设置吸声材料，以达到消声目的。

4）地下车站空调、通风送排风系统的管道上，应设消声器。对风管、水管，为避免产生共振，可考虑设置减振吊架、软接头进行减振。

19.2 劳动安全卫生

19.2.1 一般要求：为贯彻安全卫生第一的原则，确保施工、运营期间人员的作业安全和提供符合国家有关法令、法规规定的生产环境。在工程设计中，应对施工、运营期间的作业程序和环境作分析，并应对工程项目劳动安全卫生的防护措施，结合环境保护在设计中落实。

1）劳动安全卫生设计，必须遵守国家现行的有关劳动安全卫生的法律、法令，贯彻执行国家劳动安全卫生的方针政策，并应符合工程所在地劳动部门的有关规定。

2）劳动安全卫生设计，应从工程所在地的实际出发，坚持“安全第一，预防为主”的方针，确保工程符合国家规定的劳动安全卫生标准，保障劳动者在生产过程中的安全与健康。

3）工程中的劳动安全卫生设施，必须符合国家规定的标准，必须与主体工程同时设计、同时施工、同时投入生产和使用。

4）工程中引进的国外技术和设备，应符合我国规定或认可的劳动安全卫生标准；全部设计应符合我国有关规范和规定的要求。

5）建筑及场地布置应考虑以下安全卫生情况：

（1）根据场地自然条件中的气象、地质、雷电、暴雨、洪水、地震等情况，预测主要职业危险、危害及防范措施。

（2）工程的周围环境条件及其对劳动安全卫生的影响和防范措施。

（3）易燃易爆及有毒物品仓库等的布局及其对劳动安全卫生的影响和防范措施。

（4）地铁运营的劳动安全和卫生条件。

（5）建筑物的安全距离、采光、通风、日晒等情况，有害气体与主要风向的关系。

（6）救护室、医疗室、浴室、更衣室、休息室等辅助用房的设置情况。

6）劳动安全卫生设计应与总体设计统一。各专业应积极采用符合劳动安全卫生标准的新技术、新工艺、新材料、新设备。

7）凡属主要生产环节劳动安全卫生专项防范设施（如防水、防爆、防雷、防静电及防止误操作，自动控制系统和紧急停机，事故处理，防振、降噪、降温、保温等措施）、检测装备和设施、安全教育装备和设施等，均为劳动安全卫生设施，在设计中应单独标明，并列出投资概算。

19.2.2 通风：

1）隧道内在施工期根据地质条件、施工方法和施工进度，选用合理的通风方式及通风设备。

2）在地铁运营阶段的地下线路中，设置环境控制系统；在地面车站，根据客流量和建筑规模，设置空调通风系统。

19.2.3 供电和照明：

1）所有电气设备外壳均进行安全接地，低压系统采用三相五线制，满足对运营、维护人员的工作安全要求。

2）所有开关设备选用具有安全“五防”功能的产品，并在变电所内配置橡皮绝缘垫、绝缘靴、绝缘手套、绝缘棒等绝缘器具。

3）采用具有阻燃、低烟、低毒性能的电力电缆和碱性镉镍蓄电池（或酸性免维护蓄电池）。35 kV开关柜选用真空或SF6断路器，DC1 500 V快速开关采用空气开关，变压器采用环氧树脂浇注的干式变压器。

4）全线设贯通的架空地线，与牵引变电所接地网相连，在故障状态下，将故障电流导入牵引变电所，使馈线开关及时跳闸，切断电源，从而避免人身伤亡事故。

5）在车辆段，接触网设电分段和带接地刀闸的隔离开关，确保车辆维修人员不发生触电事故。

6）在施工场地和道路，应设置足够的照明设施，防止发生事故，保持安全作业环境。在地下车站和区间隧道，均设置照明设备，以满足地铁运营、设备维修和灾害救护的需要。

19.2.4 减振降噪：

1）尽量减少列车振动产生的噪声，在线路平、纵断面设计时，尽量绕避建筑群，尽量避免在房屋下方通过，并使地铁主体结构有一定的覆土厚度。在轨道设计中选用重型无缝长钢轨，弹性扣件、轨道减振器及浮置板式道床。

2）在施工期选择低振动的施工方法及机械，对高噪声的机械设消声或隔声装置。

19.2.5 防洪排涝：

1）地面线线路纵断面设计和车辆段的站坪高程，按 1/100 频率洪水位加 0.5 m 安全高度设计。

2）地面线和车辆段内，应设置排洪桥涵建筑物和沟渠。地面线过渡到地下线段设置防淹墙、截水沟和雨水提升泵站。

3）区间隧道最低处设置排水泵站，以排除结构渗漏水和消防废水。

4）位于水域下的区间隧道两端设防淹门。

5）各车站出入口及风亭应采取防雨水倒灌措施，门洞下沿应高出室外地面 150 ～ 450 mm，同时设临时防水淹措施。

19.2.6 防灾救护：

1）在施工期应注意排除坍塌、落物、起吊、运输作业常见事故，特别应注意防止地下工程施工中缺氧、有害气体溢出、岩爆、火灾和暴雨积水等项灾害的发生。在施工场地上，应备有一定数量的急救设备和器材，以备事故发生时使用。

2）做好运营期的防灾救护，在本工程中设置先进的防灾报警系统，并应从阻燃性强、性能稳定、安全可靠和维护方便等因素认真做好车辆、通信、信号、供电等设备选型。车站设备用房布置、门的开向、疏散通道设备能力，土建工程结构及轨道维修、消防设施等项工程设计均应符合安全防灾救护要求。

20　人民防空工程

20.1　一般原则

人民防空工程建设，必须贯彻“长期准备、重点建设、平战结合”的方针，坚持与经济建设协调发展、与城市建设相结合的原则。城市地下交通干线宜与就近的重要人防工程相通，并纳入人民防空疏散体系。地铁建设兼顾人民防空的需要，统一规划、设计、建设，平战结合，综合利用。地铁的关键部位、重要设施，应按照人民防空工程战术技术要求的规定，搞好重点防护，在拟订的核武器、化学武器、常规武器袭击和袭击后的城市次生灾害下，保障人员和设备的安全，以提高整个城市的防空抗毁综合防护能力。

20.2　防护等级

工程抗核武器爆炸空气冲击波的抗力级别为 6 级，重要车站的防化等级为丙级。

20.3　战时使用功能要求

20.3.1　战时作为城市的人民防空疏散干道，与就近的人民防空工程或居住区的人民防空掩蔽工程相互连通，保障城市人员在紧急转换期限内或战时的安全疏散或转移。

20.3.2　遭受袭击时，工程在拟定的武器及抗力能力下，应确保人员及设备的安全；空袭后，人员应迅速地转移或疏散。

20.3.3　重要车站，战时可作为二等人员掩蔽部。掩蔽人员可按 800 ～ 1 000 人考虑，车站作为一个独立的防护单元，防化等级为丙级，按滤毒式通风、清洁式通风和隔绝式防护三种通风方式设计。

20.3.4　次要车站，战时只作为人员临时待蔽场所。临时待蔽人员按 800 人考虑，防护标准（含口部防护）按 6 级抗力标准设计，防化等级为丁级，不考虑滤毒式通风，只考虑清洁式通风和隔绝式防护。空袭后，该车站内的人员应尽快地疏散和转移。

20.4　防护设计

地铁的防护设计，应符合国家及行业现行的人防工程设计规范和标准。

20.5　建筑设计

20.5.1　以一个车站及一个站间区间作为一个防护单元，防护单元之间设置防护密闭隔断门。用作二等人员掩蔽部的重要车站，以车站作为一个防护单元，其防护设备及内部设备应成独立系统。

20.5.2　人员掩蔽防护单元的战时出入口、门洞净宽之和应按掩蔽人数每 100 人不小于 0.3 m 计算。

20.5.3　战时人员出入口，应设置活置门槛防护密闭门、密闭门各一道。

20.5.4　二等人员掩蔽部、战时主要出入口，应设简易洗消间。

20.5.5　直通地面的战时主要出入口，宜设置在地面建筑物倒塌范围以外。当只能设置在地面建筑物倒塌范围以内时，其敞开段应设置防倒塌棚架。

20.5.6　二等人员掩蔽部，在临战时可增设男女干厕各一个。干厕所在地平时为预留空间，临战时可用轻质隔断隔开，其位置应不影响战时地铁的运行。

20.5.7 根据地铁工程通风的特点，按照常规二等人员掩蔽部，应设置滤尘、滤毒室，滤毒室应用密闭隔墙与进风机室隔开。宜采用新技术，利用平时的通风道，设置活门、消波，滤尘、滤毒设备，可省掉滤尘、滤毒室及通风机室。

20.5.8 车站的吊顶宜采用轻质不燃材料。

20.6 防护与结构设计

20.6.1 应验算结构在核爆炸等效静载与静荷载共同作用下的承载能力，可不验算在动荷载作用下的结构变形、裂缝宽度、地基承载力及变形。

20.6.2 主体结构各部位及构件的抗力应相互协调。

20.6.3 工程的门框墙、临空墙、密闭隔墙及各种孔口的防护能力，应与主体结构防护能力相互协调。

20.6.4 二等人员掩蔽部的战时通风口，应设置防爆波活门。

20.6.5 引入工程内的动力电缆及通信电缆，应设置防爆波井。

20.7 通风设计

20.7.1 防化等级为丙级的车站，应设置清洁式通风、滤毒式通风和隔绝式防护三种通风方式。清洁式通风时的新风量，为每人每小时 5 ～ 7 m^3；滤毒式通风时的新风量，为每人每小时 2 ～ 3 m^3；隔绝式防护时间不应小于 3 h。

20.7.2 防化等级为丁级的车站，只设置清洁式通风和隔绝式防护两种通风方式。在紧急转换时限内，应关闭所有孔口的防护密闭门及密闭门，车站进行隔绝式防护。人员待蔽时，隔绝式防护时间不宜超过 3 h。

20.8 给排水设计

20.8.1 工程战时只供应人员饮用水，不供应生活用水。人员饮用水的标准为每人每天 3 ～ 6 L。战时用作人员掩蔽的主要车站，人员饮用水的储水时间为 15 d；战时不用作人员掩蔽部的次要车站，人员饮用水的储水时间为 1 ～ 2 d。

20.8.2 二等人员掩蔽部简易洗消储水量为 0.2 ～ 0.4 m^3。

20.8.3 所有进出地铁（含车站及区间隧道）的上水管、消防水管、循环冷却水管、压力污废水管进出围护结构时，均应在其内侧设防爆波闸阀，防爆波闸阀的工作压力不应小于 1 MPa。闸阀应放在便于操作处，并应有明显的标志。

20.8.4 所有水管穿过结构外墙时，应采取防毒、防水的密闭措施。

20.8.5 粪便污水自流排水系统，应在人防工程外部靠近防护墙处，设置防爆波水封化粪池。

20.9 电气设计

20.9.1 工程战时供电（包括应急照明、疏散指示照明及战时动力供电），均利用平时供电系统。

20.9.2 战时应急照明可设置蓄电池组作为内部电源，其连续供电时间应大于隔绝式防护时间。

20.10 防护功能、平战转换技术要求及措施

20.10.1 人民防空重点城市防护功能，平战转换可分为早期转换、临战转换和紧急转换三个阶段。早期转换时限为 30 d，临战转换时限为 15 d，紧急转换时限为 3 d。人防工程防护功能平战转换设计，其平战转换的工作量，应控制在规定的转换时限内，并达到防护、密闭的要求。

20.10.2 防护功能平战转换设计，必须按工程设计阶段同步完成，在施工时可分为预留、预埋和战前实施平战转换两个阶段进行。

20.10.3 每个防护单元进行转换的出入口，门可以不安装，但门框墙必须在施工时和主体结构一起灌注。

20.10.4 战时进行隔绝式防护的主要车站，进、排风口可采取防护功能平战转换措施。在风口设置防护密闭门一道，平时将门打开进行大风量的通风，紧急转换时将门关闭，达到战时的使用要求。此种门可在临战转换时限内进行安装，但平时应做好门的加工和储存，且门框墙与主体结构应同时灌筑。同时，风口设计时应考虑门的运输和安装位置。

20.10.5 人员掩蔽部战时通风系统，应符合每个防护单元自成防护系统和设置独立通风系统的要求。战时通风系统，平时不使用的滤毒通风设备，可在临战转换时限内安装，平时应预留设备安装位置和风管接口等。

20.10.6 设在车站内的消防水池，可兼作一个防护单元战时人员的饮用水储水池，在临战转换时进行清理、消毒、充水，并切断与其他防护单元的所有管道联系。战时人员饮用储水管，平时可不安装，但应预留水箱位置和给水管接口。

20.10.7 电线、电缆线及通信电缆线穿过防护密闭隔墙时，穿墙管应做密封处理。平时可不做密封处理，应在早期转换时限内完成密封。

注：本章根据国家和有关人防主管部门的规定和要求编制，具体在各专业工程设计中实施，故相关专业章节可以本章规定进行落实或补充必要的实施性措施，防止互相脱节或矛盾。本章仅作为参照性框架推出，具体工程项目通用部分可利用，特殊和特点部分一定要体现，切忌不结合实际地抄搬。

21 消防

21.1 一般原则

21.1.1 为保障地铁正常运行，消防设计应贯彻“预防为主、防消结合”的方针，采取防火措施，防止和减少火灾危害。

21.1.2 地铁工程有关各专业均应结合本专业的特点，同时完成消防设计。

21.1.3 消防设计必须遵循国家的有关方针政策，从全局出发，统筹兼顾，正确处理生产和安全、重点和一般的关系，积极采用行之有效的先进防火技术，做到促进生产，保障安全，方便使用，经济合理。

21.1.4 地铁消防设计应按同一时间内发生一次火灾考虑。

21.1.5 设计选用的有关消防器材和设备，必须是经国家法定检测部门检测合格的产品，并具有当地公安消防部门批准的准销证。

21.2 建筑结构防火设计

21.2.1 地铁的地下工程及出入口、风亭、地面车站，均应按一级耐火等级设计。其余单项工程应符合有关规范的建筑物耐火等级的规定。

21.2.2 地面建筑布置应标示建筑物、构筑物的防火间距。防火间距应符合《建筑设计防火规范》（GB 50016—2014，2018 年版）的规定。

21.2.3 各种建筑物应有明确的防火分区的划分。每个防火分区的安全出口数量不得小于两个，并应有一个出口直通安全区域，与相邻防火分区连通的防火门，可作为第二个安全出口。竖井爬梯出口，不得作为安全出口。

21.2.4 地下车站设备和管理用房区域内，应设有两个独立的通道。通道长度不宜大于 30 m，两通道间应设一条宽度不小于 1.5 m 的联络通道。通道上的门均应朝向公共区开启。

21.2.5 地铁的车站控制室和控制中心的中央控制室、变电所的主控室、通信及信号设备室、环控电控室等受气体灭火保护的重要设备房间，应采用耐火极限不低于 3 h 的隔墙和耐火极限不低于 2 h 的楼板与其他部位隔开，隔墙上的门应采用甲级防火门。

21.2.6 车站的站厅层、站台层、出入口楼梯、疏散通道、封闭楼梯间等乘客疏散部位，其墙、地面及顶面的装修应用不燃材料。

21.2.7 建筑构造的防火墙、建筑构件和管道井、屋顶和屋面，疏散用的楼梯间、楼梯和门，以及天桥、栈桥和管沟等构造部位应有防火措施，并符合有关规范要求。

21.2.8 地铁车站出入口、通道、楼梯、自动扶梯以及有关疏散乘客设备的设计，应满足下列要求：

1）车站内所有出入口、通道、楼梯、自动扶梯以及有关疏散乘客设备的通过能力，应满足在发生火灾时，6 min 内站内包括一列车的满载乘客和站台上候车乘客及本站工作人员，全部安全地疏散到安全地点的要求，其中 0.5 min 为设备和紧急疏散启动的反应时间。上述出入口、通道及楼梯、自动扶梯口处，均不得设置阻碍交通的构筑物或堆放物品。

2）发生火灾时，电梯上行运行，所有进出闸机及设于分隔带上的门，应能全部打开。

3）紧急疏散通过能力计算时，自动扶梯宜按净宽的步行楼梯使用，并考虑一台自动扶梯处于检修状态，不应纳入计算。出入口通道通过能力，每米宽度宜按 80 人/min 计算。

4）凡兼作过街通道的车站出口通道和地面出入口楼道的通过能力，应有 40% 的储备量。

21.2.9 地铁车站宜按功能划分防火分区，原则上应按中间公共区和两端设备、管理区进行分区。除中间公共区外，每个防火分区的面积不应超过 1 500 m^2。

21.2.10 车站内设有物业开发区时，其物业开发区应设独立的防火分区，防火分区的面积不宜大于 800 m^2。物业开发区防火分区，应有不少于两个直通地面的疏散通道（该通道不参与车站内乘客疏散计算）。地铁车站内的物业开发，严禁有明火性质的作业或作为可燃物品仓库使用。

21.2.11 凡与车站公共区连通的地下商业街及其他地面（地下）公共建筑，均应采取有效的防火措施自成体系，保证其发生火灾时，不影响车站乘客的疏散和车站的安全。

21.2.12 所有防火分区的门，均采用甲级平开防火门，门上应带有闭门器，所有防火门均应向外开启，并设内外把手。物业开发区及其与车站连通的防火门，可采用复合式防火卷帘门。

21.2.13 车站公共区（站台或站厅）内的楼、扶梯口和站厅内的人行通道口，应采用电控式挡烟垂幕进行防烟分隔。挡烟垂幕下落后，其下缘至楼、扶梯踏步或地面的距离不应小于 2 m。

21.2.14 车站内公共区的防烟分区，宜采用土建结构（纵梁或横梁）或挡烟垂幕进行分隔。用于防火分隔的梁高度不应小于 500 mm。

21.2.15 车辆段房屋建筑的防火，应满足下列要求：

1）段内应设环形消防车道，并与城市道路连通，车道的宽度不应小于 4 m。遇有管架、栈桥等障碍物时，其净高不应小于 4.5 m。

2）内燃机车进入丙、丁、戊类厂房和库房时，其屋顶就应采用不燃烧体结构或其他有效防火措施。

3）库房内采用钢屋架或钢网架时，应采取有效的防火措施。

21.2.16 车站间两条单线隧道之间，应设联络通道，通道内应设防火门。

21.2.17 地铁的车站、区间、通道等处，应设乘客疏散标志。

21.2.18 地下车站、地面车站、车辆段和控制中心等建筑物应按现行国家标准《建筑灭火器配置设计规范》（GB 50140—2005）的规定配置灭火器。

21.3 消防给排水系统

21.3.1 地铁消防给水系统应包括下列设施：

1）给水管道。

2）消火栓系统。

3）自动喷水灭火系统。

4）地面消防水泵接合器。

21.3.2 地铁给水系统宜接城市自来水管网。每个车站宜从自来水管网引入两条进水管，接管点水压不应小于 0.2 MPa。

21.3.3 地铁每个单线隧道内，设一条消火栓供水管道，两干管在车站和区间相连通，形成环状消火栓供水系统。

21.3.4 不设商场的地下站，可不设储水池，消防时直接从自来水管网供水（包括增压泵抽吸自来水管中水供水），并应取得自来水公司同意。设有商场的地下站是否设置消防储水池，应根据计算确定。

21.3.5 地铁消防用水，按全线同时发生一次火灾（一处着火或一节车厢着火）设计。地下站消火栓用水量按 20 L/s 计，区间为 10 L/s。消防时有 4 股或 2 股同时使用（每股水柱流量不小于 5 L/s），水枪充实水柱长度不应小于 10 m，灭火时间为 2 h。车辆段和控制中心等地面建筑和地下站同时修建的地下商场的消防用水量，应按《建筑设计防火规范》（GB 50016—2014，2018 年版）的规定确定。

21.3.6 地下站站厅层、站台层及车辆段各房屋的室内，均应设消火栓箱，采用 *DN*65 单口单阀消火栓两个（带自救式软管卷盘）。消火栓箱间距：站台层宜为 40 ～ 50 m，站厅层宜为 30 ～ 40 m，其两侧消火栓箱宜错开布置。当地铁通道长度大于 20 m 时，应设室内消火栓箱，箱内放置 20 m 水龙带和 *DN*19 水枪及软管卷盘，并应设火灾报警按钮和消防泵启动按钮（设有消防泵房时）。隧道区间及车辆段室外，宜采用 *DN*65 单口单阀消火栓，间距不应大于 50 m。

21.3.7 自动喷水灭火系统的设计应满足下列要求：

1）与地铁同时修建的地下商场，应设湿式自动喷水灭火系统。其危险等级、消防用水量及火灾延续时间，应按《自动喷水灭火系统设计规范》（GB 50084—2017）的要求确定。

2）自动喷水灭火系统应设有报警阀、控制阀、水力警铃、压力表、系统检验装置，以及延时器和泄水装置等，并应设水流指示器和压力开关等辅助电动报警装置。

3）湿式自动喷水灭火系统，每个报警阀控制喷头数不宜超过 800 个。

21.3.8 车站给水引入管上应设消防水泵接合器，其数量应满足供给站内的全部消防流量。

21.3.9 为了及时排除消防废水、冲洗废水和结构渗漏水，地铁地下车站和区间隧道的最低处，应设排水泵站。区间排水泵站，宜结合区间联络通道设置。其主排水泵站集水池有效容积不应小于 30 m^3，设计两台自灌式水泵，平时互为备用，消防时共同运用。采用自动、手动和集中三种控制方式。

21.4　地铁火灾事故通风与排烟

21.4.1　地铁车站和区间，应设完整的火灾事故通风和排烟系统，火灾通风排烟系统，应结合地铁的环控系统一并设计。

21.4.2　环控系统各设备的控制，宜分就地控制、车站控制和中央控制，并以车站控制为主。正常运行时由 EMCS 控制，火灾事故时由 FAS 发出指令，EMCS 执行实施。区间隧道的通风排烟，应由相邻车站通风设备配合实现，并由 OCC 对全线隧道实行监控。

21.4.3　地铁车站通风排烟系统设计，应满足下列要求：

1）当站台层发生火灾时，关闭站台层送风系统、站厅层回 / 排风和送风系统，由站台层回 / 排风系统将烟雾经风井排至地面；必要时可打开屏蔽门，站台层排热风机和事故 / 冷却风机一并排烟。

2）当站厅层发生火灾时，关闭站厅层送风系统及站台层回 / 排风和送风系统，由站厅层回 / 排风系统将烟雾经风井排至地面。

3）当设备、管理房间发生火灾时，关闭送风系统，各房间排风机配合气体灭火系统将烟雾或有害气体经风井排至地面。

4）跨越防火区的风管，在防火隔墙处应装设具有自动复位功能的防火阀。

21.4.4　区间隧道列车火灾时，应力争将列车送至邻近车站，疏散乘客并进行灭火。当火灾列车停在区间隧道内时，应根据以下情况组织通风排烟：

1）列车头部或尾部火灾时，多数人员撤离的方向一端送风、另一端排烟。

2）列车中部火灾时，按列车位于车站近端排烟远端送风，当列车位置正好在区间隧道中间时，按行车方向进行送风、排风。

3）无法判断列车火灾位置时，按列车中部火灾模式控制。

21.4.5　区间隧道发生火灾时，区间隧道一端的事故风机向火灾区间送风，送风端车站大系统的排风系统停止运行，另一端的事故风机将烟雾经风井排至地面。控制中心确认火灾后，根据事故在区间隧道中的位置、火灾源距安全通道的距离等决定通风方向，以利于消防人员尽快组织灭火。

21.4.6　设于车站两端的隧道事故风机，应具备逆转功能。

21.4.7　排烟设备应选择在 280 ℃条件下，可连续运行 1 h 的耐温设备。

21.5　气体灭火系统

21.5.1　根据环保要求，气体自动灭火系统宜选用 FM-200 或烟烙尽。地面车站及控制中心经技术比较，可采用二氧化碳灭火系统。

21.5.2 气体灭火系统保护范围，应包括通信设备室、信号设备室（含电源设备室）、变电所的控制室、环控电控室、控制中心的中央控制室等重要电气设备用房。

21.5.3 气体自动灭火系统设计，应满足下列要求：

1）气体自动灭火系统，由气体管网系统和自动控制系统两部分组成。

2）气体自动灭火系统的控制方式，应有自动控制启动、手动控制启动和机械应急启动三种方式。

3）气体自动灭火系统的所有状态信号：正常、故障、报警和喷气，都应通过控制盘传至车站防灾控制和控制中心。

4）受气体自动灭火系统保护的房间，发生火灾时，房间所有风口应自动关闭，在火灾房间处于密封状态下开始喷洒气体，喷洒完毕后排烟风机启动，排出废气至房间外界。

5）受气体自动灭火系统保护的房间，所有穿越防火墙的风管均应设防火阀（常开型）。

21.6 电气设备防火

21.6.1 电气设备的选型，应符合电气防火有关规程、规范的规定。

21.6.2 供电及电控设备的设计，应符合下列要求：

1）地下供电设备应选用防火、阻燃、无自爆和有可靠运营经验的产品，其中开关和变压器等应选用无油型，材料应采用不燃型或难燃型。

2）防灾报警和消防系统、消防水泵、事故风机、应急照明等防灾设备和气体消防设备室、车站控制室均按一级负荷供电，双电源在供电末端自动切换；应急照明采用蓄电池作为备用电源，其容量应满足 30 min 照明供电的需要。各类供电设备应设有可靠的过负荷、漏电、欠压及过压等保护。

21.6.3 电缆线路的设计，应满足下列要求：

1）供电电缆选用阻燃型，必要时采用耐火电缆或低烟低毒电缆，高低压及交直流电缆宜分开敷设。

2）敷设电缆、电线的处所要防止潮湿和鼠害，电缆敷设在电缆沟或区间隧道墙壁托架上，电缆沟应加盖板防护。较长的电缆沟槽及进入机房的沟槽端口，应进行防火分割和隔离封堵处理。

3）供电系统及高架线路结构，距城市高低压输电线路及弱电线路的距离，应符合国家现行有关供电防火的规定。

21.7 地铁车辆防火

21.7.1 车辆应具有良好的防火性能，车内所有设备和配件应采用不燃或难燃材料。

21.7.2 车辆客室内应设置手动紧急报警装置。

21.7.3　列车应设有与车站、控制中心、防灾指挥中心及车辆段联系的无线通话设备。

21.7.4　司机室内应设有向客室进行广播的设备及与客室报警开关相连的报警显示。

21.8　防灾救援

21.8.1　车辆段内应设救援办公室，受车辆段和防灾控制中心指挥。

21.8.2　救援办公室应配备下列设施和设备：

1）值班室（设专人值班）。

2）抢修设备和工具。

3）必要的救援材料和备品。

4）救援工程车和运输车辆。

5）电钟、自动电话、直通防灾控制中心的调度电话。

21.9　防灾报警系统

21.9.1　系统管理体制应按下列原则设计：

1）防灾报警系统经微机实行两级管理，在控制中心大楼内，应设防灾指挥中心（为主控级）；在车站、车辆段、主变电所等，应设防灾控制室（为分控级），车站防灾控制室应与车站控制室合建。

2）防灾报警系统应由现场监测元件—区域报警控制器（车站等）—通信通道—中央集中报警控制器（防灾指挥中心）组成。主控级与分控级之间的防灾信息传输，应由通信系统的信道实现。

3）本系统宜采用三级控制方式，即防灾指挥中心监控、车站防灾控制室监控及就地控制。

21.9.2　系统应满足下列功能要求：

1）防灾指挥中心：

（1）监视全线防灾设备的运行状态，接受全线范围内的火灾及其他灾害报警。

（2）向各分控级发出事故通风及防灾设备运行指令，指挥抢救救援全部活动。

（3）进行防灾信息的处理与传送。

（4）进行档案管理，定期输出各类数据、报告。

（5）防灾指挥中心计算机及外围设备，除满足本次工程所辖范围内的防灾管理数据处理能力外，还应考虑系统易于扩展。

2）车站控制室：

（1）监视车站及所辖区间防灾设备的运行状态。

（2）确认灾害种类及灾情，向防灾指挥中心及有关部门通报联络，传送防灾信息并接收防灾指挥中心指令，组织抢险救灾工作。

（3）联动控制车站及区间范围内的防灾设备（消防泵、事故风机、气体灭火装置、疏散诱导照明、事故广播等）。

21.9.3 车辆段、地面车站、控制中心及主变电所等地面建筑的火灾报警系统，应按《火灾自动报警系统设计规范》（GB 50116—2013）的规定执行。车辆段、地面车站、大空间的车库、大厅等的火灾报警系统，应采用新型探测设备。

21.9.4 地铁防灾通信应有下列功能：

1）有线、无线电话系统：

（1）防灾指挥中心设置与市消防、防汛、地震预报中心等部门联系的专用外部电话。

（2）防灾指挥中心设置防灾与环控系统共用的调度电话总机，各车站（车辆段、主变电所）等设置调度分机。

（3）防灾指挥中心、各车站防灾控制室，设置与列车司机联系的无线电话系统。

（4）应考虑工程所在地公安消防局无线通信指挥对讲机在地铁中能正常使用的措施。

2）防灾广播系统：防灾与行车、服务广播宜共用一套系统，防灾广播应设强切装置。当地铁发生灾害时，防灾优先广播，切断行车及服务广播。防灾广播应采用防灾指挥中心与各防灾控制室均能控制的两级广播网。

3）闭路电视监视系统：防灾与行车、服务等，宜共用一套闭路电视监视系统。防灾监视应设强切装置。当地铁发生灾害时，在防灾指挥中心及车站防灾控制室，应均能监视灾情。

注：本章根据国家和有关消防主管部门的规定和要求编制，具体在各相关专业工程设计中实施和落实，为提供编制消防审查专篇的方便，将各专业消防实施性措施汇总。若相关内容在各章节中分别作有明确规定，足以满足消防部门的要求，此章可以删除。

22 设计概算

22.1 总则

22.1.1 设计概算是设计文件的重要组成部分，是具体体现设计成果和设计水平的一个重要方面。

22.1.2 设计概算应完整地反映设计范围内工程建设项目从筹建至竣工交付使用所需全部费用。

22.1.3 设计概算应控制在已批准的建设项目可行性研究报告投资估算允许的幅度（不大于10%）范围内。

22.1.4 概算经批准后，是基本建设项目投资最高限额，是编制建设项目计划、签订建设项目总包合同、实行建设项目包干、控制预算、考核设计经济合理性和建设成本的依据。

22.1.5 设计概算的编制，必须严格执行国家的有关方针、政策和规定，以及工程所在地的具体实施性法规规定标准，并符合地铁工程设计、施工技术规范。

22.2 编制范围及单元

22.2.1 总概算的编制范围：总概算一般应按整个建设项目的范围进行编制，不能随意增减编制范围。

22.2.2 总概算编制单元：为了便于施工时按项目承包和管理，结合地铁工程特点，将全部工程划分为以下单元：

1）地铁车站（包括地下站、地面站、高架站），包括车站土建工程、装饰工程、给水排水、消防、环控通风、自动扶梯及电梯、车站动力及照明等设备及安装工程。

2）区间：全线以每个区间所含隧道（包括联络通道）、地面路基或高架桥，按相邻两个车站之间的地面正线或高架桥、过渡段等为一个概算单元。每个单元包括区间动力及照明、区间排水泵房、区间给水排水联络通道、地面正线的路基、附属工程、桥涵及高架桥工程。

3）车辆段：车辆段为一个总概算单元。其中，站场路基土石方、桥涵、隧道、站场轨道、车辆段工艺、房屋建筑、给水排水工程、动力照明工程、暖通以及附属工程（室外道路）等分别为分单元。

4）正线轨道：全线正线轨道（含地面线、高架线轨道和地下线轨道），包括折返线、停车线和渡线等轨道工程。

5）通信：全线通信系统为一个总概算编制单元，包括通信系统的设备及安装工程。

6）信号：全线信号系统为一个总概算编制单元，包括信号系统的设备及安装工程。

7）机电设备监控（EMCS）系统：全线各车站及控制中心的环境监控设备安装为一个单元，其中控制中心及每个车站为分单元。

8）防灾报警（FAS）系统：防灾报警（含控制中心、各个车站）设备安装为一个单元，其中控制中心及每个车站为分单元。

9）给排水及消防系统：全线区间给排水及消防系统为一个编制单元。

10）自动售检票（AFC）系统：全线各车站及控制中心的自动售检票系统为一个单元，其中每个车站和控制中心为分单元。

11）控制中心（OCC）：控制中心包括控制中心大楼的建筑工程和控制中心内未列入各系统的设备及安装工程。

12）主变电所：全线主变电所为一个总概算编制单元，包括主变电所的建筑、设备及安装工程、电缆工程等。

13）变电所：全线中心变电所（若实际有）、牵引变电所、牵引降压混合变电所、降压变电所作为一个总概算单元。

14）接触网：接触网包括接触网的建筑、设备及其安装工程。

15）电力监控（SCADA）系统：全线电力监控（SCADA）系统作为一个总概算单元。

16）其他生产、生活设施：上述各单元未包括的全线其他生产、生活设施，包括生产用房、办公用房、公安用房、福利设施等。

17）人防工程：人防工程即人民防空工程，是为保障战时人员与物资掩蔽、人民防空指挥、医疗救护而单独修建的地下防护建筑。

18）环境保护、劳动安全卫生：根据各地下铁道工程内容，其总概算编制单元可以增减。

22.2.3　综合概算编制单元：综合概算编制单元应与相应总概算编制单元相对应。

22.3　编制依据

22.3.1　国家有关部门对该项目可行性研究报告的批复。

22.3.2　设计图纸及工程数量。

22.4　采用定额及取费标准

原则上采用内蒙古自治区及建设部现行定额进行编制，缺项部分采用其他部门现行定额进行抽换补充。

取费标准根据所采用定额及其相应规定取费办法取费。

工程初步设计必须严格按照批准的可行性研究报告进行，不得随意改变厂址、建设规模及产品方案等。如有确需变更的，应在编制初步设计前，报经原批准可行性研究报告的部门批准同意，并在初步设计文件中重新明确。初步设计文件根据设计任务书［或批准的可行性研究报告、总体设计文件（如有）］编制，由设计总说明书、各专业设计说明书、图纸、主要设备及材料表和工程概算书等部分组成。

报审的初步设计文件必须达到国家规定的设计内容、深度的要求，并附有批准的可行性研究报告、环境影响评价报告等批准文件以及外部条件的落实协议文件。

第 2 部分

城市轨道交通工程初步设计文件编制

23 总说明书

23.1 总概述

23.1.1 工程概况。

1）城市轨道交通概况（城市轨道交通线网中各条线路的概况）。

2）沿线工程地质、水文地质及气象条件。

3）主要技术标准（线路、限界、轨道、行车组织、车辆、车站建筑、土建结构与防水、各机电设备系统等专业的主要技术标准）。

4）主要线路及站点分布方案。

5）建设规模。

6）工程筹划。

23.1.2 工程设计的主要依据。

重要的城市规划资料、可行性研究报告及其评估意见、国家发改委的批复意见、重要的配套支撑性专题研究报告（如客流预测报告、环评报告等）、相关会议纪要及业主提供的基础资料、相关的国家标准和设计规范等。

23.1.3 设计范围及设计年限。

23.1.4 设计基础资料。

23.1.5 主要设计原则及标准。

23.1.6 上一阶段审查意见和执行情况。

23.2 运营组织

23.2.1 系统设计规模。

其含客流规模、车辆编组及运输能力等。

23.2.2 列车运行交路。

23.2.3 旅行速度。

23.2.4 配线。

23.2.5 系统管理模式及组织架构。

1）调度指挥。

2）运营管理。

23.3　车辆

23.3.1　采用车辆的主要技术参数。

1）适应线路条件。

2）供电条件。

3）车辆主要动力性能。

4）列车故障运行能力。

5）车辆型式及列车编组。

6）载客量。

7）车辆主要几何参数。

23.3.2　车辆来源。

23.3.3　车辆国产化目标及实施步骤。

23.4　线路工程

23.4.1　线路走向及车站分布。

23.4.2　线路平、纵断面设计。

23.4.3　限界。

限界设计的主要技术参数、区间及车站主要断面建筑限界。

23.4.4　轨道设计原则及标准、轨道结构方案。

钢轨、扣件、轨枕间距、道床形式、 道岔无缝线路、减振轨道形式等。

23.5　土建工程

23.5.1　车站建筑。

23.5.2　车站结构与施工方法。

23.5.3　区间结构及施工方法。

23.5.4　结构防水。

23.6　运营设备系统

23.6.1　供电。

23.6.2　通信。

23.6.3　信号。

23.6.4 通风与空调。

23.6.5 动力照明。

23.6.6 给水排水及消防。

23.6.7 站台门。

23.6.8 综合监控。

含火灾自动报警、环境与设备监控、门禁、安检。

23.6.9 自动售检票。

23.6.10 电扶梯。

23.6.11 声屏障。

23.6.12 导向。

23.7 车辆综合基地与控制中心

23.7.1 车辆综合基地。

功能定位、站场选址、总平面布置、总占地面积和建筑面积等。

23.7.2 控制中心。

功能定位、选址和总建筑面积等。

23.8 征地、拆迁

23.8.1 施工用地原则及用地指标。

23.8.2 管线改迁原则。

23.8.3 征占地、拆迁的原则。

23.8.4 主要工程量汇总。

23.9 环境保护

23.9.1 设计原则和依据。

23.9.2 上一阶段审查意见和执行情况。

23.9.3 施工期间对周围环境的影响和保护措施。

23.9.4 运营期间对环境的影响和保护措施。

23.10 节能

23.10.1 设计原则和依据。

23.10.2 上一阶段审查意见和执行情况。

23.10.3　城市能源现状及本工程的能源消耗类型。

23.10.4　主要节能降耗措施。

23.10.5　用电负荷、用水及能耗计算结果。

23.11　防灾

23.11.1　设计原则和依据。

23.11.2　上一阶段审查意见和执行情况。

23.11.3　防灾设计方案。

23.11.4　人防工程。

23.12　工程筹划

23.12.1　主要进度指标。

23.12.2　总工期计划。

23.12.3　工程进度关键区段和控制点。

23.12.4　年度计划。

23.13　工程概算

23.13.1　概算总额及技术经济指标。

23.13.2　初步设计概算与可行性研究投资对比分析。

23.14　附图附表

线路总平面缩图、线路纵断面缩图、车辆段与综合基地总平面缩图、全线施工平面布置图和车站一览表。

24　线路

24.1　设计说明书

24.1.1　设计范围及工程概况。

包括设计范围、工程起终点及主要经由地、线路全长及敷设方式分类长度、车站数目及站间距描述。

24.1.2 设计依据、设计原则及标准。

设计依据：包括设计合同及任务书，设计委托书的批准机关、文号、日期、主要内容与要求，上一阶段设计文件及审批意见，有关规范及技术规章。

设计原则及标准：包括设计原则、设计年限、车辆类型及列车编组、最高行车速度、最小平面曲线半径、最大坡度等技术标准。隧道最小覆土厚度或高架桥下最小净空等选用条件。

24.1.3 上一阶段审查意见和执行情况。

24.1.4 设计方案。

1）线路平面设计（分段进行下列描述：沿线现状地形地貌，河流、湖泊，城市建（构）筑物，道路及交通、地下管线分布，水源保护，重点文物古迹保护等；沿线的城市土地利用规划、道路规划、街坊建筑详细规划及大型单体规划、地下管线规划与既有地下建筑物分布等；重点难点地段，控制线路平面设计因素分析；部分变更线路走向、路由、车站分布设计说明；线位、站位设计方案及比较）。

2）线路纵断面设计（分段进行下列描述：沿线建筑物基础和地下管网埋设高程描述；沿线工程地质和水文地质概况；重点难点地段，控制线路纵断面设计因素分析；地上地下过渡段位置方案比较；纵断面坡度设计及敷设高程方案比较）。

3）车站站位（重点车站功能服务及站位说明；车站站位一览表。包括车站中心坐标及里程、站间距、车站形式及功能等）。

4）辅助线设计。

5）出入线、折返线、停车线、渡线设计，全线辅助线分布及形式一览表。

6）线路特征分析：

（1）与上一阶段比较，线路设计优化成果说明，并汇总成表。包括线路路由、车站数目、车站站位、区间线位、工程难点减少、工程难度减轻、线路取直、曲线半径 / 偏角、辅助线分布及形式等方面的优化。

（2）最小半径曲线的分布的设置原因说明。

（3）线路平面特征分析，包括直线与曲线长度分析，曲线半径大小及偏角分布分析，平均曲线半径分析等，并汇总成表。

（4）右正线曲线表，包括交点坐标、曲线头尾里程、曲线偏角半径等曲线要素。

（5）纵断面坡度特征分析，包括最大坡度及大坡度段使用说明，按坡度大小分类之不同坡度长度分布特征分析，并汇总成表。

（6）车站坡度坡向、站中心轨面高程、线路埋深一览表。

（7）左右线中心至控制性建（构）筑物间的距离一览表。

24.1.5 存在问题及下一阶段设计注意事项。

24.1.6 附件。

右线控制点坐标表（可以与业主协商取消）；与线路设计有关的协议、纪要及公文；地面线道口与有关乡（镇）政府的协议。

24.2　设计图纸

24.2.1　图纸

1）线路示意图（装订在说明书目录之后）。

2）线路平、纵断面缩图（装订在线路示意图之后）。

3）线路贯通方案平、纵断面，典型横断面图。

4）规划预留线平、纵断面图。

5）出入线平、纵断面图（视设计分工而定）。

6）联络线平、纵断面图（必要时）。

所有图纸图幅采用 297 mm 高度。

24.2.2　相关要求。

1）贯通方案线路平面图相关要求（1∶2 000，特殊节点 1∶500）：

（1）现状 1∶500 地形原图，线路两侧地形各宽约 200 m。

（2）规划道路及红线，在建及规划建筑物及构筑物轮廓线。

（3）本工程线路设计中心线（左、右正线、辅助线），车站、区间结构轮廓线，出入口、风道风亭、施工竖井、泵站、联络通道等附属结构轮廓线。

（4）右正线里程标及控制点里程加标（站中心、曲线头尾、附属建筑物中心等），右正线直线方位角，左、右线间直线段线间距。

（5）右正线曲线要素标及交点坐标、车站标、站中心及主要道岔中心坐标。

（6）左右线中心至控制性建（构）筑物间的距离。

（7）预留规划交叉线换乘站及两侧区间线路中心线及结构轮廓线。

2）贯通方案线路纵断面图相关要求（纵向 1∶5 000、竖向 1∶500）：

（1）地形剖面高程线、道路路中高程线、江河冲刷线、江河湖常水位及洪水位高程。

（2）地质剖面图、岩层分界线和地下水位线等。

（3）道路路口交叉与立交桥、铁路交叉，高压电力线交叉，主要地下管线交叉等里程位置及高程；穿越建（构）筑物基础控制高程。

（4）设计右正线轨面坡度高程线及结构顶底板外缘高程线。

（5）轨道交通规划交叉线之高程轮廓线，大型的控制本工程高程位置的地下、地上管线及建（构）筑物轮廓位置线。

（6）平面示意、里程、地面高程、设计坡度、轨面设计高程、竖曲线半径、结构工法等（纵断面图下方各栏）。

3）贯通方案横断面图相关要求（1∶200）：

显示复杂地段线路与道路、管线、地上建（构）筑物、地下建（构）筑物的关系。

4）规划预留线平、纵断面图，出入线平、纵断面图，联络线平、纵断面图可参照贯通方案相关图式。

25　行车组织与运营管理

25.1　总概述

25.1.1　工程概况。

工程概述、分期实施计划、设计年度、设计范围、设计依据、主要设计原则以及前阶段（工可或总体设计）评审意见及执行情况等与本专业初步设计相关的外部输入条件。

25.1.2　设计年限。

25.1.3　设计依据。

25.1.4　主要设计原则及技术标准。

25.1.5　上一阶段审查意见和执行情况。

25.1.6　设计范围与主要设计内容。

25.2　系统设计规模

主要通过制定行车组织设计原则以及对客流预测报告的分析结果，确定系统车辆选型及编组方案，从而得出系统的设计运输能力、服务水平，进而确定出系统合理的列车运行交路以及车站辅助配线方案，为土建专业以及机电设备系统提供初步设计依据。

25.2.1　设计原则。

25.2.2　客流预测成果及特征分析。

25.2.3　系统制式及列车编组。

25.2.4　系统运输能力及拥挤度评价。

25.3　运营组织

25.3.1　列车运行交路。

25.3.2　运营计划（含停站时间）。

25.3.3　配线（含进路）。

25.3.4　列车牵引计算。

根据选定的车辆的牵引技术参数，在设计完成的线路平、纵断面图上进行列车牵引模拟计算，从而得出列车在模拟状态下的全程运行时间和能耗指标，为确定全程旅行时间、旅行速度及能耗总量提供设计依据。包括列车牵引计算原则、基础数据、列车停站时间、计算结果统计分析。

25.3.5　系统配线能力。

25.3.6　列车运行图。

根据模拟计算的列车旅行速度、停站时间、折返模式以及全日列车出行计划表、列车运行交路，模拟编制各设计年度的列车运行图，从而统计出运用列车配属数量、全日车辆千米数、早上最早出车时间、晚上最晚收车时间等运营指标。包括列车运行图编制原则和依据、各设计年度运行图和运行图指标。

25.3.7　非正常运营组织措施

25.4　运营管理

对系统的日常站务管理、票务管理、乘务管理以及维修管理做尽可能详细的规定。

25.4.1　车站管理模式。

25.4.2　调度管理模式。

25.4.3　控制中心。

25.4.4　列车驾驶模式及乘务制度。

25.4.5　票务管理。

25.5　运营组织架构及定员

对新建运营公司，应根据其运营管理模式合理确定其组织架构，并根据发展规模，确定合理的岗位设置和人员数量。对既有运营公司，可在既有组织架构基础上，根据新增线路的管理规模，增设相应的岗位和人员。

25.5.1　组织架构。

25.5.2　定员。

25.6　设计附图

列车牵引计算图（上行、下行）、配线能力计算图和列车运行图（初、近、远期）。

26 限界

26.1 设计说明书

26.1.1 工程概述。

车站类型（岛式、侧式、高架、地面、地下）、区间结构断面类型、是否设置疏散平台、设计最高速度和采用车辆类型。

26.1.2 设计范围。

26.1.3 设计依据、原则及标准。

设计所依据的相关文件、规范和标准，说明车辆轮廓线、车辆限界、设备限界和建筑限界的制定原则以及车站和区间内各类设备管线的布置原则。

26.1.4 上一阶段审查意见和执行情况。

26.1.5 设计方案。

1）限界设计的主要技术参数（线路、轨道、车辆类型及有关尺寸以及技术参数及供电）。

2）各种设备及管线布置（设备及管线布置的主要设计原则，例如：强、弱电布置在隧道断面的位置；电磁干扰距离；轨旁各管线、设备布置在隧道断面上的大致位置）。

3）区间纵向疏散空间要求。

4）线间距的确定（高架、地面、地下地段最小线间距的限界要求。如设置疏散平台，需要论述疏散平台工况下高架、地面、隧道内最小线间距要求）。

5）建筑限界的确定（区间直线、曲线地段人防门限界、车站限界及车辆段限界）。

（1）区间直线、曲线地段矩形、圆形、马蹄形隧道建筑限界。

（2）区间直线、曲线特殊减振地段矩形、圆形、马蹄形隧道建筑限界。

（3）区间直线地段人防门建筑限界。

（4）道岔区、转辙机建筑限界。

（5）区间地下线岛式、侧式站台直线车站建筑限界。

（6）区间直线、曲线地段地面线、高架线建筑限界。

（7）区间地面线、高架线岛式、侧式站台直线车站建筑限界。

（8）车辆段限界。

26.1.6 存在问题及下一阶段设计注意事项。

26.2 设计图纸

1）限界坐标总图。

2）区间直线、曲线地段矩形、圆形、马蹄形隧道限界图。
3）地下岛式、侧式站台直线车站限界图。
4）区间直线、曲线特殊减振地段矩形、圆形、马蹄形隧道限界图。
5）道岔区限界加宽图。
6）转辙机安装处、区间联络通道限界图。
7）隧道曲线段限界处理方法示意图。
8）区间直线地段人防门限界图。
9）区间直线、曲线地段 U 形槽、地面线限界图。
10）地面线岛式、侧式站台直线车站限界图。
11）区间直线、曲线地段高架线限界图。
12）高架线岛式、侧式站台直线车站限界图。
13）车辆段限界图。

注：1. 图纸中确定供电、通信、信号、消防等各种管线及设备的布置位置，标注各细部尺寸。车站限界图绘制车辆轮廓线、车辆限界及设备限界，绘制屏蔽门限界。若设置疏散平台，区间断面限界图中应绘制疏散平台布置图。

2. 限界图纸宜采用 A3 或 A3 加长图幅，图纸比例宜采用 1∶30、1∶40 或 1∶50。

27　轨道

27.1　设计说明书

27.1.1　工程概述。

工程基本情况，包括在线网中的位置及与其他线路的关系等，与轨道相关的线路全长、各类敷设形式的长度、最小曲线半径、线路坡度、车辆基地及联络线设置、车型、设计速度、供电方式等。

其他与轨道系统有关的工程特殊性描述。

27.1.2　设计范围。

来自设计任务书要求的轨道设计里程范围，明确与其他线路的分界划分；必要时明确与其他专业及系统的重点接口划分。

27.1.3　设计依据。

上一阶段的设计及其评审结论、相关规范、外部输入条件和重要的会议纪要等。

27.1.4　设计主要原则及标准。

对轨道工程设计应遵守的总体性设计原则进行论述；对轨距、最大行车速度、线路最小平面曲线半径、最大坡度、轨道设计荷载、超高设置、车辆类型及编组方式等技术标准进行说明。

27.1.5 上一阶段审查意见和执行情况。

27.1.6 轨道主要几何技术参数。

其包括各种地段的轨距、曲线超高、轨底坡、轨枕布置间距和轨道结构高度等。

27.1.7 轨道结构选型及结构设计。

1）钢轨（钢轨的型号及材质的选择、定尺长度及焊接方法等）。

2）扣件（论述扣件的主要设计原则；针对不同地段，对不同的扣件方案进行比选，确定推荐方案）。

3）道床及轨枕（论述道床设计原则；针对不同地段，进行道床方案比选，确定推荐方案，论述推荐方案的道床结构及道床排水设计等。论述轨枕的主要设计原则；针对不同地段，对各种轨枕方案进行比选，确定推荐方案，并列出轨枕的铺设数量）。

4）道岔（论述道岔选型的设计原则；确定道岔型号、结构形式；论述道岔道床结构及道床排水设计，配套扣件的类型等）。

5）无缝线路（阐述无缝线路的设计原则；对地下线、高架线、地面线及过渡段等地段的无缝线路设计要点进行说明）。

6）轨道减振措施（轨道不同减振级别及地段、相应的轨道减振设备选型及结构设计等；设计方案中推翻上一阶段的某些方案时，应有详细的技术经济比较论证，应包括重点区域轨道减振降噪措施与环评报告要求之间的对比表）。

7）杂散电流防护（针对杂散电流腐蚀防护，论述轨道结构设计的主要原则和措施）。

8）轨道附属设备。

27.1.8 工务维修机构、机具、用房及定员。

运营管理方式及养护维修方案（根据总体或业主要求的模式，或与之协商）；根据现运营地铁的经验提出工务机构设置及定员方案；列出工务用房及主要维修机具。

27.1.9 铺轨基地与轨道施工方法。

与工筹专业配合确定铺轨基地的个数及规模；根据目前常用的铺轨方法，结合本工程沿线场地条件、工期及设计方案等因素，选择适用于本工程的轨道施工方法。

27.1.10 存在问题及下一阶段设计注意事项。

27.1.11 主要工程数量。

与上一阶段差异较大的项目应予以简要说明。

27.2 设计图纸

1）推荐方案的各类道床断面图（含整碎过渡段图：标明轨道结构高度、道床块长度、水沟位置及尺寸，应列出所需主要材料及配件等数量）。

2）推荐采用的扣件组装图（标明主要装配尺寸、零部件类别及数量）。

3）推荐采用的道岔总布置图（标明道岔总长、直侧向通过速度）。

4）推荐采用的减振轨道结构布置图。

5）车挡图。

6）护轮轨装置图。

7）特殊减振设施组装结构图。

28　路基工程

28.1　设计说明书

28.1.1　工程概述。

路基工程范围内的地形、地貌特征，工程地质、水文地质综述，地震基本烈度、气象、水文情况，冻结深度等。路基工程长度，占全线比例，路堤、路堑长度及填、挖方数量；特殊路基类型分布及主要圬工数量。

28.1.2　设计范围。

路基工程的起点里程、终点里程及所处位置。

28.1.3　设计依据、原则及标准。

28.1.4　上一阶段审查意见和执行情况。

28.1.5　设计方案。

1）一般路基设计内容（路基面形状和宽度、路基基床、横断面形式、边坡坡率、护道宽度、侧沟及排水沟尺寸、涵洞、机械化养护作业平台、路基填料及压实标准、过渡段形式、地基处理技术要求及加固形式）。

2）特殊线（路）段路基设计说明。

3）主要加固和防护方案说明。

4）路基排水设计原则及说明。

5）路基与其他专业设计接口的说明。

6）路基修建对生态环境与水土保持的影响及采取的措施。

7）特殊线（路）段路基措施的处理方案。

28.1.6　存在问题及下一阶段设计注意事项

28.1.7　主要工程数量

1）区间路基土石方数量总表。

2）区间路基取弃土场防护工程数量表。

3）路基工点表。

4）挡土墙表。

5）路基加固及防护工程数量表。

6）区间路基土石方调配汇总表。

7）路基排水工程数量表。

8）挡土墙设计计算书（含稳定性检算和配筋计算；特殊设计时作）。

28.2 设计图纸

1）一般路基横断面设计图（绘制代表性横断面及工程数量的控制横断面；1∶200）。

2）典型工点路基设计平面图（地形、地质资料及路基工程建筑物位置；必要时作；按工点分别绘制其工程的控制范围；1∶500 ～ 1∶2 000）。

3）典型工点路基设计纵断面图（地质资料及路基工程建筑物位置；必要时作；按工点分别绘制纵断面轮廓；比例根据具体情况确定）。

4）典型工点路基设计横断面图（按工点分别绘制代表性横断面及工程数量的控制横断面；1 ∶ 200）。

5）过渡段方案图（比例根据具体情况确定）。

6）路基排水系统图（可以与路基工程平面图合并绘制）。

29 车站建筑

29.1 设计说明书

29.1.1 工程概述。

其包括本站在线路中的位置，站位名称、地点、周边环境和规划条件，车站主体及出入口、风亭等附属建筑布局，车站类型、形式和规模，区间施工工法以及换乘线路建设时序和换乘方式等。

29.1.2 设计范围。

1）项目组成和设计范围。

2）分期建设的情况（车站预留出入口等附属设施分期建设内容，换乘车站预留换乘条件分期建设内容，车站配线上方预留物业开发条件以及车站与周边地块预留物业开发条件等分期建设的说明）。

29.1.3 设计依据、原则及标准。

1）设计依据［政府有关主管部门对本工程的批文及文号。如可行性研究报告文件等审批文件的文号和名称，并摘述依据性资料中与建筑专业有关的主要内容；设计所执行的主要法规和采用的主要标准（包括标准的名称、编号、年号和版本号）；政府有关主管部门对规划、环保、文物、绿化、消防、人防、抗震、节能等要求和依据资料；建设单位提供的有关使用要求、相关会议纪要和设计合同]。

2）主要设计原则（车站站位以及出入口和无障碍电梯地面亭、风亭、冷却塔等附属设施总平面设置原则；车站出入口通道宽度以及楼扶梯组合方式；车站功能分区和设备管理用房区的平面布局原则；车站站台至站厅的楼扶梯、无障碍电梯等通行设施设置原则；换乘车站建设时序，换乘形式和节点实施、资源共享原则；车站防淹、防火、人防设计原则；车站内部及与周边物业开发设计原则）。

3）主要技术标准［车站各种通行服务设施最大通过能力，本线车站站台、站厅、出入口等各部位采用的最小高度、宽度和地饰面装修厚度等标准，车站垂直交通设施（楼扶梯、电梯）技术标准，车站售检票等乘客服务设施技术标准，车站设备及管理用房主要技术标准，以及车站无障碍设施标准等］。

29.1.4　上一阶段审查意见和执行情况

29.1.5　设计方案

1）车站总平面布置：

（1）设计基础资料［车站所在地的地形图编制单位、编制日期，采用坐标及高程系统；有关主管部门对本工程的规划许可技术条件（车站周边的用地性质、规划道路红线、出入口位置、交通接驳和自行车停车场地等），以及对总平面布局、交通组织、环境保护、文物保护、人防接口等方面的特殊要求］。

（2）站位及周边情况概述［简述车站在城市中的位置，站位与周边道路和周边规划条件，附属建筑位置与周边临近规划建筑以及地块开发等关系。概述车站主体、出入口（含消防专用通道出入口、无障碍电梯地面亭）、风亭、冷却塔的总体布局，以及与周边既有建筑、构筑物、名木、古迹、道路红线、市政基础设施（地下主要管线、人行地道或天桥、下穿道路或桥梁、附近水域或高压铁塔）、加油加气站等公共设施的关系，对影响车站站位和埋深的控制性因素（如重要的地下管线、房屋拆迁、施工条件和交通疏解，以及区间穿越河流、桥桩等）须说明采取保留、拆除、改移的措施。简述车站主体及出入口、风亭等附属建筑所处的地形地貌（如道路或场地的起伏标志、纵坡等）。简述车站出入口与公交接驳关系以及自行车停车区的布置。简述综合交通枢纽站、终点站以及地上车站的站前广场、道路及消防车道、绿化、自行车、出租车或 P+R 小汽车停车场布置］。

（3）车站主体及附属建筑控制性尺寸、站中心里程和轨顶标高。

（4）车站方案比选。

2）车站建筑设计概述：

（1）车站形式。

（2）车站建筑的主要特征（车站主体和附属建筑分项面积及总建筑面积、车站层数和各层净高、结构顶板覆土厚度及车站埋置深度，建筑工程设计等级、结构抗震设防烈度、耐火等级、设计使用年限、防水等级以及人防工程类别、防护等级和战时用途等。地上车站还需表述车站结构选型、屋面形式和防水等级等）。

（3）换乘方式和实施情况以及资源共享［根据线网规划和建设时序说明车站的换乘方式及近、远期实施情况（同期实施、预留换乘节点或区间穿越等方式）以及联络线设置和预留情况；简述预留节点分期实施结构的分界点，并对后期建设的车站以及出入口、风亭等附属建筑的方案实施进行描述；说明近、远期车站换乘节点公共区实现换乘功能转换时的平面布局和交通流线。简述换乘车站的资源共享内容和界面划分］。

（4）车站配线及两端区间施工工法［包括线路配线与车站关系，配线岔心距有效站台距离，盾构在本站吊出、始发、调头、过站等作业状况和结构加高、加宽范围，以及是否设轨排井等情况。终点站需交代预留线路延长条件及今后实施时对车站运营的影响］。

（5）车站公共区及设备管理用房区的功能分区和平面布局（包括车站公共区和设备管理区平面布局，站厅付费区和非付费区以及楼扶梯等垂直交通设施和售检票等乘客服务设施布局）。

（6）车站交通组织及流线设计［简述车站公共区交通组织及流线，垂直交通设施（楼梯、自动扶梯、电梯）和售检票等乘客服务设施的数量、宽度、吨位、速度等参数］。

（7）车站防火设计［综述车站各部位（含车站配线上方物业开发及与周边地块物业开发）的防火分区、防火分隔、防烟分区及安全疏散、消防专用通道设置、站台门紧急疏散门的设置个数及位置等。对突破规范要求的大型交通枢纽站、换乘车站以及特殊车站的建筑防火设计需有专题报告］。

（8）车站人防设计（简述车站的设防标准，防护单元划分，战时人员出入口部和通风竖井设置，换乘通道、区间隔断门及管线密闭等）。

（9）车站防淹设计（防洪、防涝）（简述车站出入口地面亭、无障碍地面亭和敞口低风井的防淹措施，以及区间防淹门的设置要求）。

（10）车站无障碍设计（简述车站站台、站厅公共区和出入口无障碍设施的设计要求及采取的技术措施）。

（11）重点车站周边及广场设计。

29.1.6 车站站台宽度、通行服务设施能力和紧急疏散时间计算。

1）车站设计客流及系统设计规模（包括各设计年限高峰小时车站预测上下车客流、进站断面客流、换乘客流、折返乘客客流、出入口分向客流以及系统设计规模。结合行车组织校核站台宽度和楼扶梯、侧站台等通行设施能力）。

2）车站站台宽度计算。

3）站台至站厅楼扶梯通过能力计算。

4）站厅付费区检票机和栅栏门疏散能力计算。

5）车站出入口通道、楼扶梯通过能力计算。

6）车站事故疏散时间计算。

7）车站换乘设施能力计算（换乘楼扶梯的通过能力和各组设施利用的均衡性）。

8）重要、复杂、运能不匹配的换乘车站功能评价（换乘路径端部设施站台楼扶梯前的拥堵人数和站台人流密度、站台滞留人数、平均换乘时间）。

9）小交路折返站和同站台换乘车站站台人流密度和紧急疏散计算。

29.1.7　车站物业开发。

1）车站物业开发的规模及预留设施说明（主要出入口、安全出口、风井、空调机房、变电所、公共厕所和货物电梯等）。

2）各防火分区面积以及与车站衔接的防火分隔措施说明。

3）物业开发安全出口的数量和宽度计算以及疏散距离等。

29.1.8　车站装修。

1）装修范围。

2）装修标准及原则。

3）装修做法（简述车站内部装修的主要或特殊建筑装修材料，以及车站采用非承重墙的墙体材料和构造措施）。

4）对具有特殊要求的门窗进行说明。

5）地上车站幕墙工程、特殊屋面工程及其他需要另行委托设计、加工的工程内容的必要说明。

29.1.9　车站导向标志及广告设置原则。

29.1.10　地上车站需设供暖、空调系统的设备管理用房区（或站厅公共区）的围护结构建筑节能设计说明。

1）设计依据。

2）项目所在地的气候分区。

3）对需设供暖、空调系统的区域，根据设备用房（或站厅公共区）能耗特征进行全年能耗计算，初步确定围护结构的传热系数及墙体材料和厚度。

4）简述设备用房区和站厅公共区的窗墙面积比及可开启窗面积比。

5）根据项目所在地的气候分区，明确车站是否采取遮阳措施，以及采用何种遮阳措施。

29.1.11　存在问题及下一阶段设计注意事项。

29.1.12　主要工程数量。

1）车站主要特征表［车站有效站台中心里程和轨面高程，线间距，站台形式和宽度，车站总建筑面积，主体建筑面积以及出入口通道、风道和地面亭等附属建筑面积，车站外包总长，标准段总宽和总高，车站顶板最大和最小覆土厚度及底板埋深，出入口数量、宽度及通道总长，风道（亭）数量和规模，公共区以及出入口自动扶梯和电梯数量，提升高度和技术参数（宽度、速度、吨位）］。

2）车站设备、管理用房面积表。

3）车站门窗表。

29.2 设计图纸

1）车站总平面图（包括换乘车站及预留车站）。

2）客流吸引范围图。

3）车站各层平面图（含防火分区示意图）。

4）车站纵剖、横剖面图。

5）车站公共区交通流线示意图（包括换乘车站节点公共区实现换乘功能转换时的平面布局和交通流线图）。

6）车站出入口通道（含楼扶梯）平面图、纵剖面图、横剖面图。

7）车站出入口地面亭（含无障碍电梯亭）平面图、剖面图、立面图及屋顶平面图。

8）消防专用通道出入口地面亭平面图、剖面图、立面图及屋顶平面图。

9）车站风道平面图、纵剖面图、横剖面图。

10）车站风亭局部总平面图，风亭平面图、剖面图、立面图。

11）地面车站及附属建筑各层平面图、纵横剖面图、立面图、屋顶平面图。

注：1. 车站平剖面图中包括换乘车站的远期站平剖面图以及重要、复杂车站和换乘车站的比选方案平剖面图。

2. 车站总平面图比例一般为 1∶500，车站及出入口通道、风道平剖面图比例一般为 1∶100 或 1∶200，出入口地面亭及风亭比例为 1∶100 或 1∶50。

30 地下结构

30.1 设计说明书

30.1.1 工程概述。

工程基本情况总体说明，一般应包括：工程位置说明，如车站站位、区间走向；工程周边环境情况说明，如建（构）筑物、管线、道路、桥梁、交通枢纽、河湖、文物等；工程建筑方案介绍，如车站类型（起终点站、中间站、换乘站）、站台形式（岛式、侧式等）、车站规模（车站主体工程长度、层数、站台宽度及车站标准段宽度、车站总建筑面积等），车站附属工程如出入口、风道等情况介绍；车站两端区间的工法介绍及其工筹安排等，或区间长度、形式、区间附属工程（风井、联络通道、泵房等）设置情况等。

30.1.2　设计范围。

工程的设计起讫里程，车站或区间的设计总长度，设计范围内包括的主要分项工程，如车站和区间主体工程结构、风道和出入口结构、联络通道及排水泵站、区间风井、盾构工作井、施工竖井等。

30.1.3　设计依据、原则及标准。

依据：政府批文、任务书、基础资料、规范等。包括经过审批的可行性研究报告、设计任务书、初步勘察报告、地质灾害评价报告、洪评报告、地震安评报告、环评报告、被交道路和河流规划条件、建（构）筑物调查成果、地形资料、被交线路资料、业主下发的相关会议纪要和联系单、初步设计技术要求、(国家、行业或地方)标准和规范、专家审查意见等文件。

原则：结构设计应满足的相关规范和规定的基本设计原则，以及其他设计原则（如各种结构构件截面设计原则、基坑支护（矿山法初期支护）与永久结构之间的结合设计原则等）。

标准：设计使用年限、安全等级及结构重要性系数、环境类别、抗震设防烈度及抗震等级、人防抗力标准和防护等级、基坑变形控制标准、盾构法和矿山法地面沉降控制标准、钢筋混凝土结构裂缝和变形控制标准、抗浮设防水位及抗浮安全系数、防水等级、防火等级、钢结构防腐防锈标准、防洪设计标准等。

30.1.4　前序各阶段主要审查意见和执行情况。

30.1.5　工程地质及水文地质概述。

从地勘报告中摘录以下主要内容：场区地形地貌，地质构造，岩土工程地质（含土层主要物理力学参数建议值），场地土类型及建筑场地类别，水文地质，场地地震效应，围岩分类及土石方可挖性分级，不良地质和特殊岩土，环境水及土的腐蚀性评价、工程评价、注意事项及建议。同时，对地勘报告资料进行分析与评价。

30.1.6　施工方法和结构形式。

车站或区间主体工程结构施工方法的技术、经济综合比选，风道、出入口、联络通道、风井、竖井等所有附属工程结构施工方法的选定，主要施工步序，地下水及不良地质处理方案，主要施工技术要求和措施等。

结构形式的选定、主要结构构件尺寸、耐久性设计及保证措施、工程材料、结构构造措施（如抗震构造、变形缝、施工缝、后浇带的设置等）、特殊节点做法、抗浮措施等。

对于基坑工程，应对围护结构及支撑体系进行技术经济比较；对于盖挖逆作法工程，应对中柱及其基础形式进行技术经济比较；对于矿山法工程，应对不同的开挖步序、支护方法及辅助施工措施等进行技术经济比较；对于盾构法工程，应对管片（含特殊环）构造设计、联络通道和盾构端头井地层加固方法等内容进行技术经济比较，并应根据工程地质及水文地质情况、环境情况、隧道结构设计等，对盾构机选型提出指导性意见及要求。

30.1.7 结构计算分析。

计算原则、荷载及其组合，计算模型，计算方法，计算简图及计算参数的确定；施工阶段及正常使用阶段的稳定性分析及强度计算；结构裂缝宽度检算；偶然荷载作用下的结构计算（地震、人防）；主要计算结果（内力、变形、配筋等）及分析等。

30.1.8 风险工程分析。

分析和识别地下结构工程的自身风险和环境风险，进行安全风险分级，提出安全风险清单（汇总表），并应给出初步的工程实施方案和风险控制措施。

30.1.9 监控量测。

应给出主要的监控量测项目，一般分为必测项目和宜测项目，包括地层、支护结构、支撑体系、主体结构以及周边环境建（构）筑物的力变形监测项目等。

30.1.10 地下结构防水。

其包括防水设计原则、设计依据，防水等级及标准，主要技术要求，自防水及辅助防水措施，特殊部位防（排）水措施等内容。

30.1.11 存在问题及下一阶段设计注意事项。

30.1.12 主要工程数量。

为满足初步设计概算编制或工程招投标需要，应以表格形式给出主要工程数量清单，包括土（石）方开挖及回填量、混凝土方量、钢筋质量以及钢支撑、锚杆、钢围檩、防水层等其他工程量。

30.2 设计图纸

30.2.1 地下车站结构。

1）车站结构施工总平面图（1∶500 或 1∶1 000）。

2）带基坑围护或初期支护及车站主体工程结构轮廓的地质纵剖面图（竖向为 1∶200，纵向为 1∶500）。

3）明挖法、盖挖逆作法车站主体基坑围护结构（含支撑体系）平面、剖面图（1∶200 或 1∶100）。

4）车站主体基坑标准段支护结构配筋图（1∶100）。

5）明挖法车站主体基坑地基加固平面图［1∶200 或 1∶100（若有）］。

6）矿山法车站施工流程方案图。

7）矿山法车站初期支护及施工辅助措施设计图及施工竖井和通道设计图（1∶200）。

8）车站主体结构底板、楼板、顶板平面图（1∶200 或 1∶100）。

9）车站主体结构纵剖面、横剖面图（1∶200 或 1∶100）。

10）车站主体结构标准段典型剖面配筋图（1∶100）。

11）风道、出入口基坑围护结构或矿山法初期支护平面、剖面图（带地质剖面）（1∶200 或 1∶100）。

12）风道、出入口结构平面、剖面图（1∶200 或 1∶100）。

13）临时路面系统设计方案图。

14）工程地下水处理措施方案图。

15）车站主体、出入口、风道等主要施工步序图。

16）车站结构与区间隧道接口设计图。

17）车站结构风险源设计方案图。

18）车站结构防水图。

19）主要监控量测图。

30.2.2　地下区间结构。

1）地下区间结构施工总平面图（1∶1 000）。

2）带基坑围护和初期支护及区间主体结构轮廓的地质纵剖面图（横向为 1∶200，纵向为 1∶500 或 1∶1 000（若线路左右线有较大区别，则须同时有区间左右线地质纵剖面图）。

3）区间结构平面、纵剖面、横剖面图（1∶100、1∶200、1∶500）。

4）明挖法区间隧道工程技术措施设计图。

5）矿山法区间隧道施工步序示意图、施工辅助措施设计图、隧道洞门设计图（对于有洞门的矿山法区间）。

6）盾构法区间通用楔形衬砌环或标准、楔形衬砌环构造图（1∶50）。

7）盾构法区间管片构造图（1∶50）、管片细部构造图（1∶10）。

8）盾构法区间特殊环管片方案图（1∶50）。

9）区间结构标准断面配筋图。

10）盾构法端头井进出洞土体加固图（1∶50）。

11）区间联络通道平、剖面及技术措施方案图（1∶50）。

12）区间风井、盾构工作井、施工竖井及通道等结构图（1∶100 或 1∶50）。

13）区间隧道与车站结构接口设计图。

14）工程地下水处理措施方案图。

15）区间结构风险源设计方案图。

16）区间结构防水图。

17）主要监控量测图。

30.3　风险工程专项设计

如工程存在以下情况之一时，应进行自身风险工程专题设计：超深基坑、超大跨隧道、通过不良地质地段或可液化地层、基础托换、超接近施工、地下结构作为高层建筑或城市桥梁的基础等。

当工程下穿或周边存在距离较近的房屋建筑、重要地下管线和地下构筑物、干线道路、既有铁路或地铁、大型桥梁、水系（江、河、湖泊）等环境设施，工程施工可能影响其安全性能或使用功能时，应进行有针对性的环境风险工程专题设计，一般包括风险工程概况、环境设施资料调查、风险工程计算分析、风险工程变形预测及安全性评估、变形控制指标、风险控制措施、专项监控量测、应急预案等内容。

对特、一级环境风险工程应进行安全性专项设计，专册出图并专项审查，主要内容应包括安全风险分析评价、工程环境监测控制标准、工程技术措施、环境安全保护设计措施、监控量测设计方案等，并应给出必要的断面设计和措施设计图。对于地位特别重要、影响特别重大的高等级环境风险，通过各种理论分析手段进一步验证其影响程度和范围。

30.4 地下结构抗震专项设计

根据住房和城乡建设部发布的《市政公用设施抗震设防专项论证技术要点（地下工程篇）》相关规定和要求进行地下结构抗震专项设计。

31 高架结构

31.1 高架区间结构

31.1.1 设计说明书。

31.1.1.1 工程概述。

工程位置说明，如车站站位、区间走向；工程周边环境情况说明：设计范围内城市规划或布局、河流、城市道路、公路、铁路及地下管线和高压架空电线分布情况。高架车站和区间高架桥的主要结构形式。

31.1.1.2 设计范围。

其包括设计高架区间起始里程、长度。

31.1.1.3 设计依据、原则及标准。

设计依据：项目工程可行性研究报告、政府批文、现行设计规范；地质勘查报告（初勘）、管线调查成果、项目工程环境评估报告、安全评估报告、防洪评价报告等。

主要设计原则：桥梁布置满足跨越道路交通、铁路、河流通航泄洪要求，考虑沿线地下管线、高压架空电线分布情况。结构满足强度刚度、耐久性和抗震要求，桥面布置空间满足车辆限界、设备管线、轨道、信号设备布置要求，满足防杂散电流、防雷接地等要求。

主要设计技术标准：车辆型号、列车编组、最高设计时速、线路最小曲线半径、桥梁结构设计使用年限、跨越河流防洪频率、跨越道路净空、抗震设防烈度等。

31.1.1.4　上一阶段审查意见和执行情况。

31.1.1.5　工程地质及水文地质条件概述。

其包括工程所在地区的地震基本烈度、工程地质和水文地质情况，其中对特殊地质条件、现有建（构）筑物制约条件等应详加说明。

31.1.1.6　桥梁制造及施工方法。

区间标准梁施工方法、节点桥施工方法说明，施工阶段描述等。

31.1.1.7　设计方案。

1）采用的设计荷载及组合。

2）主要建筑材料。

3）标准梁上部建筑及墩台、基础描述。

4）高架桥梁节点桥设计方案说明（应进行方案比较并提出推荐方案）。

5）新技术、新结构、新材料的选用。

6）抗震设计及其构造措施（应进行详尽、合理的抗震概念设计，并进行综合比较）。

7）结构耐久性要求说明。

31.1.1.8　结构计算结果。

31.1.1.9　监控量测。

施工监测（特殊桥梁结构）要求或下一阶段应注意事项。

31.1.1.10　存在问题及下一阶段设计注意事项。

31.1.1.11　主要工程数量。

31.1.1.12　工程筹划。

简述本工程（工点）施工围挡及场地布置、交通导改及疏解方案、预制场（如有）分布、施工进度计划及工期安排等内容。

31.1.2　设计图纸。

1）平面总布置图（内容包括跨（穿）越的道路、河流等的规划红线、蓝线，桥梁承台和基础平面布置，纵断面桥跨布置，桥梁横断面布置；各桥墩里程、高架线轨顶标高、上跨道路、铁路、桥梁桥下净空；相交道路、铁路、河流名称，高架桥位沿线道路机动车道、非机动车道、人行道和分隔带布置；道路地下管线大致分布情况，轨道交通线路平面要素；标准梁预制场位置和面积）。

2）梁部构造图（立面图、平面图和横断面图）。

3）预应力束布置图（立面图和平面图、工程数量表）。

4）桥墩构造图（立面图、侧面图及墩顶和墩底剖面图）。

5）桥台构造图（立面图、侧面图、桥台顶和桥台底剖面图）。

6）基础构造图（桥墩承台立面图、平面图，桥台承台立面图、平面图，桩基础平面和立面布置图）。

7）桥面系布置图，支座布置图，桥面防水、排水图。

8）工程数量表。

9）施工步序图（特殊结构）。

10）交通导改、工程筹划图。

31.2 高架车站结构

31.2.1 高架车站结构一般包含车站主体结构、附属结构、牵引变电所（如有）、轨道梁（如有）和人行天桥结构，车站结构设计文件按以上各部分分别编制。

31.2.2 高架车站主体结构分框架式结构和桥式结构，框架式结构设计文件的编制深度规定参考《建筑工程设计文件编制深度规定》（建质函〔2016〕247 号）（2016 年版）；桥式结构设计文件的编制深度规定参考本指南中有关高架区间结构设计文件编制深度的规定。

31.2.3 附属结构和牵引变电所结构设计文件深度规定参考《建筑工程设计文件编制深度规定》（建质函〔2016〕247 号）（2016 年版）。

31.2.4 轨道梁设计说明书。

31.2.4.1 轨道梁设计依据及技术标准。

车辆类型、最高设计时速、采用的现行设计规范和参考规范版本等。

31.2.4.2 设计荷载及荷载组合。

车辆荷载、二期恒载组成、主力和主加附荷载组合说明。

31.2.4.3 主要材料。

结构混凝土强度等级、预应力钢束型号和钢筋类型等。

31.2.4.4 结构耐久性设计。

结构环境作用类别，主要材料技术参数要求等。

31.2.4.5 结构分析。

1）采用的结构分析程序名称、版本号、编制单位。

2）结构分析所采用的计算模型、结构分析输入的主要参数，必要时附计算模型简图。

31.2.4.6 施工工序。

31.2.5 轨道梁设计图纸。

1）梁立面图、跨中和梁端横剖面图。

2）预应力钢束布置图。

3）支座布置图。

4）工程数量表。

31.2.6 轨道梁计算书。

31.2.7　人行天桥设计说明。

31.2.7.1　设计方案概述。

人行天桥平面和立面布置设计说明等。

31.2.7.2　设计依据及技术标准。

1）跨越地面道路等级净空要求。

2）结构的设计使用年限。

3）采用的设计技术规范和标准的名称版本等。

31.2.7.3　设计荷载及荷载组合。

31.2.7.4　主要结构材料。

31.2.7.5　结构耐久性设计。

31.2.7.6　主梁结构设计。

31.2.7.7　墩柱及基础结构设计。

31.2.7.8　步梯结构设计。

31.2.7.9　栏杆及其他附属设计。

31.2.7.10　结构分析结果。

31.2.8　人行天桥设计图纸。

1）天桥平面、立面总布置图（包含主梁、梯道梁、桥墩、桥台和基础）。

2）主梁结构立面、平面、剖面图。

3）梯道梁结构立面、平面和剖面图。

4）桥墩、桥台平面、立面和剖面布置图；基础平面、立面布置图。

5）工程数量表。

31.2.9　人行天桥计算书。

1）提供计算采用的软件、版本等。

2）主梁、梯道梁、桥墩、桥台和基础结构计算结果。

32　供电

32.1　供电系统

32.1.1　设计说明书。

32.1.1.1　工程概述。

简述线路形式、长度，地下、地上车站数量，平均车站间距、控制中心、车辆综合基地的设置。

32.1.1.2 设计范围。

32.1.1.3 设计依据、原则及标准。

设计依据：招标文件（设计任务书）；可行性研究报告；相关规范、标准；业主或其他主管部门指令性文件。

设计原则：安全、可靠、节能和环保的要求；本次设计高于国家、行业规范的要求；设计依据中没有明确的重要要求。

设计标准：本次设计涉及安全、功能的主要设计指标。

32.1.1.4 上一阶段审查意见和执行情况。

32.1.1.5 设计接口。

与外电源设计的界面划分和技术配合要求；与供电其他子专业的界面划分和技术配合要求；与其他相关专业的技术配合要求。

32.1.1.6 设计方案。

1）主变电所（电源开闭所）的设置方案。

2）中压网络构成方案及运行方式。

3）中压网络继电保护配置方案。

4）牵引变电所（直流开闭所）的设置方案及运行方式（正线、车辆综合基地）。

5）再生制动吸收装置设置方案（如有）。

6）谐波治理方案。

7）无功功率补偿方案。

8）系统电缆敷设方案。

32.1.1.7 系统计算结果。

计算书（归档，但不作文件交给甲方）内容主要包括：中压网络潮流分布计算；牵引负荷计算；牵引供电电压质量计算；回流轨对地电压计算；列车再生能量计算；谐波电压、电流畸变率计算；交流中压网络短路电流计算；直流牵引供电系统短路电流计算；主变电所（电源开闭所）中压母线功率因数计算；系统电缆热稳定计算。

32.1.1.8 电缆选型。

系统电缆（中压）的类型、截面及技术参数。

32.1.1.9 存在问题及下一阶段设计注意事项。

32.1.1.10 电缆数量。

32.1.2 设计图纸。

1）主变电所（电源开闭所）、牵引变电所位置分布图。

2）全线供电系统图（含车站、控制中心、车辆综合基地，并按照其在线路中的相对位置绘制）。

3）直流牵引供电系统图（含车站折返线、车辆综合基地，并按照其在线路中的相对位置绘制）。

4）系统电缆（中压）敷设位置图。

32.2　变电所

32.2.1　设计说明书。

32.2.1.1　工程概述。

简述线路形式、长度，地下、地上车站数量，控制中心、车辆综合基地的设置；外电源引入。

32.2.1.2　设计范围。

32.2.1.3　设计依据、原则及标准。

设计依据：招标文件（设计任务书）；可行性研究报告；相关规范、标准。

设计原则：安全、可靠、节能和环保的要求；本次设计高于国家、行业规范的要求；设计依据中没有明确的重要要求。

设计标准：本次设计涉及安全、功能的设计指标。

32.2.1.4　上一阶段审查意见和执行情况。

32.2.1.5　设计接口。

与供电其他子专业的界面划分和技术配合要求，与其他相关专业的界面划分、技术配合要求。

32.2.1.6　设计方案。

内容包括车站、区间、控制中心、车辆综合基地各种变电所、主变电所或电源开闭所。

1）变电所位置方案。

2）主接线方案、设备运行方式、继电保护配置方案、测量和计量方案。

3）自用电方案及运行方式。

4）无功补偿方案。

5）设备布置方案。

6）防雷与接地方案。

7）主变电所或电源开闭所外电源引入方案。

32.2.1.7　用电负荷计算结果及配电变压器容量选择。

计算书（归档，但不作文件交给甲方）内容主要包括：典型车站变电所低压负荷计算及配电变压器容量选择；车辆综合基地低压负荷计算及配电变压器选择；控制中心低压负荷计算及配电变压器选择。

32.2.1.8　设备选型。

列出设备、电缆（含母线槽）、支架的规格及主要技术参数。

32.2.1.9　存在问题及下一阶段设计注意事项。

32.2.1.10　主要工程数量。

32.2.2　设计图纸。

1）主变电所总平面图。

2）主接线图。

3）中压开关柜、直流开关柜、低压开关柜排列图。

4）交直流自用电系统图。

5）接地系统图。

6）设备布置平面（1∶100）、剖面图（1∶50）。

注：开关柜排列图中应标注主要元器件的规格、电缆（含母线槽）型号及规格。

32.3 电力监控系统

32.3.1 设计说明书。

32.3.1.1 工程概述。

简述线路形式、长度，地下、地上车站数量，控制中心、车辆综合基地的设置。

32.3.1.2 设计范围。

32.3.1.3 设计依据、原则及标准。

设计依据：包含招标文件（设计任务书），可行性研究报告，相关规范、标准。

设计原则：包含安全、可靠、节能和环保的要求，本次设计高于国家、行业规范的要求，设计依据中没有明确的重要要求。

设计标准：本次设计涉及安全、功能的设计指标及设备配置。

32.3.1.4 上一阶段审查意见和执行情况。

32.3.1.5 设计接口。

与供电其他子专业的界面划分和技术配合要求，与综合监控系统的界面划分和技术配合要求。

32.3.1.6 设计方案。

1）电力调度中心的设计要求。

2）系统构成、功能及指标。

3）车站混合、降压变电所综合自动化方案。

4）车辆综合基地混合、降压变电所综合自动化方案。

5）综合自动化复示管理终端方案。

32.3.1.7 设备选型。

电力调度中心设备选型技术要求；综合自动化设备选型及技术参数；以太网、现场总线线缆选型及技术参数；控制电缆选型。

32.3.1.8 存在问题及下一阶段设计注意事项。

32.3.1.9 主要工程数量。

32.3.2 设计图纸。

1）电力监控系统图。

2）中央控制室平面布置示意图。

3）主站设备原理图。

4）被控站设备原理图。

5）典型混合、降压变电所综合自动化系统图。

32.4　牵引网系统

32.4.1　设计说明书。

32.4.1.1　工程概述。

简述线路形式、长度，地下、地上车站数量，地下隧道形状、施工工法，车辆综合基地的设置。

32.4.1.2　设计范围。

32.4.1.3　设计依据、原则及标准。

设计依据：包含招标文件（设计任务书），可行性研究报告，相关规范、标准。

设计原则：包含安全、可靠、节能和环保的要求，本次设计高于国家、行业规范的要求，设计依据中没有明确的重要要求。

设计标准：本次设计涉及安全、功能的设计指标及设备配置。

32.4.1.4　上一阶段审查意见和执行情况。

32.4.1.5　设计接口。

与供电其他子专业的界面划分和技术配合要求，与其他相关专业的技术配合要求。

32.4.1.6　设计方案。

1）接触轨系统：

（1）设计条件分析。

（2）接触轨授流方式、接触轨截面选择。

（3）接触轨支撑、防护方案。

（4）接触轨布置、电分段方案。

（5）特殊地段如道岔区接触轨布置方案。

（6）车辆综合基地接触轨分区方案。

2）架空接触网系统：

（1）设计条件分析。

（2）接触网悬挂方案（正线、车辆综合基地）、线索选择。

（3）接触网布置、电分段方案。

（4）特殊地段如隔断门等接触网布置方案。

（5）接触网刚柔过渡方案。

（6）接触网防雷方案。

32.4.1.7　设备选型。

1）接触轨系统（接触轨材质选择及技术参数，接触轨支架形式选择及技术参数，防护罩选型及技术参数，绝缘子选型及技术参数）。

2）架空接触网系统（线索选型及技术参数，支柱选型及技术参数，腕臂选型及技术参数，补偿装置选型及技术参数，绝缘子选型及技术参数）。

32.4.1.8　存在问题及下一阶段设计注意事项。

32.4.1.9　主要工程数量。

32.4.2　设计图纸。

1）接触轨系统：

（1）接触轨系统接线图、布置平面图。

（2）不同道床形式下接触轨安装示意图。

2）架空接触网：

（1）架空接触网系统接线图。

（2）接触网电分段示意图（正线、车辆综合基地）。

（3）不同情况下接触网悬挂安装示意图（正线、车辆综合基地）。

（4）车辆综合基地库内典型悬挂安装示意图。

32.5　杂散电流腐蚀防护及接地系统

32.5.1　设计说明书。

32.5.1.1　工程概述。

简述线路形式、长度，地下、地上车站数量，道床形式，车辆综合基地的设置。

32.5.1.2　设计范围。

32.5.1.3　设计依据、原则及标准。

设计依据：包含招标文件（设计任务书），可行性研究报告，相关规范、标准。

设计原则：包含安全、可靠、节能和环保的要求，本次设计高于国家、行业规范的要求，设计依据中没有明确的重要要求。

设计标准：本次设计涉及安全、功能的设计指标及设备配置。

32.5.1.4　上一阶段审查意见和执行情况。

32.5.1.5　设计接口。

与供电其他子专业的界面划分和技术配合要求，与其他相关专业的技术配合要求。

32.5.1.6　设计方案。

1）防护方案及相关要求。

2）排流系统方案及运行方式。

3）监测系统方案。

4）对运营管理的建议。

5）接地系统（包括基本功能要求、技术方案、技术要求）。

32.5.1.7　系统计算结果。

计算书（归档，但不作文件交给甲方）内容主要包括排流网钢筋截面积的计算。

32.5.1.8　设备选型。

排流柜的选择及技术参数，参比电极的选择及技术要求，采集、传输设备技术参数。

32.5.1.9　存在问题及下一阶段设计注意事项。

32.5.1.10　主要工程数量。

32.5.2　设计图纸。

全线杂散电流腐蚀防护系统图（包括杂散电流腐蚀防护原理图、杂散电流监测系统示意图、参比电极布置示意图、正线负回流系统图、车场（车辆段 / 停车场）负回流系统图、正线综合接地系统概念图、车场（车辆段 / 停车场）综合接地系统概念图）。

32.6　供电车间

供电车间的功能、设置范围和主要设计原则等。

33　通信

33.1　设计说明书

33.1.1　工程概述。

简述本工程与通信专业相关的线路全长、车站的基本情况（包括地下、地面、高架以及交汇换乘站数量），控制中心、车辆段和停车场的设置位置，运营车辆数量以及最大最小站间距、主变电所情况描述等。

33.1.2　设计范围。

定性描述通信系统的涵盖内容和主次关系，然后按专用通信系统、民用通信系统、公安通信系统分别描述具体的设计范围。

33.1.3　设计依据、原则及标准。

设计依据：可行性研究报告及专家评审意见、批准的设计任务书、设计合同及编号等。

设计原则：定性描述通信系统应具备的功能、应满足的技术要求以及通信系统设备对环境的要求等的主要设计原则。

设计标准：说明本工程所采用的现行国际、国家和行业设计规范及标准。

33.1.4　上一阶段审查意见和执行情况。

33.1.5 设计方案。

1）专用、公安、民用通信系统：

（1）通信系统各子系统的主要功能。

（2）通信系统各子系统设计方案、方案比选及系统构成。

（3）通信系统各子系统的设备选型。

2）维修管理体制及定员（说明维修组织的构成、功能及定员配备；根据系统设备的维修模式确定仪器仪表的配置）。

33.1.6 设计接口。

系统内部各子系统接口方式及要求，与其他及外部相关专业的接口说明和要求及配合设计。

33.1.7 通信系统设备的国产化分析。

33.1.8 主要设备及工程数量表。

33.2 设计图纸

1）专用传输系统图。

2）专用及公务电话系统图。

3）无线通信系统图。

4）视频监视系统图。

5）广播系统图。

6）电源系统图。

7）集中告警系统图。

8）民用通信无线引入系统图。

9）公安通信无线引入系统图。

10）公安视频监视系统图。

11）控制中心、典型车站及车辆段 / 停车场通信设备室设备布置示意图。

34 信号

34.1 设计说明书

34.1.1 工程概述。

简述本工程与信号专业相关的线路全长、车站的基本情况（包括地下、地面、高架以及交汇换乘站数量），长、大地下区间的基本情况，控制中心、车辆段和停车场的设置位置，线路最高运行速度等。

34.1.2　设计范围。

34.1.3　设计依据、设计原则及标准。

设计依据：可行性研究报告、批准的设计任务书、设计合同及编号等。

设计原则：定性描述信号系统应具备的功能、应满足的技术要求以及信号系统设备对环境的要求等的主要设计原则。

设计标准：说明本工程所采用的现行国际、国家和行业设计规范及标准。

34.1.4　上一阶段审查意见和执行情况。

34.1.5　设计方案。

1）方案比选（对 ATC 系统结构、网络结构、后备方案、车辆段方案、培训中心等方案进行选择，对系统兼容性、工程实施、运营维护、工程投资、资源共享等进行分析）。

2）系统功能及构成分析（正线车站及轨旁、中央、车辆段、试车线、培训、维修机构等的构成）。

3）系统运营控制模式（说明正常情况下、故障情况下的控制模式、列车驾驶模式、车辆段的作业方式）。

34.1.6　系统指标评估及分析。

34.1.7　系统计算结果。

34.1.8　设计接口。

系统内部各子系统接口方式及要求，与其他及外部相关专业的接口说明和要求及配合设计。

34.1.9　设备选型。

34.1.10　系统国产化分析。

34.1.11　维修管理体制及定员。

34.1.12　相关工程事宜。

说明系统生产用房、供电、地线、电缆及敷设等工程的技术要求。相关防雷、接地、电缆等相关工程方案的说明。

34.1.13　其他需要说明的问题及下一阶段设计应注意的问题。

34.1.14　主要设备及工程数量表。

34.2　设计图纸

1）系统功能示意图。

2）系统配置示意图。

3）正线信号设备平面布置示意图。

4）车辆段（场）信号设备平面布置示意图。
5）设备集中站及非设备集中站室内设备布置示意图。
6）控制中心信号室内设备布置示意图。
7）车辆段（场）信号室内设备布置示意图。
8）信号系统与相关专业接口示意图。

35　通风、空调与供暖

35.1　全线系统设计说明书

35.1.1　工程概述。

说明车站位置、形式、现状，简述工程的设计规模及与本专业有关的项目组成。

35.1.2　设计范围。

承担的设计范围（分期建设应说明近期、远期的工程情况）与分工。通风、空调与采暖专业设计范围及主要内容。

35.1.3　设计依据、原则及标准。

设计依据：可行性研究报告及专家评审意见、批准的设计任务书、设计合同及编号等。

设计原则：定性描述本系统应具备的功能、应满足的技术要求。

设计标准：设计规范，室内、室外气象参数，新风量，空气质量，风速等本专业各个方面的设计标准。

35.1.4　上一阶段审查意见和执行情况。

35.1.5　设计接口。

说明本专业与相关专业、全线系统设计与车站及隧道系统设计的设计界面及接口位置。

35.1.6　系统设计的基础资料。

说明与系统设计相关的线路、车站、客流、车辆、行车组织、车站设备及站台门等基础资料。

35.1.7　设计方案。

1）区间隧道通风系统。
2）公共区通风空调系统。
3）设备及管理用房通风、空调与供暖系统。
4）空调水系统。

5）防烟、排烟系统。
6）运行模式。
7）控制模式。
8）减振降噪措施。
9）节能措施。
10）管道的材料及保温。

35.1.8　系统计算结果。

1）全线系统风量及冷量汇总表。
2）模拟计算结果。

35.1.9　存在问题及下一阶段设计注意事项。

35.1.10　主要工程数量汇总表。

应列出全线主要设备及材料的名称、选型参数、规格及数量。

35.2　全线系统设计图纸

1）全线隧道通风空调系统原理图。
2）典型车站通风空调系统原理图。
3）典型车站空调水系统原理图。
4）典型车站通风空调平剖面图。
5）典型车站系统控制模式表。
6）典型区间隧道系统控制模式表。
7）模拟计算结果图。

35.3　车站及隧道工点系统设计说明书

35.3.1　工程概述。

35.3.2　设计范围。

35.3.3　设计依据、原则及标准。

设计依据：可行性研究报告及专家评审意见、批准的设计任务书、设计合同及编号等。

设计原则：定性描述本系统应具备的功能、应满足的技术要求。

设计标准：设计规范，室内、室外气象参数，新风量，空气质量，风速等本专业各个方面的设计标准。

35.3.4　上一阶段审查意见和执行情况。

35.3.5　设计接口。

说明本专业与相关专业、全线系统设计与车站及隧道系统设计的设计界面及接口位置。

35.3.6 设计方案。

1）区间隧道通风系统。

2）公共区通风空调系统。

3）设备及管理用房通风、空调与供暖系统。

4）空调水系统。

5）防烟、排烟系统。

6）运行模式。

7）控制模式。

8）减振降噪措施。

9）节能措施。

10）管道的材料及保温。

35.3.7 系统计算结果。

系统风量、冷量及排烟量汇总表。

35.3.8 存在问题及下一阶段设计注意事项。

35.3.9 主要工程数量。

应列出主要设备及材料的名称、选型参数、规格及数量。

35.4 车站及隧道工点系统设计图纸

1）车站总平面图。

2）公共区通风空调分层平面图（包括站厅层、站台层、站台板下、出入口及换乘通道等）。

3）设备及管理用房通风、空调与供暖平面图。

4）车站通风空调标准断面图。

5）通风空调机房平剖面图（包括通风空调机房、风道、冷冻站、隧道内部风机房等）。

6）隧道射流风机布置平剖面图。

7）通风空调风系统原理图。

8）通风空调水系统原理图。

35.5 计算书

归档，但不作文件交给业主。

1）冷负荷、热负荷、风量、冷冻水量、冷却水量及主要设备的选择等计算。

2）空气处理过程焓湿图。

3）系统设计模拟计算。

36　给排水和消防

36.1　给排水及消防给水系统

36.1.1　设计说明书。

36.1.1.1　工程概述。

说明本工程建筑的基本情况、站点周围的市政给水水源及排水管网情况。

36.1.1.2　设计范围。

36.1.1.3　设计依据、原则及标准。

当地自来水公司、排水管理、消防管理等有关部门对本专业提出要求的批复意见。说明批准的设计任务书、设计规范、设计标准及原则。

36.1.1.4　上一阶段审查意见和执行情况。

36.1.1.5　设计接口。

说明本专业与相关专业的设计界面及接口位置。

36.1.1.6　给水系统。

1）生产、生活给水系统（说明各项用水量标准及用水量；说明市政水源及供水压力情况，给水系统从市政自来水管网引入管的位置、数量及管径；说明给水系统构成及功能、管道敷设方式）。

2）消防给水系统（说明消火栓系统的室内、室外消防用水量标准，以及自动喷水灭火系统的用水量标准；根据市政自来水提供的水源及供水压力情况，说明消火栓及自动喷水灭火系统的系统构成，包括消防泵房、消防水池及稳压泵的设置情况等；说明消火栓系统的成环方案、消火栓的设置原则、自喷系统喷头的选型要求等）。

3）循环冷却水系统（说明冷却水系统的系统构成，供水及回水水温、水量、水质及水压要求，水处理方式，冷却泵与冷却塔位置及设备选型要求等）。

4）热水供应系统（如工程要求设该系统时，应说明系统选择，用水量、水温、水质、热源及加热方式、用水时间，用水量计算表，最大小时用水量及耗热量，设备选型，管材、管道温度及敷设方式）。

5）电保温系统（应说明电保温系统的设置原则及要求）。

36.1.1.7　排水系统。

说明各项排水量标准，屋面或敞开口的暴雨强度等；说明地铁工程排水系统的分类；说明地铁工程各类排水泵房、集水池的设置位置及设置要求，车站内各排水地漏和排水横截沟的设置原则等。

36.1.1.8 给排水及消防系统控制要求。

说明所有生产、生活给水、排水及消防给水设备的启动方式、控制要求等。

36.1.1.9 系统计算结果。

计算书（归档，但不作文件交给甲方）内容主要包括给水用水量、排水量、水泵选择、水池容积、排雨水泵站的汇水面积及排雨水量计算。消防给水及自动喷水灭火系统水力计算，冷却循环给水系统，设备选型及水力计算。

应列出用水量计算表，对雨水的汇水面积、重现期应采用当地暴雨强度公式进行雨水量计算并列计算表。

36.1.1.10 灭火器的配置。

说明灭火器的配置级别、设计原则等。

36.1.1.11 设备选型。

应说明所有生产、生活给水、排水、消防给水设备的设计参数，灭火器的选型要求等，说明所有室内、室外管道的选型要求。

36.1.1.12 节能与环保。

36.1.1.13 存在问题及下一阶段设计注意事项。

36.1.1.14 主要工程数量。

36.1.2 设计图纸。

1）全线给排水总平面图（绘出全线各站点与城市自来水给水管网，市政雨、污水排水管网接管的管道数量、管径及位置，车站及区间主废水泵站以及雨水泵站的位置，区间泵房和雨水泵房出水管方向，指北针等）。

2）车站给排水及消防总平面图（绘出该站给水引入管道位置、排水出口管道位置，并绘出消火栓井、阀门井、水表井、排水检查井、水泵接合器井、化粪池、冷却塔等有关设施的位置，该图应有指北针）。

3）站厅层及站台层（含出入口、风道）给排水及消防平面图（绘出给排水及消防管道的走向、位置、管径及主要标高，公共区及设备用房地漏位置，消火栓、喷头的位置等。绘出出入口风道给排水接出管的位置等）。

4）生产、生活及消防给水系统图（绘出管线、管径及标高，标出和城市地面给排水管道接管的位置标高。绘制的范围应包括设计范围内的所有给水系统（含室外水表井、室外消火栓及水泵接合器等））。

5）冷却循环给水系统平面图及系统原理图（绘出管道冷却塔、冷却泵位置，系统图注明管径标高）。

6）污水泵房、主废水泵房及消防泵房大样图（绘出泵房内各设备及管道的布置图）。

36.2 气体灭火系统

36.2.1 设计说明书。

36.2.1.1　工程概述。

本工程建筑的基本情况。

36.2.1.2　设计范围。

本专业的设计范围及内容，应列明保护区的房间名称。

36.2.1.3　设计依据、原则及标准。

批准的设计任务书、设计规范、设计标准及原则。

36.2.1.4　上一阶段审查意见和执行情况。

36.2.1.5　设计接口。

本专业与相关专业的设计界面、接口位置及接口内容。

36.2.1.6　设计方案。

气体灭火系统的灭火介质、房间内喷头布置的原则、系统功能及构成方式；控制系统的构成方案、系统的工作流程控制方式等。

36.2.1.7　系统计算结果。

计算书（归档，但不作文件交给甲方）内容主要包括气体灭火系统管网水力计算、设备选型。

36.2.1.8　设备选型。

应说明本系统重要设备、管道的选型要求。

36.2.1.9　存在问题及下一阶段设计注意事项。

36.2.1.10　主要工程数量。

36.2.2　设计图纸。

1）管网系统原理图（绘出所有保护区管网系统组合分配的方案）。

2）典型车站的管网布置图（绘出典型车站的气体灭火管道走向、位置、管径及主要标高等）。

3）气瓶间大样图。

4）控制系统原理图、平面图。

37　动力照明

37.1　设计说明书

37.1.1　工程概述。

37.1.2　设计范围。

37.1.3　设计依据、原则及标准。

37.1.4 上一阶段审查意见和执行情况。

37.1.5 设计接口。

设计接口为专业界面划分。

37.1.6 负荷分级及供电原则。

37.1.7 动力设计。

简述动力配电系统和配电方式、控制方式、动力设备负荷、动力设备安装方式。

37.1.8 照明设计。

简述照明种类，照明配电电压、配电系统形式及配电方式，照度标准，光源及灯具选择，照明控制方式，应急照明的设置、供电和控制。

37.1.9 防雷、接地及等电位联结。

37.1.10 节能。

37.1.11 负荷统计及计算结果。

计算书（归档，但不作文件交给甲方）内容主要包括负荷有功计算容量、计算电流，线路电压损失，短路电流，故障电流。

37.1.12 导线、电缆的选择及敷设方式。

37.1.13 设备选型。

37.1.14 存在问题及下一阶段设计注意事项。

37.1.15 主要工程数量。

37.2 设计图纸

1）动力总配电系统图（图纸上标出负荷等级、负荷名称、配电箱编号、设备容量、电缆型号及规格、电缆长度）。

2）照明总配电系统图（负荷名称、照明配电箱编号、设备容量、电缆型号及规格、电缆长度，不画展开图，图纸上标出）。

3）环控电控柜排列图（图纸上标出负荷名称，电控柜编号，设备容量，计算电流，主要元器件规格、电缆型号及规格）。

4）动力照明干线路径及配电箱平面布置图（图纸上标出动力照明干线路径、动力照明配电箱位置及编号、照明配电室及环控电控室平面布置等）。

5）区间动力、照明干线配电示意图。

注：初步设计不出动力及照明的平面图，但应绘出草图以统计设备材料数量。

38　火灾自动报警

38.1　设计说明书

38.1.1　工程概述。

简要介绍工程概况和本工程设有与消防有关的设备系统。

38.1.2　设计范围。

叙述本系统设计涉及的工程范围及系统所包括的设计内容。应明确系统与所涉及的其他设备系统的设计分界点。

38.1.3　上一阶段审查意见和执行情况。

38.1.4　设计依据、原则及采用的标准。

列出设计所依据的规范和有关文件。

38.1.5　设计方案。

1）系统构成（全线系统构成、中心级构成、车站级构成、车辆段构成、区间系统构成、全线网络及接口应有较详细方案）。

2）系统功能（叙述系统具备的功能，明确中心级功能、车站级功能）。

3）系统方案（叙述全线系统方案、中心级与车站方案、区间方案、与环境和设备监控系统的联动控制关系等）。

4）设备选型及接口（根据不同场所而选择的探测器类型配置，根据不同的联动控制对象所选择的各类模块配置以及与这些设备的接口位置和要求）。

5）电源及接地。

38.1.6　组织机构及人员配置。

38.1.7　存在问题及下一阶段设计注意事项。

38.1.8　主要工程数量表（按中心及区间、车站、车辆段分别统计）。

38.2　设计图纸

1）火灾自动报警全线系统构成图。

2）车站火灾自动报警系统构成图。

3）典型车站火灾自动报警平面图。

4）车站监控点表。

39 环境与设备监控

39.1 设计说明书

39.1.1 工程概述。

简要介绍工程概况和本工程设有的设备系统。简要叙述系统所管理的地域范围和控制对象及其内容。

39.1.2 设计范围。

39.1.3 上一阶段审查意见和执行情况。

39.1.4 设计依据、原则及采用的标准。

列出设计所依据的规范和有关文件，相关专业提供的资料要求，作为编排控制程序和系统设计的依据。叙述系统设计所遵循的主要原则，包括系统规模划分、全线网络组成的原则，以及与环境和设备监控系统的联动控制关系等。

39.1.5 设计方案。

1）系统构成（全线系统构成、中心级构成、车站级构成、车辆段构成、区间系统构成、全线网络及接口应有较详细方案）。

2）系统功能（叙述系统具备的功能，明确中心级功能、车站级功能）。

3）设备配置及设置（设备配置及设置包括中心级、车站级、现场级设备等的设置）。

4）设备选型及接口（根据不同场所而选择的现场控制器配置选型原则，根据不同的联动控制对象所选择的各类模块配置以及与这些设备的接口位置和要求）。

5）电源及接地。

39.1.6 组织机构及人员配置。

39.1.7 存在问题及下一阶段设计注意事项。

39.1.8 主要工程数量表。

39.2 设计图纸

1）环境与设备监控全线系统图。

2）中心级系统图（若独立设中心）。

3）典型车站环境与设备监控系统图。

4）车站控制点表。

40　自动售检票

40.1　设计说明书

40.1.1　概述。

40.1.1.1　工程概况。

车站一般情况：名称、数量(包括高架、地面、地下)；换乘车站情况：名称、数量、换乘线路、换乘形式、换乘时间；控制中心与维修基地情况：名称、位置；客流规模：全日客流量、高峰小时客流量、换乘客流量。

40.1.1.2　既有系统概况。

清分管理中心系统情况（如有）；既有自动售检票系统情况（如有）；公交一卡通情况。

40.1.1.3　设计年限。

40.1.1.4　设计范围。

40.1.1.5　上一阶段审查意见和执行情况。

40.1.2　设计依据、原则及采用的标准。

设计依据：可行性研究报告及专家评审意见、批准的设计任务书、设计合同及编号、相关规范等。

设计原则：有关“一票通”“一卡通”的原则；系统能力及设备配置原则；票制原则；分级管理原则；可靠性、可维护性、可扩展性、安全性原则；耐受环境原则；连续运行原则。

设计标准：采用的主要技术指标。

40.1.3　票务管理。

在可行性研究报告的基础上，进一步明确各票种的主要功能、主要业务的处理设备及处理流程。

40.1.4　运营模式。

40.1.5　系统构成及功能。

说明所构成的子系统和设备，其中子系统构成须细化至具体设备种类。细化各子系统、设备的功能，并提出主要性能要求和技术指标。

40.1.5.1　系统构成。

40.1.5.2　系统及设备功能。

40.1.6 网络系统。

描述网络系统的基本要求。

说明由哪几级网络构成、每级网络的带宽、每级网络之间的带宽、网络设计方案、线缆要求等。

说明网络管理的主要功能；提出网络设备的主要技术要求。

40.1.7 电源及接地。

说明电源/配电设计的基本要求、配电设计方案及线缆要求。以列表形式说明各站、各配电箱、各主干回路的容量。

说明接地目的、用途。说明保护接地、弱电工作接地设计方案。

40.1.8 设备配置及布置。

配置原则，主要计算参数，预测客流。说明全线初、近、远期各站早晚高峰小时上下车客流、换乘客流。

统计各站车站终端设备配置数量。

40.1.9 设备用房。

描述设置原则；控制中心用房、车站用房、综合维修基地用房均需说明用房名称、面积、位置要求、用途及其他技术要求。

40.1.10 系统维修及定员。

说明维修体制、维修组织结构及分工、维修所需设备。

说明线路中心定员、维修定员。其中车站定员由行车组织和运营管理专业确定，自动售检票系统专业不必确定及说明。

40.1.11 国产化方案。

分析国产化现状，说明国产化方案、国产化率。

40.1.12 系统接口。

说明与清分管理中心系统的接口、与公交“一卡通”系统的接口、与相关换乘线路自动售检票系统的接口。

说明与本工程相关专业的接口。接口内容主要包括接口位置、各专业所负责内容。

40.1.13 存在问题及下一阶段设计注意事项。

40.1.14 主要工程数量表。

统计主要工程数量，包括主要设备数量，设备安装、调试量，主要材料数量，管线敷设量，线缆敷设、成端、连接、测试量，各子系统的联调测试，与外部系统的联调测试，与相关专业的联调测试，全系统联调测试等。

40.2 设计图纸

1）票务流程图。

2）系统构成图。

3）组网、配电原理图（含中心、车站组网原理图）。

4）典型车站设备平面布置图。

5）车站自动售检票系统标准布置图（包括车站用房标准布置图、售票亭典型布置图、自动售票机典型布置图、自动检票机典型布置图等）。

41　自动扶梯及电梯

41.1　设计说明书

41.1.1　概述。

41.1.1.1　工程概况。

41.1.1.2　设计范围。

41.1.1.3　上一阶段审查意见和执行情况。

41.1.2　设计依据及采用标准。

41.1.3　设备选型。

41.1.3.1　主要设计原则。

41.1.3.2　主要技术参数及技术要求。

41.1.3.3　设备设置要求。

41.1.3.4　设计接口。

设计接口含专业界面划分和技术要求。重点介绍与以下专业之间的接口：与土建接口、与低压供电接口、与通信接口、与综合监控接口。

41.1.4　设备运营及管理模式。

41.1.5　设备国产化。

41.1.6　存在问题及下一阶段设计注意事项。

41.1.7　主要工程数量表。

41.2　设计图纸

1）自动扶梯主要结构参数图（含站内、出入口）。

2）自动扶梯布置图（并列、中间支撑）。

3）电梯主要结构参数图（贯通、一侧开门）。

42 综合监控

42.1 设计说明书

42.1.1 工程概述。

简要介绍工程概况和本工程设有的与综合监控系统有关的设备系统。

42.1.2 设计范围及内容。

叙述本系统设计涉及的工程范围及系统所包括的设计内容。

42.1.3 上一阶段审查意见和执行情况。

42.1.4 设计依据及标准。

列出设计所依据的规范和有关文件。

叙述设计所遵循的主要原则，包括确定安全性、可靠性、可扩展性等。

42.1.5 设计接口。

应明确系统与所涉及的其他设备系统的设计分界点，IBP 盘与各系统专业的接口分界点。

42.1.6 系统构成及设计方案。

系统构成及设计方案包括系统的总体结构、系统集成方案、中央级系统构成及方案、车站（车辆段）级系统构成及方案、现场级系统构成及方案（如有）、换乘站方案、主干网构成方案。

叙述系统具备的功能，系统功能包括通用功能，集成互联系统功能，联动功能，网络管理系统、设备维护管理系统、培训管理系统应实现的功能。

明确运营控制中心、车站控制室、车辆段的设备配置、选型原则及国产化分析。

根据软件可选不同的服务器、交换机、前端处理器的技术指标。

说明电源及接地方案与要求、电缆选型及敷设要求。

说明系统用房需求。

42.1.7 组织机构及定员。

说明运营机构及定员、维修机构及定员。

42.1.8 与相关专业接口。

说明接口设计原则、IBP 盘接口、与相关专业的接口。

42.1.9 主要设备材料表。

42.2　设计图纸

1）综合监控系统全线系统构成图。

2）综合监控系统典型车站系统构成图。

3）典型车站控制室、设备室布置图。

43　乘客信息

43.1　设计说明书

43.1.1　工程概述。

简要介绍工程概况。

43.1.2　设计范围及内容。

叙述本系统设计涉及的工程范围及系统所包括的设计内容。

43.1.3　设计依据、原则及标准。

叙述设计所遵循的主要原则，包括确定实时性、安全性、可靠性、可扩展性等。

列出设计所依据的规范和有关文件。

43.1.4　上一阶段审查意见和执行情况。

43.1.5　设计方案。

设计方案包括控制中心、车站、全线网络及接口详细方案。

叙述系统具备的功能，明确运营控制中心、车站控制室应实现的功能。

根据车地无线通信设备的测试情况选用不同的设备及相关的技术指标。说明电源及接地方案与要求。

43.1.6　设计接口。

应明确 PIS 系统与所涉及的其他设备系统的设计分界点。

43.1.7　设备选型。

43.1.8　组织机构及定员。

43.1.9　主要设备及工程数量表。

43.2　设计图纸

1）PIS 全线系统图。

2）系统典型车站设备布置示意图。

44 办公自动化

44.1 设计说明书

44.1.1 工程概述。

44.1.2 设计范围。

叙述本系统设计所涉及的工程范围及系统所包括的设计内容。

44.1.3 设计依据、原则及标准。

说明系统目前所采用的规范、甲方来文、其他设计输入文件。

叙述系统设计所遵循的主要原则，主要从系统的可靠性、安全性、可扩充性、经济性方面设计原则进行描述。

44.1.4 上一阶段审查意见和执行情况。

44.1.5 设计方案。

1）硬件建设方案（对综合维修中心 OA 终端配置、站务管理及 OA 终端配置、车站管理内容、车站工作岗位设置、车站人员的工作班制进行分析。对系统的存储设备、网络设备、安全设备、综合布线系统进行分析描述）。

2）软件建设方案（软件建设方案包含操作系统、数据库、中间件、数据引擎、软件体系结构、应用软件）。

3）网络组网方案（对全线系统的组网方案进行描述，包括是否独立组网；对网络带宽进行描述）。

4）电源与接地、设备用房。

44.1.6 设计接口。

44.1.7 主要设备及工程数量表。

44.2 设计图纸

1）全线、典型车站和车辆段（停车场）系统图。

2）OA 中心系统图（也可以在全线系统图中体现）。

45　门禁

45.1　设计说明书

45.1.1　工程概述。

45.1.1.1　设计范围。

叙述本系统设计所涉及的工程范围及系统所包括的设计内容。

45.1.1.2　设计依据。

45.1.1.3　上一阶段审查意见和执行情况。

45.1.1.4　设计规范及标准。

本系统设计所依据的规范和有关文件。

叙述本系统设计所遵循的主要原则，包括门禁系统和其他系统的集成或互联方式、系统架构、火灾联动方式等。

45.1.2　系统构成及设计方案。

45.1.2.1　主要设计原则。

45.1.2.2　主要设计技术参数。

45.1.2.3　系统构成。

系统构成应包括门禁的总体构架、中心级门禁系统设计、车站级门禁系统设计、就地级门禁系统设计、门禁监控点设置、换乘站门禁设置方案。

45.1.2.4　系统功能。

叙述本系统具备哪些功能，主要明确控制中心（中央级）、车站控制室（车站级），以及现场级门禁控制器、门禁终端设备等应具有的功能。

45.1.2.5　控制及运行模式。

控制及运行模式中心、车站级的管理方式，在线、离线和灾害下的运行模式。

45.1.2.6　门禁监控点设置。

根据车站、车辆段、停车场、控制中心大楼的建筑形式，以及地铁运营、管理的实际需求，确定门禁监控点的设置部位。

45.1.2.7　门禁设备安装及电缆敷设。

中心、车站级的管理方式，在线、离线和灾害下的运行模式；门禁设备的安装位置、安装方式、安装高度，以及线缆敷设方式等。

45.1.2.8　电源与接地。

45.1.3 设备选型与国产化。

简述设备选择的要求和原则，以及国产化指标。

45.1.4 与相关专业接口。

应明确门禁系统与其他设备系统的设计分界点，划分责任，以利于工程实施。

45.1.5 存在问题及下一阶段设计注意事项。

45.1.6 主要设备材料数量表。

45.2 设计图纸

1）门禁系统全线系统构成图。

2）门禁系统典型车站系统构成图。

3）门禁系统就地级设备线缆连接图。

46 站台门

46.1 设计说明书

46.1.1 概述。

46.1.1.1 工程概述。

简述线路敷设形式、车站建设规模及立柱分布基本情况、车辆通过车站情况（含停站、过站、进出站列车运行速度等）。

46.1.1.2 设计范围。

46.1.1.3 设计依据。

46.1.1.4 上一阶段审查意见和执行情况。

46.1.2 主要设计规范及标准。

本系统设计所依据的规范和有关文件。

叙述本系统设计所遵循的主要原则，包括和其他系统的集成或互联方式、系统架构，火灾下运行原则。

46.1.3 系统构成及方案设计。

46.1.3.1 主要设计原则。

46.1.3.2 主要技术参数。

46.1.3.3 系统构成及功能。

46.1.3.4 控制及运行模式。

46.1.3.5　设备选型与国产化。

46.1.3.6　门体形式及安装方式。

46.1.3.7　接地及绝缘。

46.1.3.8　安全防护措施。

46.1.3.9　与相关专业接口。

设计接口含专业界面划分、技术要求。

46.1.4　系统用房及维护定员。

46.1.5　存在问题及下一阶段设计注意事项。

46.1.6　主要设备材料表。

46.2　设计图纸

1）站台门系统组成图。

2）控制系统原理图。

3）开、关门流程图。

4）配电系统原理图。

5）站台门典型平、立面布置图。

6）站台门安装剖面图。

7）站台门设备室典型布置图。

47　声屏障

47.1　设计说明书

47.1.1　工程概述。

47.1.2　设计范围。

应列表说明工程涉及的噪声敏感点名称，与线路的相对位置关系。

47.1.3　设计依据、原则及标准。

其包括设计依据及采用的规范，各噪声敏感点采用的噪声标准，声屏障位置、高度、长度、厚度等参数的确定原则。

47.1.4　上一阶段审查意见和执行情况。

47.1.5　工程环境影响评价建议措施及环评批复执行情况。

47.1.6　设计接口。

声屏障专业与其他专业的设计界面划分。

47.1.7 声学设计基础数据。

其包括列车运行计划表、列车运行噪声值，并应列表说明工程涉及的噪声敏感点的背景噪声情况。

47.1.8 设计方案。

应列表说明针对不同的噪声敏感点设置的声屏障设置形式及设置里程、不同声屏障的结构组成形式、声屏障材料及构件选择要求。

47.1.9 材料选型及国产化。

47.1.10 存在问题及下一阶段设计注意事项。

47.1.11 主要工程数量。

47.2 设计图纸

1）声屏障平面布置图（1∶1 000；应分段详细标明声屏障的起点、终点里程及平面位置，噪声敏感区的位置及与线路的距离）。

2）声屏障横剖面图（1∶50；横剖面图为垂直线路方向的剖面。应表示出各种类型声屏障在横断面上与线路、限界、电缆托架以及人行步道等的相对位置，声屏障的横断面结构）。

3）声屏障板构造图（表示声屏障板各部分的材质、构造及尺寸）。

4）声屏障钢架断面图（结构专业）。

5）声屏障钢架平面图（结构专业）。

6）地面段声屏障钢架基础图（结构专业）。

48 车站内部管线综合

48.1 设计说明书

48.1.1 工程概述。

简述车站站位、出入口、风亭、冷却塔的设置位置以及车站周边环境，车站形式及换乘方式，车站平面布局、层数及各层的净高和吊顶高度要求，车站规模和各层面积，车站防火分区划分及楼扶梯穿越设备用房的防火分隔位置等。

48.1.2 设计范围。

设计范围包括车站组成范围，机电设备专业各系统、各类管线以及综合吊架设计范围。

48.1.3 设计依据、原则及标准。

设计依据：建筑和各机电设备专业提供的初步设计基础资料；主要法规和所采用的主要标准（包括标准名称、编号、年号和版本号）；总体单位提供的初步设计车站管线综合技术要求。

设计原则：简述车站公共区及设备管理用房区对管线的安装高度要求，设备吊装孔、设备运输通道及预留门洞对管线敷设的避让、检修、更换、运输等空间要求，主体结构外挂变电所等设备用房及侧式站台设备用房电缆敷设的要求，以及站厅层布设变电所时电缆敷设方式对结构净空的要求等。

简述车站公共区吊顶内管线综合相对位置布置原则，设备管理用房走道吊顶内风、水、电等管线综合相对位置布置原则，强、弱电管线相对位置布置原则，管线交叉及叠落布置原则，以及动力照明电缆桥架和通信、信号等弱电管线布置原则等。

简述与设备无关的管线敷设原则，设备用房内设备与风管的布设原则，以及通风方式不同对设备管线敷设要求等。

简述对上、下水管道穿越强电房间的限制措施，对设置在弱电用房内的风机盘管和接水管要求，车站控制室和气瓶间对无关管线穿越的限制要求，以及高、低压电缆穿越弱电房间要求等。

简述管道宽度对两侧预留安装、检修空间的影响及要求。

简述综合管线对不同结构形式的空间高度要求和对不同结构形式的空间利用，以及站台板下管线通道和排热风道对底板纵梁下翻和楼扶梯、电梯布置的要求等。

简述车站站台门外设备用房及外走道的管线布置原则及管线最低控制标高。

设计标准：强电（动力照明）专业电缆桥架布置要求；弱电（通信信号、火灾自动报警、环境与设备监控、自动售检票、乘客信息、综合监控、办公自动化、门禁、屏闭门、安全门等）专业管线之间以及与其他专业管线之间布置要求；通风空调专业管线布置要求；给排水专业管线布置要求；装修专业要求；管线穿越防火墙、楼板及防火分隔物的防火封堵技术要求等。

48.1.4　设计接口。

1）说明车站主体与出入口、风道及物业开发等的分界点划分，以及车站外部管线接入点的位置。

2）说明车站和远期换乘车站设计分界点。

48.1.5　存在问题及下一阶段设计注意事项。

48.2　设计图纸

1）管线图例及专业代码。

2）站厅层天花、地板管线综合平面图。

3）站台层天花、地板管线综合平面图。

4）其他设备层或附属用房天花、地板管线综合平面图。

5）各层管线剖面图。

注：车站管线综合平面图比例为1∶100、1∶200，剖面图比例为1∶50；对管线密集区宜增加剖面图，表明管线与相邻管线及墙体、顶板及吊顶间的距离，并注明主要交叉点上、下管线的标高和水平间距。

49 车辆综合基地

49.1 总说明

49.1.1 设计说明书。

49.1.1.1 工程概述。

工程概述包括车辆段的设计规模、总平面布置等，综合维修中心、物资总库以及培训中心的功能、任务、配备的主要设施设备等，以及办公生活设施、其他相关工程等的概况描述。

49.1.1.2 建设条件分析。

49.1.1.3 设计依据、设计年限及设计范围。

设计依据、设计年限及设计范围包括城市轨道交通线网规划相关内容概述、车辆段与综合基地的功能及任务描述、车辆段与综合基地的选址情况。

49.1.1.4 设计原则。

设计原则包括站场、路基、桥涵、房屋建筑、结构、给排水及消防、电力及通风与空调等相关专业的主要设计原则和技术标准。

49.1.1.5 设计基础资料。

49.1.1.6 上一阶段审查意见和执行情况。

49.1.1.7 工艺设计。

49.1.1.8 站场。

49.1.1.9 房屋建筑。

49.1.1.10 低压配电。

49.1.1.11 采暖、通风及空气调节。

49.1.1.12 给排水及消防。

49.1.1.13 综合布线。

49.1.1.14 管线综合。

49.1.1.15 节能与环保措施。

49.1.1.16 劳动、安全和卫生。

49.1.1.17 工期计划。

49.1.1.18 主要技术经济指标表。

49.1.1.19 房屋建筑面积表。

49.1.1.20 存在问题及下一阶段设计注意事项。

注：结合各专业的设计说明，突出重点。

49.1.2 设计图纸。

1）站段位关系图。

2）总平面图。

3）管线综合图。

49.2 工艺

49.2.1 设计说明书。

49.2.1.1 工程概述。

49.2.1.2 设计范围。

49.2.1.3 设计依据、原则及标准。

49.2.1.4 上一阶段审查意见和执行情况。

49.2.1.5 车辆综合基地工艺设计。

配属车辆数、年检修任务量及检修台位、车辆段（车场）的功能划分及规模、运用及主要检修作业流程。各检修车库、车间、救援设施等的工艺设计（包括任务内容、工作量，车间组成及面积，主要设备数量，水、电、压缩空气用量，定员等）。

49.2.1.6 其他基地工艺设计。

功能任务及规模，综合维修中心、物资总库、培训中心各车间的工艺设计（包括其任务、工作量，车间组成及面积，主要设备数量，电、水用量，定员等）。

49.2.1.7 组织机构及定员。

组织机构框架图以及各单位行政、生产、后勤人员的设置数量表。

49.2.1.8 存在问题及下一阶段设计注意事项。

49.2.1.9 主要设备概数表。

注：确定运用及各检修修程的工艺流程、作业内容，确定段、场的合理分工以及段、场的运用、检修设施规模，确定各股道种类、数量、技术要求和各建筑个体平、剖面尺寸、技术要求、定员等资料以及对上下水、供暖、通风与空调、供电、低压配电、通信、信号等设备专业的技术要求。

49.2.2 设计图纸。

1）车辆综合基地工艺总平面图。

2）各运用、检修车库、车间设备平面布置图、剖面图及设备表。

3）各辅助生产设施设备平面布置图、剖面图及设备表。

4）室内外压缩空气管路平面图、系统图及工程数量表。

49.3　站场

49.3.1　设计说明书。

49.3.1.1　工程概述。

说明设计依据、设计年限及设计范围，场区的地理位置与勘测设计概况，场区的地形、地貌、地质、水文、地震等自然情况，采用先进技术情况。

49.3.1.2　设计范围。

49.3.1.3　设计依据、原则及标准。

49.3.1.4　上一阶段审查意见和执行情况。

49.3.1.5　设计方案。

1）总平面布置。

2）说明采用的曲线半径、线路坡度、道岔型号等技术标准。

3）说明设计的原则、方案的构思与比较、特殊地段处理以及工程量计算等。

4）说明出入段线设计的原则、标准、方案比较情况等。

5）说明路基设计的原则、标准。

6）说明道路及排水设计的原则、标准、方案比较情况等。

7）说明征地和拆迁情况。

49.3.1.6　工程主要数量。

49.3.1.7　存在问题及下一阶段设计注意事项。

49.3.2　设计图纸。

1）线路平面设计图（1∶2 000 或 1∶1 000）。

2）车辆段出入线平面设计图（1∶2 000 或 1∶1 000）。

3）车辆段出入线纵断面图（纵向 1∶500，竖向 1∶50）。

4）横断面图（1∶200）。

5）铁路专用线平面设计图（1∶2 000）。

6）铁路专用线纵断面设计图（横向 1∶1 000，竖向 1∶100）。

以上平面图应表示线路平面位置、曲线要素、坐标控制点等；周围道路和建筑现状，道路红线和重要建筑规划。纵断面图应表示纵断坡度、变坡点以及控制里程、线路平面示意图及曲线要素，反映地质断面情况。

49.4　其他各专业

结合轨道交通特点内容及相关专业章节，参照《建筑工程设计文件编制深度规定》（建质函〔2016〕247 号）（2016 年版）执行。

50　运营控制中心

50.1　设计说明

50.1.1　概述。

50.1.1.1　工程概况。

50.1.1.2　设计范围。

简述本工程的设计主要内容，调度大厅、设备机房、网络管理、共用路径等。

50.1.1.3　设计依据及标准。

50.1.1.4　上一阶段审查意见和执行情况。

50.1.2　设计基础资料。

50.1.3　工艺设计。

50.1.3.1　布置方案。

1）调度大厅的布置方案（分专业布置、综合布置等）。

2）设备机房的设置方案（分专业设置、统一设置等）。

3）网络管理室的设置方案（分专业设置、统一设置等）。

50.1.3.2　技术接口要求。

其包括与建筑、结构、供电、通风、给排水专业接口要求等。

50.1.3.3　其他需要说明的问题。

50.1.4　设计图纸。

1）调度大厅调度台的工艺布置图。

2）设备机房设备的工艺布置图。

3）网络管理室设备的工艺布置图。

4）培训管理设备的工艺布置图。

5）电源室设备的工艺布置图。

50.2　其他各专业

结合轨道交通特点内容及相关专业章节，参照《建设工程设计文件编制深度规定》（建质函〔2016〕247 号）（2016 年版）执行。

51 人民防空工程

51.1 设计说明书

51.1.1 工程概述。

51.1.2 设计内容。

全线各地下车站的出入口、风道、换乘通道以及区间正线隔断门处的防护段土建设计。

51.1.3 设计依据、原则及标准。

设计依据、原则及标准包括政府批文、可行性研究报告、任务书、合同书及人民防空设计主要遵循的标准、规范。

51.1.4 上一阶段审查意见和执行情况。

51.1.5 设计方案。

1）建筑（说明全线抗力级别标准、防护单元设置、口部设置、换乘通道、区间隔断门、管线密闭、集中信号显示室及装修）。

2）结构（说明抗力级别、等强设计，人民防空结构计算，结构选材，防毒通道）。

3）孔口防护（说明人员出口、隧道口、通风口、换乘通道与区间防护）。

4）通风（说明战时通风系统方案及运行工况）。

5）给排水（说明战时设计标准、闸阀设置等）。

6）电气（说明战时供电电源形式，战时负荷划分，战时应急照明、人民防空设备与正常照明配电方案）。

7）人民防空信号、通信（说明人民防空防护设备集中信号室及电话设置方案）。

8）平战功能转换（说明使用功能转换、防护功能转换、内部设备功能转换）。

51.1.6 存在问题及下一阶段设计注意事项。

51.1.7 主要工程数量。

51.2 设计图纸

1）全线人民防空工程平面图（显示区间隔断门的位置里程）。

2）各车站战时人民防空功能总平面图。

3）车站和区间各部位防护段平面、剖面和断面图。

52　交通衔接

52.1　设计说明书

52.1.1　工程概述。

说明线路在规划轨道交通线网中的位置，功能服务特性，交通接驳设计范围、规模、建设期限、分期建设计划。

52.1.2　设计范围。

52.1.3　设计依据、原则及标准。

52.1.4　上一阶段审查意见和执行情况。

52.1.5　现状及沿线交通状况。

1）站点周边道路现状评价。

2）站点周边现状交通及技术评价（交通量、车辆组成、路口交通量及流向、路口及路段饱和度）。

3）站点周边现状交通设施（机动车及非机动车停车场、公交站场及枢纽、出租车换乘站、人行过街设施、人行集散广场）。

4）站点周边控制性建筑、河流、铁路、地上及地下管线等情况。

5）站点周边工程实施自然条件，如水文、地下水位、降雨、气温等。

6）工程地质资料。

7）地震基本烈度及动峰值加速度。

52.1.6　沿线车站周边交通规划。

车站周边道路、立交规划在城市道路网中的性质、功能、位置、走向；交通设施规划（机动车及非机动车停车场、公交站场及枢纽、出租车换乘站、人行过街设施、人行集散广场）。

52.1.7　设计方案。

1）车站不同交通方式换乘需求分析，沿线各站点客流预测及不同交通方式接驳分担率预测。

2）站点周边接驳设施平面布局及设计内容，包括人行集散广场、非机动车及机动车停车设施、公交站场、出租车换乘站、人行过街设施等的位置、用地规模、服务能力；相关市政道路及交通设施改造内容及范围。

3）设计方案比选及近远期结合与近期实施方案。

4）实施方案中各种交通接驳方式、交通组织流线，交叉口交通组织。

5）交通接驳设计范围内的各种新建及改建工程及附属构筑物设计，包括人行集散广场、非机动车及机动车停车场、公交站场及停靠站港湾、出租车换乘站、道路、人行过街设施。

6）交通接驳交通安全及乘客引导标识系统设计原则及方案。

7）交通接驳设施附属管理设备设计，包括广场及道路给排水设计、安全管理设施、照明工程、绿化工程、城市家具等。

8）沿线环境保护及景观协调评价。

9）新技术应用情况及下阶段设计的示范工程内容。

10）工程建设阶段划分。

11）各类地上、地下杆管线、文物古迹、特殊建筑，相关管理部门的联系配合。

52.1.8 存在问题及下阶一段设计注意事项。

52.1.9 主要工程数量。

52.1.10 工程概算及主要经济指标。

52.1.11 附件。

附件包括可行性研究报告批复文件、规划设计条件、有关部门的批复以及协议、纪要等。

52.2 设计图纸

1）全线车站分布示意图（标示出全线各站位置、沿线主要道路的概略位置及相对关系）。

2）全线各站周边现状交通设施图（包括各站交通衔接设计范围现状道路、机动车及非机动车停车场、公交站场及枢纽、出租车换乘站、人行过街设施、人行集散广场、重要建筑物及单位、文物等；1 : 500 ～ 1 : 2 000）。

3）全线各站周边用地规划图（1 : 500 ～ 1 : 2 000）。

4）车站交通衔接平面设计图（1 : 500 ～ 1 : 1 000）。

（1）规划道路中线位置、红线宽度，新建及改建道路施工范围及平面布置尺寸。

（2）新建、迁移车站交通接驳设施的平面布置及占地尺寸。

（3）无障碍设施位置及规模。

（4）拆迁房屋及征地范围，拆、改、移构筑物的位置。

5）挡土墙、涵洞及附属构筑物图。

6）换乘标识布置图。

7）工程特殊部位技术处理的主要图纸。

8）桥梁、排水、绿化景观、供电、照明、监控、通信等设施图。

53　工程筹划

53.1　全线工程筹划设计

53.1.1　全线工程概况和工程特点。

53.1.2　工程建设管理组织机构。

其说明工程建设管理机构的核心目标和职能，划分相应的分管职能部门。

53.1.3　全线工程设计进度计划。

其包括初步设计阶段、施工设计阶段以及装修设计阶段。根据管理部门需要可增加招标图设计阶段的进度计划。

53.1.4　施工前期准备。

阐述全线征地拆迁、全线交通疏解和管线迁改原则，统计全线的征地拆迁数量，重点车站交通疏解组织（局部区域交通疏解方案说明）等（表 53.1.4）。

表 53.1.4　全线征地、拆迁汇总

序号	车站 / 区间 / 站场	土地征收 /m²	房屋拆迁量 /m²	拆迁完成时间
1				
2				
3				

53.1.5　总工期计划和年度进度计划。

53.1.6　工程实施阶段划分和主要进度指标。

阶段划分可分成施工前期准备阶段、土建工程实施阶段（含车站工程、区间工程以及车辆段和控制中心工程）、轨道工程实施阶段、设备安装调试阶段以及设备系统联合调试试运行阶段。

工程主要进度指标应包括：车站、区间土建工程的进度指标；道岔安装工期、铺轨速度；变电站（或开闭所）的安装工期、单系统安装工期、单系统调试工期以及设备联合调试工期；试运营工期（应包括试运行以及试运营两个方面）。

控制节点时间安排：针对全线“洞通”“轨通”“电通”“系统设备联合调试”“空载试运行”及“开通试运营”等关键节点时间进行论述。

53.1.7　主要施工方法及工程措施。

有针对性地论述施工方法和工程技术措施。

大型临时设施设置方案，如制存梁场、铺轨基地、盾构管片预制场等设置方案。

全线关键性工期控制的车站或区间工筹分析和对策。

53.1.8 施工用地指标。

53.1.9 地上、地下管线原则性处理意见。

53.1.10 工程合同分割与招投标。

53.1.11 全线工程筹划进度图表。

按照施工前期准备阶段、车站工程、区间工程、轨道工程、供电工程、设备安装调试阶段以及设备联合调试试运行编制全线工程筹划进度计划图表。

53.1.12 全线主要工程数量统计。

全线主要工程数量统计应从全线征地拆迁数量、土石方数量、管线迁改数量、临时用电变电箱数量、大型施工机具配置数量、交通疏解临时设施数量、混凝土方量、钢筋数量、大型机电设备数量等各方面对全线工程数量进行初步统计。

53.1.13 其他有关内容。

应阐述试运营的目的、计划以及作用。

53.1.14 图纸。

1）全线盾构推进示意图。

2）全线标段划分示意图。

3）全线工程进度计划时程图。

53.2 单项工程、系统工程筹划设计

53.2.1 工程概况和工程特点。

根据工程周边用地、现状交通、现状及规划市政管线、工程规模以及总体工期进度安排等方面编制本工程的工程概况及特点。

53.2.2 工程设计进度计划。

涵盖初步设计、招标设计以及施工设计。

53.2.3 施工进度计划和进度指标。

施工进度计划和进度指标包括施工前期准备，分项土建工程工期等。

53.2.4 施工临时用地的布置。

施工临时用地的布置主要描述占用临时用地的土地性质、土地权属，占用时间和面积。

53.2.5 施工期间交通组织。

描述所占市政交通的情况、周边公交站点的分布及影响情况，施工期间交通组织情况及所需时间等。

53.2.6 地上、地下管线处理意见及保护措施。

说明市政管线的迁改及保护处理方案。

53.2.7　施工进度横道图。

施工进度横道图包含单项工程的前期工程准备计划、土建工程计划、相邻工程配合情况等。

53.2.8　其他有关内容。

施工期间的环保要求措施、土渣处理、噪声、外水源、电源的落实方案等。

53.2.9　图纸。

1）施工场地及交通导改平面示意图。

2）管线改移平面示意图。

3）工期进度计划示意图。

54　概算

54.1　项目总概算书

54.1.1　编制说明。

1）编制范围（明确本项目初步设计概算编制的费用范围）。

2）编制依据（列明本概算编制的依据文件，一般包括本项目可行性研究批复文件、国家相关规范标准、地方政府相关计价依据文件、初步设计图纸及工程数量等）。

3）工程概述（简要描述本项目工程主要技术经济特点），包括以下方面：

（1）建设规模、工程总量、起讫点与里程、线路形式（包括地下线、地面线以及高架线长度及所占比例）。

（2）车站、区间、车辆段与综合基地、主变电站（所）和运营控制中心的分布状况。

（3）车辆、主要设备的配置情况。

（4）设计方案概要介绍。

（5）项目主要工程内容汇总表（营造表）。

4）编制单元划分（明确本项目初步设计概算编制单元的划分与界面，并附分项设计概算编制单位分工表）。

5）采用定额及取费标准（明确本项目各分项工程采用定额及取费标准，以及本项目统一采用的估算费用指标和统一规定，如土方运距、装修费用指标、站内设施指标等）。

6）人工、材料、机械台班及设备价格。

（1）明确本项目采用的价格编制期。

（2）明确本项目人工、机械及材料的采用价格及依据。

（3）明确本项目设备询价采用的原则。

7）工程建设其他费用（逐项说明工程建设其他费用与专项费用的取费依据与标准）。

8）预备费用（说明基本预备费和价差预备费的计算方法及依据）。

9）专项费用（分项说明建设期贷款利息、车辆购置费和铺底流动资金的计算方法及依据）。

10）其他需说明的问题。

（1）本项目换乘站、控制中心等投资费用说明。

（2）其他需说明的问题。

11）工程投资及技术经济指标（说明本项目工程投资及技术经济指标，并简要分析与可行性研究批复投资的对比情况）。

54.1.2　表格。

1）总概算表。

2）综合概算表。

3）概算与工程可行性研究阶段投资对照分析表。

4）主要工程数量表。

5）人工及主要材料单价和数量汇总表。

54.2　概算书

项目概算书依据本项目确定的概算编制单元划分和概算文件分册组成规定编制。

54.2.1　编制说明。

1）编制范围（明确本概算编制单元（册概算文件）初步设计概算编制的费用范围）。

2）编制依据（列明本概算编制的依据文件，一般包括本项目可行性研究批复文件、国家相关规范标准、地方政府相关计价依据文件、初步设计图纸及工程数量等）。

3）工程概述（简要描述本项目工程设计方案）。

4）采用定额及取费标准（明确本项目各分项工程采用的定额及取费标准，以及本概算编制采用的估算费用指标和原则）。

5）人工、材料、机械台班及设备价格。

（1）明确本项目采用的价格编制期。

（2）明确本项目人工、机械及材料的采用价格及依据。

（3）明确本项目设备询价采用的原则。

6）其他需说明的问题。

7）工程投资及技术经济指标。

54.2.2　表格。

1）概算信息统计表。

2）总概算表。

3）综合概算表。

4）单位工程概算表。

5）人工及主要材料单价和数量汇总表。

6）主材汇总表和主要设备表（设备系统）。

7）补充单价分析表。

55　安全防范

55.1　设计说明

55.1.1　概述。

55.1.1.1　工程概况。

55.1.1.2　设计依据。

55.1.1.3　设计年限及设计范围。

55.1.1.4　上一阶段审查意见和执行情况。

55.1.2　设计采用的规范及标准。

55.1.3　系统构成及设计方案。

55.1.3.1　主要设计原则。

55.1.3.2　工作方式及流程。

55.1.3.3　设备构成及功能。

55.1.3.4　设备设置方案。

55.1.3.5　与相关专业的接口。

55.1.3.6　用房及人员配备。

55.1.4　存在的问题及下阶段设计注意事项。

55.1.5　主要工程数量。

55.2 设计图纸

1）典型车站或各车站安检设备平面布置图。

2）车辆段 / 停车场周界防范系统图。

3）车辆段 / 停车场周界防范设施分布图。

第 3 部分

城市轨道交通工程施工图设计文件编制

56 线路

56.1 设计说明

56.1.1 工程概述。

1）线路走向。

2）车站分布和车辆基地设置。

3）线路全长及敷设方式。

4）配线设置距离一览表或图。

56.1.2 设计范围。

编写本工程起讫点、走向、主要经由地点及街道。

56.1.3 设计依据及标准。

其包括设计合同及任务书，上一阶段设计文件及审批意见，有关规范及技术规章。线路平面、纵断面等设计调整优化。

编写本工程实际使用的线路技术标准。

56.1.4 初步设计评审意见和执行情况。

56.1.5 设计方案。

1）站间距分析和车站线位特征表（内容包括站名、站中心里程、地面高程、轨面高程、左右线坐标、线路方位角、坡度、站间距、站台形式及宽度等）。

2）将地下线、地面线、高架线分段统计长度及车站数制成表格。

3）对全线右线的曲线数量、曲线长度、左右偏角等，按曲线半径分级进行统计和比重分析。

4）对全线右线纵断面坡段长度按坡度大小分级统计。

5）列出全线辅助线分布示意图，并注出辅助线间的站间距离。

6）线路工程数量，包括正线左右线、辅助线、道岔、车挡、道口等。

7）线路调整优化设计，内容包括平面、纵断面、辅助线平面纵断面设计，重点是初步设计之后新设计内容。

56.1.6 测量放线及施工应注意事项附件。

1）左右线控制点加密坐标计算表。

2）与本阶段线路设计有关的协议、纪要及公文。

3）地面线道口变更与有关乡（镇）级以上政府之补充协议。

56.2　设计图纸

1）线路平、纵断面图。

2）出入线平、纵断面图（视设计分工而定）。

3）联络线纵断面图（必要时）。

4）线路平面图（图幅高度采用 420 mm，1∶1 000）。

（1）现状 1/1 000 地形带主要管线图（可用 1∶500 地形图及管线原图加工），线路两侧地形各宽约 100 m。

（2）规划道路及红线，拟建改建主要管线和动迁主要管线，在建及规划建筑物和构筑物轮廓线。

（3）本工程线路设计中心线（左、右正线，辅助线），车站、区间结构轮廓线，出入口、风道风亭、施工竖井、泵站、联络通道等附属结构轮廓线。

（4）左、右正线里程标及控制点里程加标（站中心、曲线头尾、附属建筑物中心等），左、右正线直线方位角（左右线平行只注右线方位角），左、右线间直线段线间距，同心圆曲线线间距。

（5）左右正线曲线要素标及交点坐标，车站标，站中心及主要道岔中心坐标。

（6）左右线中心至控制性建（构）筑物间的距离。

（7）预留规划交叉线换乘站及两侧区间线路中心线及结构轮廓线。

（8）以上内容较初步设计增加了主要管线资料图，以及左线详细设计资料，取消用地范围线。

5）纵断面设计图（图幅高度采用 594 mm，纵向 1∶2 000，竖向 1∶200）。

（1）地形剖面高程线、道路路中高程线，江河冲刷线，江河湖常水位及洪水位高程。

（2）地质剖面图，岩层分界线、地下水位线等。

（3）道路交叉与立交桥、铁路交叉、高压电力线交叉、主要地下管线交叉等里程位置及高程；穿越建（构）筑物基础控制高程。

（4）设计左右线轨面坡度高程线及结构顶底板外缘高程线。

（5）轨道交通规划交叉线之轮廓位置线，大型的控制本工程高程位置的地下、地上管线及建（构）筑物轮廓位置线。

（6）纵断面图下方各栏主要有平面示意图，里程、地面高程，左右设计坡度，轨面设计高程，竖曲线半径，结构工法，左线断链等内容。纵断面图内容与初步设计比较，增加了左线设计资料显示。

6）坐标成果表（右线及左线坐标成果表分列，包括千米标、百米标、站中心、附属结构物中心、道岔中心及其他控制点加标的坐标；圆曲线（缓和曲线）头尾，曲中里程加标的坐标；曲线交点或分交点坐标；曲线要素、断链、方位角、点间距离长度等。坐标成果表不作为设计文件的必需内容，可以与业主协商取消。）

57 路基

57.1 设计说明

57.1.1 工程概述

一般路基与个别路基分布情况及设计内容，填料及压实标准，与其他专业接口说明，采用新技术情况等。

57.1.2 设计范围。

57.1.3 设计依据及标准。

上一阶段的设计及其评审结论、相关规范、外部输入条件、重要的会议纪要等，主要技术标准。

57.1.4 初步设计评审意见和执行情况。

57.1.5 设计方案。

1）路基断面形状和宽度，曲线和轨旁设施需要的路基加宽情况，路基基床设计，路基横断面形式、边坡坡率、护坡宽度、侧沟及排水沟尺寸，机械化养路作业平台的设置及尺寸，路基各部位的填料要求和压实标准，过渡段设计原则及断面形式，地基技术要求及加固方法等。个别路基设计原则按工点类型分别说明。

2）工点设计范围、设计参数的选择，结构类型及构造要求，采用的先进技术等。

3）路基边坡防护及加固工程设计，排水系统（包括地面排水、地下排水及改沟改河等）。

57.1.6 环境保护及水土保持措施设计方案。

57.1.7 施工注意事项。

57.2 附件

1）路基工点表。

2）挡土墙表。

3）路基加固及防护工程表。

4）区间路基土石方数量汇总表。

5）区间路基土石方调配明细表。

6）区间路基排水工程数量表。

7）区间路基取弃土场防护工程数量表。

8）路基稳定及沉降监测断面布设表。

9）无砟轨道路基高程设计表。

10）有关协议、纪要及公文。

11）采用国家或相关部委标准图、通用图一览表。

12）图纸目录。

57.3　设计图纸

1）一般路基设计横断面图（图中填绘线路中心线，地面高程、路肩高程，中心填挖高度、路基面宽度，边坡坡率，护坡宽度及坡率，路基断面挖方、填方数量。横断面位置为曲线特征点，直线地段间隔 50 m、曲线地段间隔 20 m 分别设置横断面；1∶200）。

2）个别路基设计图（按工点分别编制）。

3）平面图（必要时作）（填绘地形、地质资料及工程建筑物的具体位置（包括起、终点里程，工程范围及变化点等）；1∶500 ～ 1∶2 000）。

4）纵断面图（必要时作）（填绘地质资料及工程建筑物的具体位置（包括建筑物特征点高程、地面高程、基础结构高程等）；比例根据具体情况确定）。

5）横断面图（填绘地质资料及工程建筑物的具体位置（内容及横断面位置与一般路基横断面相同）；1∶200）。

6）过渡段设计图（比例根据具体情况确定）。

7）路基工程结构物设计详图（包括结构平面、立面、侧面图及钢筋布置图、钢筋大样图，以及其他专业设在路基结构物上的相关设施等）。

8）有关监测方面的设计图（有监测要求时作）（比例根据具体情况确定）。

9）排水系统平面图（可与路基工程平面图合并绘制）（侧沟、排水沟平面位置、水流方向，各段沟底高程及排水坡率、断面形式及加固类型、出口位置及与桥、涵或市政管网的衔接关系和高程）。

10）路基附属工程图（比例根据具体情况确定）。

58　限界

58.1　设计说明

58.1.1　工程概述。

58.1.2　设计范围。

58.1.3　设计依据及标准。

设计依据：上一阶段的设计及其评审结论、相关规范、外部输入条件、重要的会议纪要等。

设计标准：主要论述与初步设计相比，制定限界发生变化的参数以及新增断面的参数。

58.1.4 初步设计评审意见及执行情况。

58.1.5 设备及管线的布置细则及注意事项。

1）主要论述管线设备布置与初步设计发生变化的内容，与初步设计阶段相同的内容不再论述。

2）主要论述安装管线设备时需要注意的事项。

3）设备安装与设备限界间的安全间隙要求。

4）限界紧张地段，设备的特殊布置要求。

58.1.6 纵向疏散空间要求。

58.1.7 建筑限界的制定。

1）施工图设计阶段，以图纸为主，文字说明相对于初步设计阶段，需要弱化。

2）施工图设计阶段，与初步设计阶段建筑限界相同的，不再论述。

3）施工图设计阶段，主要针对与初步设计阶段相比，发生变化的建筑限界制定做论述，同时，对新增的建筑限界断面以及新增的特殊断面建筑限界的制定做必要的论述。

58.1.8 竣工后限界检查注意事项。

限界检查车的制定要求，侵限地段的整改要求。

58.1.9 其他事项。

1）强调站台施工误差。

2）说明最高过站速度。

3）说明建筑限界不含施工、测量等误差。

4）车辆招标注意事项。

5）施工图设计与初步设计相比优化的内容。

58.2 设计图纸

1）限界坐标总图。

2）区间直线、曲线地段矩形、圆形、马蹄形隧道限界图。

3）地下（地面线、高架线）岛式、侧式站台直线车站限界图。

4）区间直线、曲线特殊减振地段矩形、圆形、马蹄形隧道限界图。

5）道岔区、转辙机安装处、区间联络通道限界加宽图。

6）隧道曲线段限界处理方法示意图。

7）区间直线、曲线地段人防隔断门（或防淹门）限界图。

8）射流风机处限界图。

9）圆形及单线马蹄形隧道曲线地段偏移量表。

10）曲线车站站台、屏蔽门限界图（含道岔影响的车站限界图）。

11）区间直线、曲线地段 U 形槽、地面线、高架线限界图。

12）车辆段、存车线地段限界图。

注：图纸中确定供电、通信、消防等各种管线及设备的布置位置，详细标注各细部尺寸。车站站台限界图注明施工误差要求。车站限界图绘制车辆轮廓线、车辆限界及设备限界，绘制屏蔽门限界。若设置疏散平台，区间断面限界图中应绘制疏散平台布置图。图面上几何尺寸关系均须标注清楚；图面标注应说明该图尺寸单位、比例、用途及要点。

限界图纸宜采用 A3 或 A3 加长图幅，图纸比例宜采用 1∶30、1∶40 或 1∶50。

59　轨道

59.1　设计说明

59.1.1　工程概述。

工程基本情况，包括在线网中的空间位置及与其他线路的关系等，与轨道相关的线路全长、各类敷设形式的长度、最小曲线半径、线路坡度、车辆基地及联络线设置、车型、设计速度、供电方式等。其他与轨道系统有关的工程特殊性描述。

59.1.2　设计范围。轨道设计具体里程范围，明确与其他线路的分界划分，明确与其他专业及系统的重点接口划分。

59.1.3　设计依据及标准。

上一阶段的设计及其评审结论、相关规范、外部输入条件、重要的会议纪要等；主要技术标准。

59.1.4　初步设计评审意见和执行情况。

59.1.5　设计方案。

1）施工设计方案与初步设计的变化说明。

2）轨道主要几何技术参数，包括各种地段的轨距、曲线超高、轨底坡、轨枕布置间距、轨道结构高度等。

3）轨道设备技术性能及要求的说明，包括钢轨及其连接件、扣件、轨枕、道岔、伸缩调节器、轨道附属设备以及其他特殊轨道设备等。

4）轨道结构构造设计及其技术要求的说明，包括道床、无缝线路、过渡段以及其他特殊轨道结构等。

5）轨道减振设备的技术性能与要求以及减振结构设计说明等。

59.1.6　轨道养护维修技术要求。

主要针对特殊轨道结构在运营期间所需采取的特殊养护维修技术要求，如钢弹簧浮置板及其隔振器等。根据工程实际情况提出维修备品备料的数量。

59.1.7　铺轨基地。

59.1.8　轨道施工技术要求。

施工及验收所要遵循的规范及标准、施工准备、铺轨基标设置、轨道设备组装与架设、钢轨位置调整、整体道床施工、碎石道床施工、无缝线路施工、普通线路施工、轨道附属设备安装、特殊轨道设备安装及特殊轨道结构施工、施工注意事项、工程竣工验收等。

59.1.9　主要工程数量。

各类铺轨长度、不同规格及种类的轨道设备及材料，按施工标段分别统计并考虑合理的施工损耗。

59.1.10　注意事项。

59.2　设计图纸

1）各类非标设计的轨道设备安装图。

2）不同地段的道床设计详图。

3）无缝线路设计图及长轨条布置图。

4）整体道床铺轨综合图（按施工标段划分）。

60　车站建筑

60.1　设计说明

60.1.1　工程概述。

简述车站名称、建设地点、建设单位以及在城市中的位置，站位与周边道路、既有建筑和构筑物、市政基础设施（地下管线、人行地道或天桥、下穿道路或桥梁、附近水域或高压铁塔等）之间的关系和需要拆迁房屋及改移的地下主要管线，车站与周边规划条件的关系，车站与周边地块开发结合情况，以及建筑面积，建筑工程设计等级、耐火等级，人防工程类别和防护等级及战时用途、结构特征和施工工法、设计使用年限、抗震设防烈度，地下结构防水等级。地上车站还需表述车站结构选型、屋面形式和防水等级等。

60.1.2 设计范围。

1）项目组成及设计范围。

2）分期建设的情况说明（车站预留出入口等附属设施或物业开发说明，以及远期建设的换乘车站预留换乘条件和后期施工条件等说明）。

3）本册图纸设计内容及需分步出图的内容。

60.1.3 设计依据。

设计依据性文件名称和文号（如主管部门对初步设计的批文名称和文号，车站规划意见书，消防、人防主管部门的审批意见名称和文号，经有关部门审批的施工图设计技术要求等）；建设工程规划许可证。

采用的规范及规定：本专业设计所执行的主要法规和采用的主要标准（包括标准名称、编号、年号和版本号）以及设计合同等。

60.1.4 初步设计审查意见和执行情况。

60.1.5 车站设计。

1）车站坐标系的选用。

2）车站站中心里程、坐标及标高（主体及附属建筑控制性尺寸及坐标，车站站台中心里程及中心里程上右线坐标，车站两端的设计分界里程；车站中心线（即车站中心里程）处站台面、轨顶面、站厅地面、设备层地面、结构顶板面、地面的绝对标高和总图相对标高关系，以及车站纵坡的坡向和坡度等）。

3）车站规模（车站长度、宽度、层数和各层净高以及地上车站的建筑高度，结构顶板覆土厚度和车站埋置深度等控制性尺寸；车站总建筑面积以及车站主体和附属建筑分项面积）。

4）车站形式、换乘方式及实施情况（说明车站的形式。换乘车站需说明换乘方式及近、远期实施情况（如近期一次建成的换乘车站空间利用和设备资源共享，远期建设车站的预留换乘条件或区间穿越等方式和分期实施结构的分界点），以及换乘节点公共区实现换乘功能转换时的平面布局和交通流线）。

5）车站主体、配线及两端区间施工方法（简述车站主体施工方法，以及车站两端配线和区间施工方法（包括线路配线与车站关系，配线岔心距有效站台距离，盾构在本站吊出、始发、调头、过站等作业状况和结构加高、加宽范围，以及是否设轨排井等情况）；终点站应交代预留线路延长条件及今后实施时对车站运营的影响）。

6）车站公共区及设备、管理用房区的功能分区和平面布局，以及设备吊装孔和运输通道位置。

7）出入口及风亭设置。

8）车站出入口地面亭、风亭位置和形式，冷却塔的位置，及其所处的地形地貌；出入口宽度、净高和长度；出入口地面亭、风亭的室外地坪标高；出入口平台标高、风口下沿标高；出入口与公交接驳关系以及自行车停车场的布置等。车站公共设施设置楼梯、自动扶梯、电梯、售检票、电话亭、安检设施（如有）布局；自动扶梯选型、宽度、速度、提升高度及数量；电梯选型、载重量、停站数、速度、轿厢尺寸、提升高度及数量；自动售检票选型及数量。

9）室内净高及楼面装修厚度。

10）地上车站或换乘交通枢纽站、终点站的站前广场（包括道路、消防车道、绿化，以及自行车、出租车或 P+R 小汽车停车场）布置。

60.1.6　车站防火、防淹设计，人防设计及环境保护。

1）车站防火设计：

（1）车站各部位的耐火等级。

（2）车站公共区及设备管理用房区的防火分区及防烟分区的划分及面积。

（3）车站安全疏散（简述车站安全区的设定，远期高峰小时（或控制期）上下车的客流，站台至站厅楼扶梯通过能力和事故疏散时间，付费区栅栏门和检票机疏散能力，出入口数量、宽度和楼扶梯通过能力，站台、站厅和设备管理用房区的疏散距离，以及消防专用通道和楼梯的设置等）。

（4）换乘车站、商业开发及车站特殊部位的防火分隔（简述车站与相邻建筑及商业开发连接处的防火分隔措施，车站配线上方商业与车站非付费区防火分隔措施，以及车站内小商铺防火分隔措施；换乘车站站厅公共区防火分隔、安全出口、疏散距离，不同形式换乘车站的防火分隔措施，以及换乘楼扶梯开口处或换乘通道连接处的防火分隔措施；车站公共区楼扶梯穿越设备用房的防火分隔措施和站台楼扶梯开口处的挡烟措施，以及车站公共区内的自动扶梯下底坑和机械传动部分的防火分隔措施；公共区楼扶梯下设房间时的防火分隔措施）。

（5）车站物业开发防火设计（说明物业开发的性质及防火分区、防烟分区的划分及面积，安全出口的设置、疏散距离、疏散宽度等）。

（6）车站出入口、风亭与相邻建筑的防火间距。

2）车站防淹设计（说明城市或车站所处地区 100 年一遇最高洪水位，车站出入口、风亭等开口处的室内外地面标高及防淹措施等）。

3）车站人防设计（说明车站人防等级、防护单元划分范围、防护门设置、平战转换措施、与城市既有人防设施的连接要求，以及各种管线穿越人防设施的要求等）。

4）环境保护（说明车站所处的区域类别，以及风亭、冷却塔距各类区域敏感点的控制距离及噪声限值和采取的防噪、减振、环保等措施）。

60.1.7　建筑构造做法。

1）标准图集选用。

2）车站用房内隔墙的墙体材料选用及抗震构造措施。

3）楼面防水措施及材料的选用，墙面防水、防潮措施。

4）防火、防烟构造措施（简述防火墙、防火门、防火窗、防火卷帘门、挡烟垂壁、挡烟垂帘的耐火极限和技术要求，钢结构的防火措施，以及吊装孔、贯通墙体的设备箱体和管线穿越防火墙的封堵措施等要求）。

5）楼梯及自动扶梯（对楼扶梯开口处栏杆的防撞要求，栏杆高度、固定方式及水平荷载等要求）。

60.1.8　车站无障碍设计。

简述无障碍设计对盲道设置位置及材料的选用要求，对无障碍电梯、无障碍专用厕所内部设施要求，以及对楼梯台阶及扶手等设施的要求。

60.1.9　车站设备用房区装修说明及做法（公共区装修单独成册）。

1）设计依据、装修范围、装修标准及原则。

2）装修概况。

3）标准图的选用。

4）装修材料做法表、房间装修材料选用表，房间名称。

5）涂料等材料的选用和做法。

6）饰面装修材料的环保要求。

60.1.10　对采用新技术、新材料的做法说明及对特殊建筑造型和必要的建筑构造的说明。

60.1.11　门窗选型及数量表。

1）地下车站的门窗选型和数量表，以及门窗性能（防火、隔声、气密性等）和用料、颜色、玻璃、五金等的设计要求；需要抗活塞风压的特殊防火门技术指标和安装要求。

2）地上车站的门窗的选型和数量表，以及门窗性能（防火、隔声、抗风压、保温、气密性、水密性等）和用料、颜色、玻璃、五金等的设计要求。

60.1.12　地上车站幕墙工程（玻璃、金属、石材）及特殊屋面工程（金属、玻璃等）的性能及制作要求（节能、防火、安全、隔声构造等）。

60.1.13　地上车站围护结构建筑节能措施。

1）采用的规范。

2）项目所在地的气候分区。

3）根据项目所在地的气候分区，以及确定的车站最终立面方案，对需设供暖、空调系统的设备管理用房区（或站厅公共区）进行全年耗能计算，确定围护结构的传热系数，明确采用的墙体材料、厚度和构造措施；简述围护结构的屋面(包括天窗)、外墙(非透明幕墙）、外窗（透明幕墙）、架空或外挑楼板等构造组成和节能技术措施，明确外窗和透明幕墙的气密性等级。

4）简述设备用房区和站厅公共区的窗墙面积比以及可开启窗面积比。

5）根据项目所在地的气候分区，对需遮阳的车站，明确遮阳措施和构造。

60.1.14　车站需要采取的安全防范、防盗要求及具体措施。

60.1.15 需要另行委托设计、加工的工程内容的必要说明，以及需要专业公司进行深化设计的部分，对分包单位明确设计要求，确定技术接口的深度。

60.1.16 施工注意事项和其他需要说明的问题。

60.1.17 地上车站站前广场以及车站设有站前人行集散广场、机动车及非机动车停车场、公交港湾的设计。

1）简述车站站前广场总体设计依据标准和原则。

2）站前广场土方平衡设计原则和做法。

3）站前广场小品设计原则和做法。

4）站前广场交通接驳设施设计原则和做法。

5）站前广场绿化设施设计原则和做法。

6）详图和做法大样图。

60.2 设计图纸

1）总平面图（1∶500）。

2）站厅、站台层或设备层平面图（含防火分区示意图）（1∶200 或 1∶250、1∶300）。

3）站台板下墙沟平面图（1∶200 或 1∶250、1∶300）。

4）车站其他层平面图（1∶200 或 1∶250、1∶300）。

5）站厅、站台层或设备层的分段平面图（1∶100）。

6）站台板下墙沟分段平面图（1∶100）。

7）车站其他层部分分段平面图（1∶100）。

8）车站纵剖面图（1∶200 或 1∶300）。

9）车站纵剖面分段图（1∶100）。

10）车站横剖面图（1∶100、1∶200 或 1∶300）。

11）变电所、男女厕所、水泵房及需要放大的设备用房平面图（1∶50）。

12）车站主体内各种楼梯、电梯、扶梯的平、剖面图（1∶50、1∶100）和节点大样图。

13）站台层侧墙、电缆管墙平面图、立面图、剖面图及节点大样图。

14）车站出入口通道、紧急疏散通道（含楼扶梯）及无障碍电梯平面图、纵剖面图、横剖面图（1∶150、1∶100）。

15）车站出入口地面亭和紧急疏散地面亭及无障碍电梯地面亭平面图、剖面图、立面图（1∶100、1∶50），外檐墙身节点图（1∶20）。

16）车站风道平面图、纵剖面图、横剖面图（1∶150、1∶100）。

17）车站风亭局部总平面图（1∶200 或 1∶250）。

18）车站风亭平面图、剖面图、立面图（1∶100、1∶50），屋顶平面图（1∶100），外檐墙身节点图（1∶20）。

19）车站站前广场总平面图（1∶500）。

20）车站站前广场局部总平面图（1∶200、1∶250）。
21）车站站前广场场地平面图（1∶200、1∶250）。
22）车站站前广场地面铺装平面图（1∶200、1∶250）。
23）车站站前广场绿化平面图（1∶200、1∶250）。
24）车站站前广场小品分布和景观平面图（1∶200、1∶250）。
25）小品立面图（1∶100、1∶50）。
26）详图大样（1∶100、1∶50）。

注：1. 在施工图设计阶段，建筑专业设计文件应包括图纸目录、设计说明、设计图纸和计算书。图纸目录应先列出所绘制的图纸，后列选用的标准图或重复利用的图纸。

2. 施工图可分步分册出图。如第一册为车站主体及出入口通道、风道部分。第二册为出入口地面厅、风亭部分。第三册为站厅、站台公共区精装修部分。

3. 与轨道交通结合的地面建筑应按国家住房和城乡建设部《建筑工程设计文件编制深度规定》（建质函〔2016〕247号）（2016年版）执行。

4. 车站出入口地面亭、风亭外装修如单独招标设计，应在60.1.15中说明，设计图纸目录中注明“空缺”字样。

5. 分段平面图应在图角位置加分段位置示意图。

6. 地上车站图纸比例参照《房屋建筑制图统一标准》（GB/T 50001—2017）及《建筑制图标准》（GB/T 50104—2010）执行。

61　地下结构

61.1　设计说明

61.1.1　工程概况。

1）工程位置说明，如车站站位、区间走向。

2）工程周边环境情况说明，如建（构）筑物、管线、道路、桥梁、交通枢纽、河湖等。

3）工程建筑方案介绍，车站工程包括车站类型（起终点站、中间站、换乘站）、站台形式（岛式、侧式等）、车站建筑物组成（主体建筑、出入口、风道、消防通道等）、车站规模（车站长度、层数、站台宽度及车站标准段宽度、建筑总面积等）、区间工程包括区间长度、形式、区间附属工程（风井、联络通道、泵房等）设置情况等。

4）工程总体施工方法及结构形式介绍。

5）本工程与相邻工程的关系，如车站与两端区间的工法、接口、盾构井或竖井设计等。

61.1.2　设计范围。

本工程施工图出图情况介绍，以及本册施工图的具体设计内容及其设计范围。

61.1.3　设计依据及标准。

设计依据：任务书、基础资料、规范等，包括工程的设计合同、初步设计文件、环评报告、政府批文、业主下发的相关会议纪要和联系单、总体下发的设计资料、技术要求、机电设备对土建要求、设计文件组成与内容、工程地质勘查报告（详勘或补勘）、地形资料、重要建（构）筑物调查成果、各级标准规范等。应列出资料的名称、编号及完成单位等。

设计原则：包括结构设计应满足的规范和规定的基本设计原则、基本要求（如功能、安全、经济及环境保护要求等），以及其他设计原则如各种结构构件截面设计原则、基坑支护（矿山法初期支护）与永久结构之间的结合设计原则等。

设计标准：主要包括设计使用年限、环境类别、抗震设防烈度及抗震等级、防水等级、防火等级、人防抗力标准和防化等级、结构安全等级及结构重要性系数、基坑变形保护等级、地面变形控制要求、结构裂缝控制等级、盾构法和矿山法地面沉降控制标准、钢筋混凝土结构裂缝和变形控制标准、抗浮设防水位及抗浮安全系数、钢结构防腐防锈标准、防洪设计标准等。

61.1.4　初步设计及抗震专项、风险专项等评审意见和执行情况。

61.1.5　工程地质及水文地质概述。

1）场区地形地貌，地质构造，岩土工程地质（含土层主要物理力学参数建议值），场地土类型及建筑场地类别。

2）水文地质（包括各层地下水位及承压水水头高度、抗浮设防水位、渗透性系数、地下水腐蚀性等）。

3）场地地震效应。

4）围岩分级及土石方可挖性分级。

5）不良地质（如巨厚淤泥层、沼气、湿陷或膨胀地基、漂石地层、上软下硬地层、含水粉细砂层、液化地层、地裂缝、断层破碎带、岩溶等）。

6）岩土工程评价、注意事项及建议（应根据地质评价结论，对地下工程的围护结构形式、隧道开挖方法、地下水处理、盾构机选型等内容提出建议）。

61.1.6　结构设计及构造要求。

1）结构设计：

（1）根据本图册工程结构的具体情况，主要说明本图册所涉及的结构整体设计方案、设计荷载及组合、主要设计参数、总体施工步序、环境类别及作用等级等内容。

（2）对于明挖、盖挖逆作法工程，重点说明基坑分期施工顺序、各分段基坑围护结构设计参数、内支撑形式及布置、主体结构与围护结构的关系、地下水处理措施、抗浮措施、抗震措施、回填土材料要求等内容。对于抗拔桩、抗压桩，应有试桩要求的相关内容。

（3）对于矿山法工程，重点说明施工竖井和施工导洞设计、暗挖进洞方式、施工辅助措施、不良地质处理措施、地下水处理措施、爆破控制标准及措施、地质超前预报要求、初期支护及二衬结构设计、各断面类型主要支护参数、断面开挖步序、竖井回填封堵等内容。

（4）对于盾构法工程，重点说明区间盾构井设计、管片衬砌设计（含标准环和特殊环衬砌设计）、进出洞地层加固、区间接口设计、联络通道结构及地层加固等内容。

2）构造要求（结构构造要求包括钢筋混凝土保护层厚度，钢筋的锚固与连接，变形缝、施工缝、后浇带或诱导缝的设置要求及构造要求；分布筋、拉结筋以及抗震构造要求等）。

3）与其他专业接口预留要求（包括与车站两端区间接口预留、人防接口、防雷接地、杂散电流防护、站台安全门或屏蔽门接口等要求及详图索引）。

61.1.7　风险工程设计。

如工程存在以下情况之一，应进行自身风险工程施工设计：超深基坑、超大跨隧道、通过不良地质地段或可液化地层、基础托换、超接近施工、地下结构作为高层建筑或城市桥梁的基础等。

当工程下穿或周边存在距离较近的房屋建筑、重要地下管线和地下构筑物、干线道路、既有铁路或地铁、大型桥梁、水系（江、河、湖泊）等环境设施，工程施工可能影响其安全性能或使用功能时，应进行有针对性的环境风险工程施工设计，一般包括风险工程概况、环境设施资料调查、风险工程计算分析、风险工程变形预测及安全性评估、变形控制指标、风险控制措施、专项监控量测、应急预案等内容。

61.1.8　监控量测。

提供监控量测平面图，必要时给出断面图，并说明监控量测项目、测点布置及监测频率要求。监控量测项目一般分为必测项目和宜测项目，包括地层、地下水、围（支）护结构、主体结构以及周边环境构筑物的力（或）变形监测项目。说明重要监控量测项目的监测允许值、报警值、变化速率等控制指标。

61.1.9　结构防水。

其包括防水设计原则、设计依据、防水等级及标准；防水主要技术标准及要求；地下结构自防水措施及施工要求、地下结构辅助（外包）防水措施、特殊部位防水构造措施（含变形缝、施工缝、后浇带、诱导缝、桩头、格构柱等）、接口防水措施及要求；防水层及防水构造措施的施工工艺要求、防水材料的选择及物理性能指标要求、不同防水材料的搭接过渡；防水层的保护措施及要求；细部节点构造；隧道限量排水设计等内容。

61.1.10 工程材料。

其包括各构件的混凝土强度等级、抗渗等级、最大水胶比、单方混凝土胶凝材料最小用量等，并从构件特性对混凝土材料提出具体要求。

其包括钢筋和钢材的种类、焊条类型及焊缝等级、螺栓及紧固件的性能等级、钢筋连接器的性能等级等，并对钢构件的防腐、防锈、防火等提出要求。

地层加固注装材料要求。

61.1.11 计算书（归档，但不作文件交给甲方）。

根据工程施工方法及结构形式的不同，一般包括以下项目（但不限于）：地层情况及其物理力学参数；计算理论、计算方法及计算程序；设计荷载及组合；结合施工步骤及不同部位选取计算断面、计算工况（含一次全加载或模拟实际施工工况的分次加载）及计算简图；结构内力及变形计算、计算结果分析；结构构件设计（配筋计算、抗裂验算）；基坑稳定性验算；结构抗浮计算；结构及地层变形计算；中间立柱及桩基的受力和位移计算；其他计算项目。对于形式复杂的结构、复杂的结构节点、重要环境保护对象，应进行整体有限元计算分析。

61.1.12 主要工程数量。

根据业主的要求，以表格形式给出本册图纸设计范围内主要工程数量清单，包括土（石）方开挖及回填量、围护结构及支护结构、衬砌混凝土方量、钢筋质量以及钢支撑、锚杆、钢围檩、格栅钢架、防水层、超前支护、地层注浆、地层加固、临时工程凿除等工程量。

61.1.13 施工注意事项及技术要求。

为确保施工安全及工程质量，应对关键事项提出施工注意事项及技术要求，如：

1）基坑的土方开挖、架、拆撑要求，支撑（锚杆）的设计轴力及预加轴力值，施工限载，临时边坡稳定，施工精度，基坑边外放，围护结构及中间桩基后压浆，围护结构（地墙或支护桩）、基础桩、锚杆检测方法及频率要求。

2）区域降水、坑（洞）内降水、止水帷幕和降承压水头。

3）地层加固方法、加固后土体的强度及抗渗性能。

4）施工中对地质情况、管线情况的核查及确认、动态设计。

5）矿山法竖井开挖，施工斜井或出渣支洞相关内容（如无轨、有轨运输要求，避车避人洞设置要求，运输车辆限速要求等），马头门加强措施，暗挖进洞及转换，超前支护，预留变形量，隧道的开挖方法、步长、台阶长度或导洞间拉开的距离，衬背注浆等，控制爆破标准及措施。

6）混凝土浇筑和养护，构件浇注顺序，钢结构的加工、组装及就位精度。

7）管片的制作及拼装精度、联络通道施工、近接施工要求等。

8）地面沉降控制措施；不良地质地段，与既有建（构）筑物处于超接近状态施工的技术措施及采用特殊方法（基础托换、冻结法等）的施工要求。

9）监控量测测点的设置与保护、监测数据的及时有效性。

10）对施工单位的施工组织设计和筹划及应急预案的相关要求、动态设计要求等。

11）针对批复的环评报告，提出本工程采取的具体环境保护措施及要求。

61.2　设计图纸（地下车站和区间工程）

61.2.1　明挖、盖挖逆作法车站和区间工程施工设计图纸内容。

1）施工总平面图（含本工程建筑物组成、施工总体流程、分段施工方法、周边环境设施、相邻车站或区间的工法、车站附属及区间附属等；1∶500 或 1∶1 000）。

2）地质纵剖面图（分左右线）（纵向 1∶500 或 1∶200，竖向 1∶200）。

3）基坑围护结构平面、纵剖面图（1∶200 或 1∶100）。

4）基础及地基处理设计图（针对不良地质）（1∶200 或 1∶100）。

5）基坑围护结构横剖面图（1∶100）。

6）基坑围护结构配筋图及构造详图（含锚杆、钢支撑及接头、临时立柱及连系梁构件、基础、挡墙等）（1∶50）。

7）盖挖逆作法中间立柱及桩基础设计图（1∶50）。

8）临时路面系统设计图（主要有军便梁、钢盖板路面系统、混凝土盖板路面系统等）。

9）降水设计图。

10）施工步序图。

11）环境设施保护设计图（风险源专项设计图）。

12）监控量测图。

13）各层结构板平面、纵剖面、横剖面布置图（1∶200 或 1∶100）。

14）所有主体结构和内部结构（含站台板、列车顶排风道）的配筋、节点大样、开洞、预埋件图（1∶100 或 1∶50）。

15）施工缝、变形缝、后浇带或诱导缝构造图及节点详图。

16）车站主体与区间、风道、出入口通道接口设计图。

17）屏蔽门预埋件布置图及预埋件详图（1∶100、1∶50）。

18）其他相关图纸（如区间隧道中心线与线路中心线偏移设计图等）。

注：主体结构指地下工程承受外围水土荷载、地震、人防作用，保障结构体系整体稳定的车站（含出入口、风道）和区间（含区间风道、联络通道）主要受力结构，包括顶板及顶板梁、底板及底板梁、中楼板及楼板梁、中间立柱、侧墙及侧墙梁、矿山法二次衬砌、盾构法管片等构件。内部结构指地下工程主体结构内，独立承受内部荷载作用的构件，如站台板、楼梯及其他内部墙体、柱子、楼板、梁等构件。

61.2.2　矿山法车站和区间工程施工设计图纸。

1）施工总平面图（含本工程建筑物组成、施工竖井和通道布置、施工总体流程、分段施工方法、周边环境设施、车站附属及区间附属等；1∶1 000 或 1∶500）。

2）地质纵剖面图（1∶500 或 1∶200）。

3）施工步序图。

4）初期支护结构、钢拱架组装及配筋图、节点大样图（含施工竖井及通道结构）。

5）二次衬砌结构、钢筋、节点大样图。

6）洞门设计图（如有）。

7）马头门支护结构及加强措施图。

8）工程施工措施设计图（包括辅助措施设计图、不良地质体处理措施设计图、地下水处理设计图等）。

9）对于排水型隧道还应补充隧道排水路径设计图、排水管沟设计图等。

10）环境设施保护设计图（含风险源专项设计图）。

11）监控量测图。

12）内部各层（梁、板、柱、站台板、楼梯、列车顶排风道、电梯井结构等）结构、钢筋、开洞、预埋件等图（1∶100 或 1∶50）。

13）施工缝、变形缝、后浇带或诱导缝构造图及节点详图。

14）车站主体与区间、风道、出入口通道接口设计图。

15）屏蔽门预埋件布置图及预埋件详图（1∶100、1∶50）（建议列入第 12 项的内部结构中）。

16）其他相关图纸（如区间隧道中心线与线路中心线偏移设计图等）。

61.2.3 盾构法工程施工设计图纸。

1）施工总平面图（含本工程建筑物组成、中间盾构井、施工总体流程、周边环境设施、车站附属及区间附属工程等；1∶500 或 1∶1 000）。

2）纵剖面图（含地质）（横向 1∶200，纵向 1∶500）。

3）隧道中心线与线路中心线偏移设计图。

4）标准衬砌环构造图、楔形衬砌环构造图（1∶20）。

5）管片构造图、管片细部构造图、管片配筋图（1∶10）。

6）特殊衬砌环设计图（如钢管片、半钢半砼管片等）（1∶10）。

7）管片预埋件图（1∶10）。

8）后浇环梁图（1∶10）。

9）进出洞土体加固图。

10）工程施工措施设计图（包括辅助措施设计图、不良地质体处理措施设计图、地下水处理设计图等）。

11）区间联络通道平、剖面结构图（含地层加固、排水泵站）（1∶50）。

12）区间联络通道钢筋图（含初期支护、二次衬砌）（1∶50）。

13）环境设施保护设计图（含风险源专项设计图）。

14）监控量测图。

15）其他相关图纸。

61.2.4　地下结构防水施工设计图纸。

1）不同工法的结构横剖面防水构造（示意）图。

2）细部节点防水图。

3）施工缝、后浇带、诱导缝、变形缝防水图。

4）止水构件详图。

5）车站与附属结构接口以及车站与区间接口防水构造图。

6）出入口等洞口部位防水层预留构造图。

7）通风道、通风井、出入口通道防水图。

8）附属结构防水图（包括防水层收口做法、特殊部位防水做法）。

9）矿山法区间纵剖面分区、注浆示意图。

10）盾构区间进出洞口防水图。

11）盾构管片密封垫示意图。

12）盾构内嵌缝防水图、手孔封堵防水图。

62　高架结构

62.1　高架区间结构

62.1.1　设计说明。

62.1.1.1　工程概况。

设计范围内城市规划或布局，河流、城市道路、公路、铁路和地下管线及高压架空电线分布情况。高架车站和区间高架桥的主要结构形式。

62.1.1.2　设计范围。

本施工设计文件的设计内容、高架车站或区间长度范围说明。

62.1.1.3　设计依据、原则及标准。

设计依据：执行现行地铁、工业与民用建筑结构设计规范、铁路桥涵设计规范、地震安评报告；参考现行公路桥梁设计规范，项目工程初步设计及其审查意见。

设计原则：桥梁布置满足跨越道路交通、铁路、河流通航泄洪要求，考虑沿线地下管线、高压架空电线分布情况。结构满足强度刚度、耐久性和抗震要求，桥面布置空间满足车辆限界、设备管线、轨道、信号设备布置要求，满足防杂散电流、防雷接地等要求。

设计标准：线路最小曲线半径、线间距、列车最大设计时速。桥梁结构设计使用年限、跨越河流防洪频率、跨越道路净空、抗震设防烈度等。

62.1.1.4 初步设计评审意见和执行情况。

62.1.1.5 工程地质及水文地质概述。

工程所在地区的地震基本烈度、工程地质和水文地质情况简介，其中对特殊地质条件、现有建（构）筑物制约条件等应详加说明。

62.1.1.6 沿线地下管线情况。

62.1.1.7 设计方案。

1）一般地段高架区间标准梁结构形式：

（1）设计荷载及其组合。

（2）主要建筑材料：包括主梁结构和下部结构等。

（3）主梁结构：主要断面形式说明；下部结构，采用的桥墩和基础形式说明。

（4）结构耐久性要求：对于普通钢筋混凝土结构和预应力混凝土结构的耐久性设计与施工养护方面的要求和说明。

（5）桥面设施及细部结构说明：包括防水层及其保护层、栏杆、接触网立柱基础及其预埋件、声屏障基础及其预埋件。

（6）支座及伸缩缝：支座布置原则及选型，伸缩缝布置原则及选型。

（7）抗震设计及构造措施。

（8）区间高架桥施工方法：说明该工程采用的施工方法、施工阶段描述等；建议采用的施工质量评定及验收规范。

2）特殊地段桥梁结构形式（跨越道路、河流、铁路等特殊结构节点桥梁，包括桥梁形式、桥跨布置、与上跨设施（道路河流等）的净空、净高限界等关系说明）。

3）施工顺序说明。

4）施工监测要点说明。

62.1.1.8 结构防水。

62.1.1.9 计算书（归档，但不作文件交给甲方）。

62.1.1.10 主要工程数量。

分上部结构、下部结构和附属结构等。

62.1.1.11 施工注意事项及技术要求。

提出施工控制安全附加荷载、控制施工质量、关键环节施工顺序、施工检测等要求。

62.1.1.12 标准图集选用。

62.1.2 设计图纸。

1）桥址平面图、桥梁总布置图（桥址平面图，包括桥梁平面布置，桥址地形、地貌，周边道路布置情况和地面构筑物、地下管线，河流沟渠分布，线位里程标，线位曲线参数，高程系统，坐标系统等；桥梁总布置图，包含桥梁平面、立面和横断面布置，桥跨布置，梁部、桥墩、承台和基础等主要结构尺寸、高程，桥址地质纵剖面，所跨越道路河流横断面等）。

2）梁上部建筑布置图（包含桥面各专业设备及其限界）。

3）区间预制标准梁平面布置图（包含曲线段各梁的偏角和特征点坐标等）。

4）一般梁构造图（包括立面图、平面图和横断面图）。

5）钢结构图（包含联结大样图、焊接方法和焊缝质量要求、涂装要求、制作安装要求和工程数量表）。

6）梁预应力束布置图（包括立面和平面布置图，含预应力钢束及相关材料表）。

7）梁普通钢筋图（包括钢筋数量表）。

8）桥墩、桥台构造图（包括立面、侧面和横截面图）。

9）桥墩、桥台钢筋图（包括钢筋大样图和钢筋数量表）。

10）桥头搭板结构图（包括钢筋大样图和钢筋数量表（有桥头搭板时））。

11）承台和基础结构及配筋图（包括钢筋大样图和钢筋数量表）。

12）桥面防水、排水图（包含平面排水布置图、泄水管位置）。

13）附属结构图、桥梁栏杆图（包含疏散通道结构、声屏障立柱基础及其预埋件、接触网立柱基础及其预埋件等）。

14）支座布置图（包含支座的类型规格和对应桥壤位置）。

15）支撑垫石布置图，包含支撑垫石尺寸、高程、坐标和工程数量表。

16）伸缩缝构造图。

17）施工阶段示意图（特殊桥梁）。

18）高架结构防雷接地图，区间高架结构防杂散电流图。

62.1.3　图纸要求。

1）钢筋图（含钢筋大样、钢筋明细表）。

2）桥梁总平面图（含各墩位布置、右线里程及墩中心坐标及方位角。包含相交道路、铁路、河流名称，高架桥位沿线道路机动车道、非机动车道、人行道和分隔带布置，道路地下管线大致分布情况，轨道交通线路平面要素，标准梁预制场位置和面积）。

3）桥梁总图（包含区间全桥平面图，纵立面、横断面、承台和桩基布置图，全桥主要工程数量表。内容包括桥梁承台和基础平面布置、纵断面桥跨布置、桥梁横断面布置，各桥壤里程、高架线轨顶标高、上跨道路、铁路、桥梁桥下净空。包含相交道路、铁路、河流名称，高架桥位沿线道路机动车道、非机动车道、人行道和分隔带布置，道路地下管线分布情况）。

62.2　高架车站结构

62.2.1　施工图阶段设计文件。

其应包括图纸目录、设计说明、设计图纸和计算书。

当包含较多的钢结构设计时，应单独编制钢结构设计说明。

62.2.2 高架车站结构。

其一般包含车站主体结构、附属结构、牵引变电所（如有）、轨道梁（如有）和人行天桥结构，车站结构设计文件按以上各部分分别编制。

62.2.3 高架车站主体结构。

其分为框架式结构和桥式结构，框架式结构施工图设计文件的编制深度规定参考《建筑工程设计文件编制深度规定》（建质函〔2016〕247号）（2016年版）；桥式结构施工图设计文件的编制深度参考本指南中有关高架区间结构施工图设计文件编制深度的规定。

62.2.4 附属结构和牵引变电所结构施工图设计文件。

深度参考《建筑工程设计文件编制深度规定》（建质函〔2016〕247号）（2016年版）施工图阶段有关规定。

62.2.5 轨道梁（如有）设计说明书。

62.2.5.1 轨道梁设计依据及技术标准。

车辆类型、最高设计时速、采用的现行设计规范和参考规范版本等。

62.2.5.2 设计荷载及荷载组合。

车辆荷载、二期恒载组成、主力和主加附荷载组合。

62.2.5.3 主要材料。

结构混凝土强度等级、预应力钢束型号、钢筋类型等。

62.2.5.4 结构耐久性设计。

结构环境作用类别，主要材料技术参数要求等。

62.2.5.5 结构分析。

1）采用的结构分析程序名称、版本号、编制单位。

2）结构分析所采用的计算模型、结构分析输入的主要参数，必要时附计算模型简图。

62.2.5.6 施工工序。

62.2.6 轨道梁设计图纸。

1）梁立面图、跨中和梁端横剖面图。

2）预应力钢束布置图（包含预应力钢束大样图、预应力工程数量表）。

3）钢筋布置图（包括钢筋大样图、钢筋工程数量表）、钢筋立面图、钢筋剖面图。

4）支座布置图。

5）一片梁的完整工程数量表（包括混凝土数量、预应力钢束、锚具和波纹管工程数量、各种规格的钢筋工程数量、桥面防水工程数量等）。

62.2.7 轨道梁计算书。

62.2.8 人行天桥设计说明。

62.2.8.1 设计方案。

概述人行天桥平面和立面布置设计说明等。

62.2.8.2　设计依据及技术标准。

1）跨越地面道路等级净空要求。

2）结构的设计使用年限。

3）采用的设计技术规范和标准的名称版本等。

62.2.8.3　设计荷载及荷载组合。

62.2.8.4　主要结构材料。

62.2.8.5　结构耐久性设计。

62.2.9.6　主梁结构设计。

62.2.8.7　墩柱及基础结构设计。

62.2.8.8　步梯结构设计。

62.2.8.9　栏杆及其他附属设计。

62.2.8.10　结构分析结果。

62.2.9　人行天桥设计图纸。

1）天桥平面、立面总布置图（包含主梁、梯道梁、桥墩、桥台和基础）；主梁结构立面、平面、剖面图，钢筋布置图或钢结构图（包含联结大样图、焊接方法和焊缝质量要求、涂装要求、制作安装要求和工程数量表）。

2）梯道梁结构立面、平面和剖面图，钢筋布置图或钢结构图；钢结构图（应包含联结大样图、焊接方法和焊缝质量要求、涂装要求和工程数量表）。

3）桥墩、桥台平面、立面和剖面布置图；基础平面、立面布置图，基础图墩柱和基础钢筋布置图。

4）栏杆扶手等附属结构图。

5）工程数量表。

62.2.10　人行天桥计算书。

1）提供计算采用的软件、版本等。

2）主梁、梯道梁、桥墩、桥台和基础结构计算结果。

63　供电

63.1　供电系统

63.1.1　设计说明。

63.1.1.1　工程概况。

简述线路形式、长度，地下、地上车站数量、平均车站间距，控制中心、车辆综合基地的设置。

63.1.1.2　设计范围。

63.1.1.3　设计依据及标准。

其包含初步设计文件、本次设计文件涉及的相关规范及标准、会议纪要和互提资料单、主要技术参数。

63.1.1.4　初步设计评审意见和执行情况。

63.1.1.5　设计方案。

简述中压网络和系统电缆敷设方式、电缆支架形式等技术要求。

63.1.1.6　其他需要说明的问题。

63.1.1.7　计算书（归档，但不作文件交给甲方）。

其包含中压网络最大、最小运行方式下短路电流计算，直流牵引供电系统短路电流计算。

63.1.2　设计图纸。

1）供电一次系统图（含交流、直流）。

2）中压网络继电保护配置图。

3）系统电缆敷设平面及剖面图。

4）中压网络继电保护定值单。

5）直流牵引供电系统继电保护定值单。

63.2　变电所

63.2.1　设计说明。

63.2.1.1　工程概况。

1）主变电所（简述主变电所类型及形式、占地面积及总建筑面积，主变电所设备层、电缆夹层净空高度，外电源引入及中压电源引出路径）。

2）车站变电所（简述本车站形式、面积及变电所类型，变电所在车站的位置分布，变电所设备层、电缆夹层净空高度）。

3）车辆综合基地变电所（简述变电所类型、形式及在车辆综合基地的位置分布，变电所设备层、电缆夹层净空高度）。

4）区间变电所（简述区间变电所类型及形式，区间变电所中心里程，区间变电所设备层、电缆夹层净空高度，区间变电所室内外高差）。

5）控制中心变电所（简述控制中心规模、面积，变电所在控制中心的位置分布，变电所设备层、电缆夹层净空高度）。

63.2.1.2　设计范围。

63.2.1.3　设计依据及标准。

其包含初步设计文件、本次设计文件涉及的相关规范及标准、会议纪要和互提资料单、地质勘查报告、主要技术参数。

63.2.1.4　初步设计评审意见和执行情况。

63.2.1.5　设计方案。

1）电源引入、引出位置。

2）交流中压与低压、直流主接线形式及运行方式。

3）牵引机组、配电变压器设置及运行方式。

4）保护配置。

5）防雷及操作过电压措施。

6）接地装置及接地电阻说明。

63.2.1.6　施工注意事项。

63.2.1.7　其他需要说明的问题。

63.2.1.8　计算书（归档，但不作文件交给甲方）。

低压负荷计算及配电变压器容量核算，变电所继电保护整定计算，直流操作电源蓄电池容量计算，低压线路单相接地故障保护有效性核算，接地电阻计算，跨步电压、接触电压计算。

63.2.2　设计图纸。

1）主要设备材料表。

2）变电所主接线图。

3）交流中压、低压，直流开关柜排列图。

4）交直流自用电系统图。

5）设备布置平面、剖面图（含变电所位置图）。

6）设备孔洞及预埋件平面、剖面图。

7）电力电缆联系图。

8）电缆敷设平面、剖面图。

9）变电所继电保护配置图。

10）变电所交流中压配电系统二次原理图（含外部接线端子排）。

11）交流低压配电系统二次原理图（含外部接线端子排）。

12）直流牵引配电系统二次原理图（含外部接线端子排）。

13）通信、控制电缆联系图。

14）接地系统图。

15）接地装置布置平面、剖面图。

16）变电所接地线敷设平面图。

63.3　电力监控系统

63.3.1　设计说明。

63.3.1.1　工程概况。

简述线路形式、长度，各种变电所位置及数量。

63.3.1.2　设计范围。

63.3.1.3　设计依据及标准。

其包含初步设计文件、本次设计文件涉及的相关规范及标准、会议纪要、互提资料单和主要技术参数。

63.3.1.4　初步设计评审意见和执行情况。

63.3.1.5　设计方案。

1）电力调度中心系统构成及数据容量要求。

2）牵引变电所综合自动化系统构成及数据容量。

3）降压变电所综合自动化系统构成及数据容量。

4）变电所综合自动化系统设备配置。

5）变电所综合自动化管线敷设方式。

6）电源、防雷与接地。

63.3.1.6　施工注意事项。

63.3.1.7　其他需要说明的问题。

63.3.2　设计图纸。

1）主要设备材料表。

2）全线电力监控系统图。

3）变电所综合自动化系统图。

4）变电所三遥量表。

5）设备、电缆敷设平面、剖面图。

63.4　牵引网系统

63.4.1　设计说明。

63.4.1.1　工程概况。

简述线路形式、长度，地下、地上车站数量，地下隧道形状、施工工法，车辆综合基地的设置。

63.4.1.2　设计范围。

63.4.1.3　设计依据及标准。

其包含初步设计文件、本次设计文件涉及的相关规范及标准、会议纪要和互提资料单、主要技术参数。

63.4.1.4　初步设计评审意见和执行情况。

63.4.1.5　设计方案。

63.4.1.6　施工注意事项。

63.4.1.7　其他需要说明的问题。

63.4.1.8　计算书（归档，但不作文件交给甲方）。

架空接触网支柱容量、长度、跨距，直流电阻计算及不限于此的计算。接触轨相关计算书。

63.4.2　设计图纸。

1）接触轨系统：

（1）主要设备材料表。

（2）接触轨系统电气系统图。

（3）接触轨系统布置平面图。

（4）接触轨零部件及安装图。

2）架空接触网系统：

（1）主要设备材料表。

（2）架空接触网电气系统图。

（3）架空接触网布置平面图。

（4）架空接触网安装图。

（5）架空接触网非标零件图。

63.5　杂散电流腐蚀防护

63.5.1　设计说明。

63.5.1.1　工程概况。

简述线路形式、长度，地下、地上车站数量，道床形式，车辆综合基地的设置。

63.5.1.2　设计范围。

63.5.1.3　设计依据及标准。

其包含初步设计文件、本次设计文件涉及的相关规范及标准、会议纪要和互提资料单、主要技术参数。

63.5.1.4　初步设计评审意见和执行情况。

63.5.1.5　设计方案。

1）杂散电流腐蚀防护要求。

2）排流网设置及截面。

3）排流柜运行方式。

4）监测设备安装。

5）电缆敷设及电源要求。

63.5.1.6　施工注意事项。

63.5.1.7　其他需要说明的问题。

63.5.1.8　计算书（归档，但不作文件交给甲方）。

排流网钢筋截面积计算。

63.5.2　设计图纸。

1）主要设备材料表。

2）杂散电流腐蚀防护系统图。

3）排流柜原理接线图。

4）钢筋焊接、引出端子要求。

5）监测设备安装图。

6）电缆敷设图（也可以由系统专业负责）。

64　通信

64.1　设计图纸

64.1.1　设计说明（可单独成册，也可在每册施工图中描述）。

1）工程概况。

2）设计范围。

3）设计依据及标准。

4）设计方案（包括设计方案、设备安装、管线敷设、线缆的保护方式、设备的供电及接地等）。

5）施工注意事项。

6）其他需要说明的问题。

7）主要工程数量表。

64.1.2　通信管路预埋图册（可选）。

1）车站通信管路预埋图册（包括 1 ～ n 个车站）。

2）车辆段、停车场室外通信管道图册。

3）控制中心通信管路预埋图册。

64.1.3　通信管线图册。

1）车站通信管线图册（包括 1 ～ n 个车站）。

2）车辆段、停车场通信管线图册（包括 1 ～ n 个建筑单体）。

3）控制中心通信管线图册。

64.1.4　各系统、图册。

传输、公务电话、专用电话、无线通信、视频监视、广播、时钟、办公自动化、电源与接地系统、集中告警系统；设备图册、线路图册。

64.1.5　设备布置平面图册。

其包括车站、车辆段、停车场及控制中心等图册。

64.1.6　民用通信系统图册。

1）车站民用通信管线图册（包括 1 ～ n 个车站）。

2）干线通信光缆线路图册。

3）无线通信系统图册。

4）设备布置平面图。

64.1.7　公安通信系统图册。

1）干线通信光缆线路图册。

2）公安图像监控系统管线图册（包括 1 ～ n 个车站）。

3）公安无线系统图册。

4）设备布置平面图。

65　信号

65.1　设计说明

设计说明（可单独成册，也可在每册施工图中描述）：

1）工程概况。

2）设计范围。

3）设计依据及标准。

4）初步设计评审意见及执行情况。

5）设计方案（包括设备布置、设备安装、管线敷设、线缆的保护方式、设备的供电及接地，设备型号及配置说明等）。

6）施工注意事项。

7）其他需要说明的问题。

8）主要工程数量表。

65.2　控制中心图册

1）中心设备系统构成图。

2）中心室内设备布置图、管线预埋图。

3）中心设备电缆路径及相关配线图。

4）与相关系统的接口配线图。
5）中心设备电源配线图。

65.3 正线车站图册（含试车线）

1）车站（试车线）信号设备系统构成图。
2）信号平面布置图。
3）电缆路径及室外设备布置图。
4）室内设备布置图。
5）相关设备接口电路图（如果有）。
6）相关设备接口组合排列表、组合继电器类型表（如果有）。
7）电源系统配线图。
8）室外电缆配线图、室外设备箱盒配线图。
9）相关设备接口电路配线图（如果有）。

65.4 车辆段 / 停车场图册

1）段 / 场联锁系统构成图。
2）信号平面布置图。
3）电缆路径及室外设备布置图。
4）电缆网络图。
5）室内设备布置图。
6）联锁表。
7）计算机联锁接口电路图。
8）组合排列表、组合继电器类型表。
9）室内（外）设备配线图、电源系统配线图。

66 通风、空调与供暖

66.1 全线系统设计说明

66.1.1 工程概况。
66.1.2 设计范围。

66.1.3　设计依据及标准。

66.1.4　初步设计评审意见和执行情况。

66.1.5　设计内容。

全线隧道通风空调系统的系统形式、设计负荷、主要设备选型、运行模式、系统控制等。

66.1.6　其他需要说明的问题。

66.2　全线系统设计图纸

1）全线隧道通风空调系统原理图（表示隧道通风空调系统的风亭、风道、设备的相对位置（里程）关系及其编号）。

2）全线隧道通风空调设备控制模式表（以表格形式表示各设备在不同工况下的运行状态及工况转换条件）。

66.3　车站及隧道工点系统设计说明

66.3.1　工程概况。

66.3.2　设计范围。

66.3.3　设计依据及标准。

66.3.4　初步设计评审意见和执行情况。

66.3.5　设计内容。

各子系统的系统形式、设计负荷、主要设备选型、运行模式及系统控制等。

66.3.6　施工说明。

设备运输、吊装、安装顺序说明；各类设备的安装说明；材料选用，以及材料的技术要求；参照的图集和标准图；对相关专业的要求；确定的分工或施工界面说明等。

66.3.7　其他需要说明的问题。

66.4　车站及隧道工点系统设计图纸

1）主要设备材料表。

2）车站总平面图（1∶500；注明风亭、冷却塔及室外机组等设备与车站及相邻地面建筑物的相对位置关系）。

3）车站通风、空调与供暖系统总平面图（1∶200～1∶300；包括各系统平面图及系统编号，各机房相对位置及设备布置的轮廓形状）。

4）车站通风、空调与供暖管道平剖面图（1∶50～1∶100；绘出风管、冷水管在车站吊顶内的布置定位尺寸；风管尺寸、风口的布置位置定位尺寸。注明风口、风阀的编号、规格型号）。

5）车站及隧道通风空调机房平面图（1∶50；绘出通风、空调、制冷设备的轮廓、位置及编号，并注明设备和基础的定位尺寸。绘出连接设备风道、管道位置及走向，注明尺寸、管径。标注机房内所有设备及附件的位置、详图索引编号如各种仪表、阀门、柔性接头、过滤器等）。

6）车站及隧道通风空调机房剖面图（1∶50；绘出对应于机房平面的设备、设备基础、风管、管道和附件的竖向位置、竖向尺寸和标高。注明设备编号）。

7）隧道射流风机布置平面图（1∶200）。

8）隧道射流风机布置剖面图（1∶100）。

9）室外风亭平剖面图（1∶100；表示风亭、百叶、吊钩等设置位置及尺寸）。

10）通风、空调与供暖系统原理图（表示管径、风量、设备编号、管道与设备的关系）。

11）设备安装大样图。

12）系统设备控制模式表（以表格形式表示各系统设备在不同工况下的运行状态及工况转换条件）。

66.5 计算书

计算书归档，但不作文件交给甲方。

冷负荷、热负荷、风量、冷冻水量、冷却水量、主要设备的选择等计算，与初步设计相比变化较大的模拟计算，以及需进行施工图审查的节能计算。

67 给排水和消防

67.1 给排水及消防给水系统

67.1.1 设计说明。

67.1.1.1 工程概况。

67.1.1.2 设计范围。

67.1.1.3 设计依据及标准。

67.1.1.4 初步设计评审意见和执行情况。

67.1.1.5 设计内容。

1）给水系统：

（1）生产、生活给水系统。

（2）消防给水系统。
（3）循环冷却水系统。
（4）热水供应系统。
（5）中水系统。
2）排水系统：
（1）污水系统。
（2）废水系统。
（3）雨水系统。
3）给排水及消防系统控制要求。
4）系统计算。
5）灭火器的配置。
6）管道保温（应说明常规保温盒电保温系统的设置原则及要求）。

67.1.1.6　施工说明。

关于施工安装等方面的要求。

67.1.1.7　计算书。

归档，但不作文件交给甲方；对初步设计中的计算书内容应重新计算校核。

67.1.2　设计图纸。

1）主要设备材料表。

2）室外给排水及消防总平面图（绘出给水引入管管径、管长、位置及标高，给出阀门井、消火栓井、水表井、水泵接合器井的定位尺寸或定位坐标、编号及采用详图编号等。绘出排水出管管径、位置、管长、标高、水流坡度及排水流量等，检查井、化粪池和冷却塔给出编号、定位尺寸或定位坐标及采用的详图编号等。本图应有指北针）。

3）站厅及站台层（含出入口、通道）给排水及消防平面图（绘出给排水及消防管道的位置、管径及标高，消火栓、洒水栓、地漏、横截沟、阀门等应有定位尺寸，应表示各类给水泵房、排水泵房、卫生间、脸盆、拖布池、专用消防器材箱的位置。必要时应绘制局部大样图）。

4）给水系统图（包括生产、生活给水系统，热水系统，消火栓给水系统及自动喷水灭火系统图，图中应注明管径、标高；并绘出消火栓、洒水栓、喷头、水流指示器、阀门及其他用水接点位置。自动喷水灭火系统图应表示信号蝶阀、湿式报警阀、末端试水装置。绘制的范围应包括设计范围内的所有给水系统（含室外水表井、室外消火栓及水泵接合器等））。

5）冷却循环给水系统平面图及系统图（绘出管径、标高、阀门、水泵、水池及冷却塔位置、标高）。

6）给水泵房图（绘出消防泉房、生活给水泵房、冷却水系统泵房的平剖面图及系统图，包括水泵布置尺寸、基础外框、螺孔尺寸，基础减振，城市自来水管接管管径、位置、起吊设备尺寸位置，水泵轴线，管道阀门标高、位置，防水套管位置、标高；并列出设备型号性能及材料表）。

7）各种排水泵站（房）图（绘出泵房平、剖面及排水系统图，应表示水泵布置尺寸，基础减振措施，外框、螺孔尺寸、水泵轴线，管道管径，阀门位置、标高，防水套管位置、标高，以及城市排水管接管管径及标高。水泵起吊设备尺寸、位置。列设备材料数量表）。

8）横剖面图（绘出管道交叉位置较多处的横剖面图）。

9）局部设施（当建筑物内有小型给排水处理设施时，应绘出平剖面及详图，注明引用的详图、标准图号）。

10）区间给排水及消防平面图（绘出区间消防给水管及排水管的管径（含出水方向）、位置，地下区间消防给水连通管，消火栓、检修阀门等的设计里程）。

11）管道断面图（绘出区间消防给水管及排水管的管道布置断面图，过轨管大样图等）。

12）卫生间大样图（绘出卫生洁具给水及排水管道的位置、管径、坡度等）。

67.2 气体灭火系统

67.2.1 设计说明。

67.2.1.1 工程概况。

67.2.1.2 设计范围。

67.2.1.3 设计依据及标准。

67.2.1.4 初步设计评审意见和执行情况。

67.2.1.5 设计内容。

67.2.1.6 设计接口。

67.2.1.7 其他需要说明的问题。

67.2.1.8 计算书。

归档，但不作文件交给甲方；

对初步设计中的计算书内容应重新计算校核。

67.2.2 设计图纸。

1）主要设备材料表。

2）管网系统原理图（绘出所有保护区管网系统组合分配的方案）。

3）管网布置图（绘出所有气体灭火管道走向、位置、管径及主要标高等）。

4）管网系统图（绘出气体灭火管道的标高、管径、喷头选型等）。

5）气瓶间大样图（绘出气瓶间气瓶与管道的位置及定位尺寸等）。

6）安装大样图（绘出气瓶支架、喷头支架等的安装大样图）。

7）控制系统原理图（电气专业）。

8）控制系统平面图（电气专业）（绘出探头、气体灭火放气指示灯、蜂鸣器及管线等的位置）。

9）控制系统图（电气专业）。

68　动力照明

68.1　设计说明

68.1.1　工程概况。

简述车站形式、车站总长、站台形式、车站总建筑面积、车站主体建筑面积、车站层数及层高、吊顶设置情况、垫层厚度、重要机房的防静电地板设置情况；出入口及通道数量，风道、风亭数量等；区间长度、区间形式（地下、地面、高架）；变电所的设置位置，环控机房及电控室、照明配电室位置设置等。

简述车辆综合基地、控制中心建筑物的建筑面积及结构类型；层数、层高、吊顶设置情况、垫层厚度、重要设备房的设置情况、防火分区划分情况等。

68.1.2　设计范围。

68.1.3　设计依据及标准。

68.1.4　初步设计评审意见和执行情况。

68.1.5　设计方案。

1）负荷等级及配电方式。

2）动力设计（配电原则、电动机起动方式、环控设备的供电及控制、水泵的供电及控制、其他设备供电、检修电源、动力设备总容量）。

3）照明设计（照明种类、照度要求、照明控制、应急照明、值班照明、广告照明、区间照明、安全特低电压照明、照明设备总容量）。

4）导线、电缆的选型及敷设方式。

5）设备选型及安装要求。

6）设备控制原理图的选择（尽可能使用标准图集，或使用专业标准图）。

7）防雷、接地及安全。

8）施工中应注意的问题。

68.1.6　施工注意事项。

68.1.7　其他需要说明的问题。

68.1.8　计算书。

归档，但不作文件交给甲方；

对初步设计中的计算书内容应重新计算校核。

68.2 设计图纸

1）主要设备材料表。

2）动力、照明总系统图（包括配电箱名称、编号，负荷等级，回路编号，电缆型号，电缆截面及电缆所穿管型号、管径、敷设方式及电缆长度）。

3）应急照明系统图（包括双电源、负荷计算，照明箱编号，出线回路编号，线缆截面及电缆所穿管型号、管径、敷设方式等）。

4）动力、照明系统图（展开图包括配电箱负荷计算，进线、馈线的规格型号及所穿管型号、管径、编号和敷设方式，箱体尺寸，元器件规格，进线电源来处，出线回路负荷及负荷名称等）。

5）环控电控柜（包括冷冻站设备）排列图（包括进线、出线回路编号，电缆编号、型号及规格，设备名称，设备功率，设备负荷，计算电流，一次设备规格及保护定值，柜深、柜宽，各回路组装尺寸等）。

6）设备控制原理图（控制原理图编号，见通用图）。

7）电缆（干线）平、剖面图（包括用电设备配电箱、现场按钮箱位置，配电缆线编号，电缆桥架尺寸，电缆桥架电缆敷设路径，主要节点剖面（电缆排列及编号明晰）等）。

8）动力平面图（包括用电设备位置、编号、功率，配电箱、现场按钮箱位置，配电缆线编号、型号、截面及所穿管型号、管径和敷设路径等）。

9）照明平面图（包括照明配电箱位置，配电回路编号，灯具的数量、功率、安装方式、安装高度标注，开关控制对应灯具等）。

10）插座平面图（包括照明配电箱位置、插座，配电回路编号，插座位置、功率、安装方式、安装高度等。本图也可以和动力平面图或照明平面图合并）。

11）防雷平面图（接闪器、引下线等）。

12）接地及等电位平面图（标注接地导体型号、截面、敷设路径及方式。绘制接地系统示意图）。

13）有关安装大样。

69　火灾自动报警

69.1　设计说明

69.1.1　工程概述。

简述工程概况和本工程设有的与防灾有关的设备系统。

69.1.2　设计范围。

叙述本系统设计涉及的工程范围及系统所包括的设计内容。

69.1.3　设计依据及标准。

列出设计所依据的规范和有关文件。叙述设计所遵循的主要原则，包括确定防范的灾害种类、设防等级、国家有关消防方针等。

69.1.4　设计方案。

1）系统构成（概要说明系统构成、中心级构成、车站级构成、车辆段构成、区间系统构成、全线网络及接口）。

2）系统功能（概要叙述系统具备的功能，明确中心级功能、车站级功能）。

3）系统方案（概要叙述系统方案，中心级与车站方案，区间方案，与气体灭火接口方案，与环境、设备监控及综合监控系统关系等）。

4）设备配置及设备接口（根据不同场所而选择的探测器类型配置，根据不同的联动控制对象所选择的各类模块配置以及与这些设备的接口位置和要求）。

5）电源及接地。

6）施工应注意的问题。

69.1.5　设备安装及管线敷设。

简述设备安装及管线敷设的要求和原则。

69.1.6　其他需要说明的问题。

69.2　设计图纸

1）主要设备材料数量表。

2）车站系统图。

3）控制点表。

4）站台、厅层火灾自动报警平面图。

5）车辆段系统图、平面图（如有）。

6）运营控制中心系统图、平面图（如有）。
7）控制流程表。
8）系统模块箱接线图。

70　环境与设备监控

70.1　设计说明

70.1.1　工程概述。

简要介绍工程概况和本工程设有的设备系统。简述系统所管理的地域范围和控制对象及其内容。

70.1.2　设计范围。

70.1.3　设计依据及标准。

列出设计所依据的规范和有关文件；相关专业提供的资料要求，作为编排控制程序和系统设计的依据。

叙述系统设计所遵循的主要原则，包括系统规模划分、全线网络组成的原则，以及与火灾自动报警系统的联动控制关系等。

70.1.4　设计方案。

1）系统构成（中心级构成、车站级构成、车辆段构成、区间系统构成、全线网络及接口方案）。
2）叙述系统具备的功能，明确中心级功能、车站级功能。
3）系统配设（包括中心级、车站级、现场级设备等的设置）。
4）简述设备安装及管线敷设的要求和原则。
5）电源及接地。
6）施工应注意的问题。

70.1.5　其他需要说明的问题。

70.2　设计图纸

1）主要设备材料数量表。
2）车站系统图。
3）各车站站台、站厅层环境与设备监控平面图。
4）运营控制中心系统图、平面图。

5）车辆段系统图、平面图。

6）控制点表。

7）控制流程表。

71 自动售检票

71.1 设计说明

71.1.1 工程概况。

说明线路概况、工点概况、用房构成、用房所处位置、车站终端设备所处位置等与自动售检票系统相关的基本情况。

71.1.2 设计范围。

71.1.3 设计依据及标准。

其包括初步设计文件、评审意见、主要出入资料、会议纪要等；说明与相关工程设计规范、标准及所采用的图集。

71.1.4 设计方案。

1）系统构成（中心级构成、车站级构成、车辆段构成、区间系统构成、全线网络及接口方案）。

2）系统具备的功能，明确中心级功能、车站级功能。

3）系统配设（包括中心级、车站级、现场级设备等的设置）。

4）简述设备安装及管线敷设的要求和原则。

5）电源及接地。

6）施工应注意的问题。

7）说明管线施工、线缆敷设、设备安装等主要技术要求及注意事项（说明施工图所采用线缆编号规则及管线敷设位置代号含义。说明施工图所采用代号、符号含义）。

71.1.5 其他需要说明的问题

71.2 设计图纸

1）设备材料数量汇总表。

2）网络系统图。

3）配电系统图。

4）各车站、控制中心、车辆综合基地总体设备平面布置图。

5）各车站、控制中心、车辆综合基地设备、管线平面布置图。
6）典型设备布置及安装关系图。

72 自动扶梯和电梯

72.1 设计说明

72.1.1 工程概况。
72.1.2 设计范围。
72.1.3 设计依据及标准。
72.1.4 初步设计评审意见和执行情况。
72.1.5 设计方案。
72.1.6 其他需要说明的问题。

72.2 设计图纸

1）主要工程数量。
2）设备平面布置图。
3）站台、厅层自动扶梯工艺布置图。
4）站台、厅层无机房电梯工艺布置图。
5）出入口自动扶梯工艺布置图（根据车站情况按各出入口编制）。
6）出入口无机房电梯工艺布置图（根据车站情况按各出入口编制）。施设阶段，本专业图纸按站编制成册。

73 综合监控

73.1 设计说明

73.1.1 工程概况。
73.1.2 设计范围。

73.1.3　设计依据及标准。

73.1.4　设计方案。

对设备配置和联动控制及接口应作较详细说明。

1）系统构成（中心级构成、车站级构成、车辆段构成、区间系统构成、全线网络及接口方案）。

2）系统具备的功能（明确中心级功能、车站级功能）。

3）系统配设（包括中心级、车站级、现场级设备等的设置）。

4）设备安装及管线敷设的要求和原则。

5）电源及接地。

6）施工应注意的问题（应增加对设备安装、管线敷设、电源与接地等施工中具体问题的说明）。

73.1.5　其他需要说明的问题。

73.2　设计图纸

1）全线系统图。

2）车站系统图。

3）车站控制室设备布置图。

4）站台、厅层综合监控平面图、干线图。

5）运营控制中心系统图、平面图。

6）主要设备材料数量表。

74　乘客信息

74.1　设计说明

74.1.1　工程概况。

74.1.2　设计范围。

74.1.3　设计依据及标准。

74.1.4　设计方案。

简述系统构成和功能，对设备配置和联动控制及接口的详细说明，应增加对设备安装、管线敷设、电源与接地等施工中具体问题的说明。

74.1.5　施工注意事项。

74.1.6 其他需要说明的问题。

74.2 设计图纸

1）控制中心图册（含全线系统图、设备连接图、平面布置图、机房布置图）。
2）车站图册（含全线系统图、设备连接图、平面布置图、机房布置图）。
3）车辆段图册（含全线系统图、设备连接图、平面布置图、机房布置图）。

75 办公自动化

75.1 设计说明

75.1.1 工程概况。

75.1.2 设计范围。

叙述本系统设计所涉及的工程范围及系统所包括的设计内容。

75.1.3 设计依据及标准。

说明系统目前所采用的规范、甲方来文、其他设计输入文件。叙述系统设计所遵循的主要原则，主要从系统的可靠性、安全性、可扩充性、经济性方面设计原则进行描述。主要从系统硬件建设是否分期和系统软件包含哪些方面内容进行叙述。

75.1.4 设计方案。

75.1.5 对系统完成的功能的论述。

同时要对其中主要功能方面进行较详细的论述。

75.1.6 对于综合维修中心 OA 终端配置、站务管理及 OA 终端配置、车站管理内容、车站工作岗位设置、车站人员的工作班制进行分析；对系统的存储设备、网络设备、安全设备、综合布线系统进行分析描述。

75.1.7 软件建设方案。

操作系统、数据库、中间件、数据引擎；软件体系结构；应用软件。

75.1.8 对于全线系统的组网方案进行描述。

包括是否独立组网、网络带宽。

75.1.9 信息点布置。

75.1.10 管线敷设及设备安装要求。

75.1.11 系统接口。

75.1.12 电源与接地保护。

75.1.13　施工应注意的问题。

75.1.14　其他需要说明的问题。

75.2　设计图纸

1）控制中心图册（含全线系统图、设备连接图、平面布置图、机房布置图）。

2）车站图册（含全线系统图、设备连接图、平面布置图、机房布置图）。

3）车辆段图册（含全线系统图、设备连接图、平面布置图、机房布置图）。

76　门禁

76.1　设计说明

76.1.1　工程概况。

76.1.2　设计范围。

76.1.3　设计依据及标准。

76.1.4　设计方案。

说明系统构成、设备配置（中心级、车站级）、门禁监控点设置、系统功能、接口设计、门禁设备安装及线路敷设、电源与接地及其他。

76.2　设计图纸

1）门禁系统主要设备图例符号。

2）中央级主要设备材料表。

3）车站主要设备材料表（各站均有此项）。

4）车辆段或停车场主要设备材料表。

5）全线、车站、控制中心、车辆段或停车场系统图。

6）控制中心门禁系统设备平面布置图。

7）车站门禁系统设备平面布置图（各站均有此项）。

8）车辆段或停车场门禁系统设备平面布置图（需布置门禁监控点的单体建筑）。

77 站台门

施设阶段，本专业图纸原则上按照通用图＋各站施工图编制。

77.1 通用图册

77.1.1 设计说明。

77.1.1.1 工程概况。

77.1.1.2 设计范围。

77.1.1.3 设计依据及标准。

77.1.1.4 设计方案。

说明主要技术参数、相关接口、接地及绝缘、安装施工说明。

77.1.1.5 施工应注意的问题。

77.1.1.6 其他需要说明的问题。

77.1.2 设计图纸。

1）监控系统、电源和接地构成图。

2）标准门单元布置图。

3）安装剖面及与土建接口详图（含端门单元）。

4）预埋件布置图（如有）。

77.2 各车站图册

77.2.1 设计说明。

77.2.1.1 工程概况。

77.2.1.2 执行通用图情况。

77.2.1.3 主要技术参数。

77.2.1.4 主要安装说明。

77.2.1.5 其他需要说明的问题。

77.2.2 设计图纸。

1）主要设备材料数量表。

2）车站站台门平面布置图。

3）车站站台门平、立面详图。

4）站台门设备室布置图。

5）站台、厅层站台门管线布置图。

6）设备层站台门管线布置图（如有）。

78　声屏障

78.1　设计说明

78.1.1　工程概况。

78.1.2　设计范围。

应列表说明工程涉及的噪声敏感点名称，与线路的相对位置关系。

78.1.3　设计依据及标准。

其包括设计依据及采用的规范、各噪声敏感点采用的噪声标准、声屏障位置、高度、长度、厚度等参数的确定原则。

78.1.4　初步设计评审意见和执行情况。

78.1.5　声学设计基础数据。

其包括列车运行计划表、列车运行噪声值，并应列表说明工程涉及的噪声敏感点的背景噪声情况。

78.1.6　设计方案。

应列表说明针对不同的噪声敏感点设置的声屏障设置形式及设置里程、不同形式声屏障的结构组成形式、声屏障材料及构件选择、密封构造要求。

78.1.7　其他需要说明的问题。

78.2　设计图纸

1）主要设备材料数量表。

2）声屏障平面布置图（1∶1 000；应分段详细标明声屏障的起点、终点里程及平面位置，噪声敏感区的位置及与线路的距离）。

3）声屏障横剖面图（1∶50；横剖面图为垂直线路方向的剖面。应表示出各种类型声屏障在横断面上与线路、限界、电缆托架以及人行步道等的相对位置，声屏障的横断面结构）。

4）声屏障纵向视图（1∶50；纵向视图为线路外侧垂直线路方向的视图。应表示出各种类型声屏障的框架、声屏障板、栏杆等在线路纵方向的布置情况）。

5）声屏障伸缩缝做法大样图（应表示伸缩缝处声屏障框架、吸声隔声板、隔声窗、顶部隔声板材的连接方式、密闭措施）。

6）声屏障板构造图（表示声屏障板各部分的材质、构造及尺寸）。

7）声屏障立柱预埋件图（表示声屏障立柱预埋件平、剖面尺寸）。

8）地面段声屏障立柱基础平面布置图（表示地面段声屏障立柱基础平面位置及尺寸）。

9）声屏障钢架断面图（结构专业）。

10）声屏障钢架平面图（结构专业）。

11）声屏障钢架立面图（结构专业）。

12）声屏障钢架柱脚构造详图（结构专业）。

13）钢架结构节点详图（结构专业）。

14）地面段声屏障钢架基础图（结构专业）。

79 车站内部管线综合

79.1 设计说明

79.1.1 工程概况。

简述车站站位、出入口、风亭、冷却塔的设置位置以及车站周边环境、车站形式及换乘方式，车站平面布局、层数及各层的净高和吊顶高度要求，车站规模和各层面积，车站各部位的防火分区、防烟分区划分，以及防火分隔（包括楼扶梯穿越设备用房的防火分隔位置等）。

79.1.2 设计范围。

其包括车站组成范围，机电设备专业各系统、各类管线以及综合吊架设计范围。

79.1.3 设计依据及原则。

相关专业提供的施工设计基础资料，主要法规和所采用的主要标准，总体单位提供的车站管线综合施工设计技术要求。

主要设计原则和技术标准同初步设计内容，内容可以适当简化。

79.1.4 初步设计评审意见和执行情况。

79.1.5 设计分界点。

79.1.6 设计方案。

1）尺寸单位及管线标高。

2）设计接口说明。

（1）说明各专业管线之间、管线与设备之间的接口关系。

（2）说明管线维修、运输与建筑空间之间的接口关系。

（3）说明管线与建筑（平面布局、建筑功能分区分界处，楼扶梯、内隔墙、构造柱、圈梁、门洞、吊装孔等）之间的接口关系，管线与装修（地面、吊顶、墙面）之间的接口关系，管线与结构（梁、板预留孔洞，顶底板纵梁、防护段、预埋件）之间的接口关系，管线与防火分隔物（穿越防火墙、楼板、防火卷帘门等）之间的接口关系。

79.1.7　其他需要说明的问题。

79.2　设计图纸

1）管线图例及专业代码。

2）站厅层天花、地板管线综合平面布置图。

3）站台层天花、板下管线综合平面布置图。

4）站厅、站台层天花管线综合分段平面图。

5）站台板下管线综合分段平面图。

6）其他设备层天花、地板管线综合平面图。

7）各层管线剖面图。

8）管线密集区平剖面节点大样图。

9）站厅、站台层综合吊架范围图（如有综合吊架）。

注：1. 车站管线综合平面布置图比例为 1∶200，分段平面图比例为 1∶100，剖面图比例为 1∶50，综合吊架图比例为 1∶20 或 1∶30。

2. 对管线密集区应增加剖面图，标明管线与相邻管线及墙体、顶板及吊顶间的距离，并标注主要交叉点上、下管线的标高和水平间距。

80　车辆综合基地

80.1　工艺

80.1.1　设计说明。

设计说明应附在各检修车库（车间）图册之前，应对车库（车间）的组合形式、主要参数及工艺流程进行简单、扼要的叙述。初步设计评审意见和执行情况，视需要在图中对设计技术要求进行说明。

80.1.2　设计图纸。

各检修库、运用库、检修车间设备平面布置图及设备表、设备定位图、剖面图、大样图和设备基础图。

各辅助车库、车间设备平面布置图及设备表、设备定位图、剖面图、大样图和设备基础图。

室内外压缩空气管线平面图、系统图和工程数量表。

室外管线综合图。

80.2 站场

80.2.1 设计说明。

80.2.1.1 工程概况。

场区自然环境（气候、工程地质及水文地质、城市规划）。

80.2.1.2 设计范围。

80.2.1.3 设计依据及标准。

80.2.1.4 设计说明。

阐述与初设不同的部分，对增加的部分进行必要的说明，对变更的部分说明变更的原因和效果。

80.2.1.5 其他需要说明的问题。

80.2.1.6 主要工程数量。

80.2.2 设计图纸。

1）站场线路平面设计图（1∶500 或 1∶1 000；图纸带地形和指北针，标注道岔型号、交点，道岔和股道编号，线路长度及曲线要素，标注轴线里程及坡度标，场区控制基线及坐标，附股道表、坐标表、曲线表及主要工程数量表，图例及简要说明）。

2）线路轴线纵断面设计图（横向 1∶1 000，竖向 1∶100；填绘地质资料，标注轴线百米标、千米标，即变坡点里程，设计纵断面，标明坡段长度、坡段值、坡向、竖曲线要素及轨顶设计标高，标注挡土墙与高架桥分界里程，简要说明）。

3）站场横断面设计图（1∶200 或 1 ∶ 300；填绘测量、地质资料，标注横坡长度、坡度、坡向及流水方向，标注轨道中心线、排水沟（管）、道路及厂房位置与间距，标注路肩、轨道中心线、边坡点的路基标高，标注水沟顶、底及厂房室外的地面标高，标注断面里程号、断面面积及填挖方数量，土石方计算表，简要说明）。

4）车场出入线平面设计图（1∶1 000；图纸带地形，设计起点的正线里程、百米标、千米标，标注道岔型号、控制点里程、坡度标，标注线路长度、曲线要素、交点及起讫点坐标，主要工程数量表，简要说明）。

5）出入线纵断面设计图（同站场纵断面图）。

6）出入线路基设计图（1∶50；填绘地质资料，确定路基面宽度、边坡比例和排水沟宽度，挡土墙、路基（路堑）断面宽度，挡土墙、小桥涵设计图，主要工程数量表，简要说明）。

7）道路平面设计图（1∶1 000 或 1∶500；图纸带地形、指北针，标明道路位置中心线坐标路面宽度，道路结构图，图例及简要说明）。

8）排水设计图（1∶500 或 1∶1 000；图纸带地形、指北针，标明排水沟的位置、种类、水流方向，检查井编号、井间距、坡度及管径，附检查井标高表、坐标表、工程数量表，图例及简要说明）。

9）排水主干管纵断面设计图（1∶1 000；检查井井盖，井内上、下段管道内底标高和井底标高，检查井井距、管径、坡度及设计流量，非标准排水构筑物结构设计图，检查井、跌水井型号及跌差，简要说明）。

10）室外管线综合设计图（1∶1 000 或 1∶500 或 1∶200）。

11）专用线设计图（按工业企业标准轨距设计规范）：

（1）说明书。

（2）线路平面图（1∶1 000 或 1∶2 000）。

（3）线路纵断面图（横向 1∶2 000，纵向 1∶200）。

（4）路基横断面及排水图（1∶50）。

（5）小桥涵结构图、挡土墙图、用地界图。

（6）水准基点表、坐标表、曲线表、轨道工程数量表、土石方计算表和征地拆迁数量表。

80.3　其他专业

结合轨道交通特点内容及相关专业章节，参照《建筑工程设计文件编制深度规定》（建质函〔2016〕247 号）（2016 年版）执行。

81　运营控制中心

81.1　工艺

81.1.1　设计说明。

81.1.1.1　工程概况。

81.1.1.2　设计范围。

简述本工程的设计主要内容，调度大厅、设备机房、网络管理、共用路径等。

81.1.1.3　设计依据及标准。

相关的设计规范、设计标准、会议纪要。

81.1.1.4　设计方案。

按专业布置、综合布置等说明调度大厅、设备机房、网络管理室布置方案。

81.1.1.5　技术接口要求。

与建筑、结构、供电、通风、给排水等相关专业接口要求等。

81.1.1.6　其他需要说明的问题。

81.1.2　设计图纸。

1）调度大厅调度台、设备机房、电源室、网络管理室、培训管理室设备工艺布置图。

2）调度大厅调度台、设备机房、电源室、网络管理室、培训管理室强、弱电线槽敷设平、剖面图。

81.2　其他专业

结合轨道交通特点内容及相关专业章节，参照《建筑工程设计文件编制深度规定》（建质函〔2016〕247号）（2016年版）执行。

82　人防工程

82.1　设计说明

82.1.1　工程概况。

82.1.2　设计范围。

82.1.3　设计依据及标准。

82.1.4　初步设计评审意见和执行情况。

82.1.5　设计方案。

1）建筑（说明全线抗力级别标准、防护单元设置、紧急掩蔽人数、人员出入口、通风口、平战功能转换、管线密闭）。

2）结构（说明抗力级别、工程材料、人防结构计算）。

3）孔口防护（说明人员出口、隧道口、通风口、换乘通道与区间防护、平战功能转换等）。

4）通风（说明清洁式通风新风量及通风工况、隔绝式防护时间、滤毒式通风新风量、滤毒式通风主要人员出入口最小换气次数及工程内部超压、平战功能转换等）。

5）给排水（说明战时用水、储水及洗消水量标准，战时给排水系统，闸阀设置，平战功能转换，工程材料及管线施工方案等）。

6）电气（说明战时供电电源形式，战时负荷划分，战时应急照明、人防设备与正常照明配电方案）。

7）人防信号、通信（说明人防防护设备集中信号室及电话设置方案）。

82.1.6　其他需要说明的问题。

主要工程数量（必要时）。

82.2　设计图纸

人防工程总图和各防护段的建筑图、结构图，其平面、剖面和断面图应准确、详尽，满足土建施工及防护设备安装要求。风、水、电专业按人防要求进行施工设计。

83　交通衔接

83.1　设计说明

83.1.1　工程概况。

83.1.2　设计范围。

83.1.3　设计依据及标准。

采用的设计及施工规范、规程和工程验收标准。交通衔接工程设计标准、技术要点。

83.1.4　初步设计评审意见和执行情况。

83.1.5　设计方案。

1）交通衔接工程平面布局设计，各部分位置及尺寸。

2）构筑物工程设计：

（1）路面（含主、辅路及人行步道）结构设计（包括设计标准、设计弯沉值、结构组合形式及采取的技术措施）。

（2）人行集散广场、机动车及非机动车停车场、公交港湾设计（包括基础及铺装等技术措施）。

（3）人行过街设施工程设计。

（4）公交站场设计（包括内部道路、管理用房及其他管理设施的工程设计，必要时可作为单项工程组织工程设计）。

（5）道路排水，交通工程设施，供电及照明，环境工程设计，其他设计情况。

（6）采用新技术、新材料、新设备及新工艺等情况。

（7）需要特殊说明的问题。

3）施工注意事项：

（1）施工前准备工作，包括拆迁、征地、迁移障碍物等。

（2）管线升降、挪移、加固、预埋与其他市政管线的协调配合。
（3）新技术、新材料等的施工方法及特殊构筑物的做法和要求。
（4）重要或有危险性的现况地下管线施工时应注意的事项。
（5）对施工的特殊要求。

83.1.6 主要工程数量

83.2 设计图纸

1）全线车站分布示意图（示出全线各站位置，沿线主要道路的概略位置及相对关系）。
2）车站交通衔接平面设计图（1∶500 ～ 1∶1 000；内容同初步设计要求）。
3）交通衔接设施各部分详细设计图（1∶200 ～ 1∶500）。
4）路面结构设计图。
5）挡土墙、涵洞及附属构筑物图。
6）换乘标识布置图。
7）工程特殊部位技术处理的主要图纸。
8）桥梁、排水、绿化景观、供电、照明、监控、通信等设施设计图。